野球を科学する

最先端のコンディショニング論

笠原政志
NPO法人コンディショニング科学研究所 体育学博士

竹書房

はじめに

私は、スポーツ選手のコンディショニング科学と、スポーツ医科学に関する研究を日々行っています。

本書の中心的内容となる「コンディショニング科学」とは、運動する時のパフォーマンスを最大限に高めるために必要な要素（筋力、柔軟性、持久力といった肉体的な部分から精神的な部分まで）を整え、鍛えるための方法を科学的に解明していくものです。

今思えば、私が「コンディショニング」に興味を持ったのは、千葉県の習志野市立習志野高校野球部に在籍していた時のことです。私は3年間、野球を最後までやり続けることができましたが（3年時にはキャプテンを務めました）、中にはケガや故障を抱えながら満身創痍で日々厳しい練習に取り組んでいる選手も少なからずいました。私もそのひとりです。

そんな場面を目にしてきたことで「野球ができなくなるほど悪化する前に、どうにかならなかったのか？」と考えるようになり、スポーツに関わる体の仕組みに興味を持つようになりました。そして「もっとスポーツ医科学のことについて勉強したい」と思って大学に進学し、そこで恩師の山本利春先生のもとで、「コンディショニング」という考え方に出会いました。

以来、私は「コンディショニング科学」を専門分野とし、私自身が野球をしていたこともあり、野球選手の「傷害予防」と「競技力向上」をターゲットにした野球のコンディショニングについて、専門家としての現場活動をしながら、日夜研究を続けてきました。そして、その最新結果をまとめたのが本書です。

子供から大人まで、野球をプレーしている選手のみなさんは「打球を遠くに飛ばしたい！」「速いボールを投げたい！」「速く走りたい！」と思いながら日々練習を重ねていると思います。ところが、一生懸命練習をしたことによってパフォーマンスが向上するどころか、むしろ低下してしまうことがよくあります。また、練習のやりすぎや誤った練習方法、あるいは体の動かし方をしていたことによって、肩や腰、足などを故障してしまう選手も少なくありません。

痛みがありながらも何とか工夫しながら練習をすることについては、私は必ずしも悪いことだとは思っていません。なぜなら「どうしたら痛みを感じることなくプレーできるか？」を日々考えながら練習に取り組むのは、とても重要なことだからです。しかし、試行錯誤しながら取り組んでいる練習が、まったく見当違いのやり方、方法になってしまうと負のスパイラルを生み、パフォーマンスを元に戻すことができなくなってしまいます。

このように、工夫して練習をしていたものの一向によくならず、むしろ悪化させてしまった経験のある選手も意外と多いのではないでしょうか。

故障やケガといったものに強くなる、あるいは早く回復できる体を手に入れるということは、納得できるトレーニング方法や体の動かし方に関わる必要な情報を、正しく持っているかどうかにかかっています。

本書は、野球というスポーツを科学的に紐解き、故障しない体作りのために必要な知識やトレーニング方法を解説するのみならず、走攻守において「そもそもどういった体の動かし方をすればいいのか？」「どんな体の動かし方が理に適っているのか？（パワーを最大限に引き出せるのか？）」を図解なども盛り込みながら、わかりやすく解説していきます。

また本書では、野球に関わるフィジカルな部分にスポットを当てるだけでなく、「根性とは？」「折れない心を作るには？」といったメンタルの部分にも科学的見地からアプローチし、その秘密を解明していきます。

私の願いは、野球をするすべての人のケガや故障を最小限に抑え、いくつになっても野球を楽しめる体作りをしてもらうことです。この本が、みなさんが元気に野球を続けていく上でのお役に立つことができれば、著者としてこれはどうれしいことはありません。

野球を科学する

目次

第2章

投球を科学する

第3章　走塁と守備を科学する

第4章 ウォーミングアップと傷害予防を科学する

第5章 疲労回復を科学する

序章

野球選手の体を整える「コンディショニング」とは？

野球にコンディショニング科学の視点を

「今日はコンディションが悪い」とか「ちゃんとコンディショニングしよう」など、「コンディショニング」に関わる言葉が近年よく使われるようになりました。しかし、「コンディショニングとは？」という突っ込んだ質問に対して、しっかりと答えられる人はまだ少数派だと思います。「コンディショニング」とは英語の「condition」に「ing」が付いたものです。「condition」は〝成功させるための条件〟という意味があります。これに現在進行形を表す〝ing〟が加わることで、〝目標を達成させるために必要なあらゆる要素を調整する〟という意味合いになります（図1）。つまり「コンディショニング」をスポーツ医学的に解説すると、〝自分が目標とするプレーができるようになるために、必要なあらゆる要素の現状を知り、足りない要素を整える〟という意味になります。

ただし、何が必要な要素で何が足りない要素であるかを分析できなければ、調整どころかまったく関係のないことをすることになってしまいます。だからこそ「何が必要で、何が足りないのか？」を科学的に分析しなければならないのです。科学的なコンディショニングとは、自己を正しく分析することから始まるのです。

最近よく「何か最新のトレーニングはありますか？」とか「これをやれば速いボールが投げられるというメニューはありますか？」と質問されることがあります。でも、私はそういった質問に対して「どんな選手かわからずに、これがいいとは言えません」と正直にお答えします。なぜなら、その人の何が優れていて、何が足りないのかを知らなければ、コンディショニング科学の専門家としてその質問にお答えすることができないからです。

　コンディショニングを料理に例えてご説明しましょう。料理は、素材と調味料があって初めて食べられる料理となります。同じ素材であっても調味料によって味は変わりますし、その素材の持ち味を生かす味付けというものもあるでしょう。選手へのコンディショニングも料理と同じで、その人の体質、体格、体

図1　コンディショニングとは

『Condition』

状況：健康状態、調子
状況を成功させるもの：条件

『Conditioning』

ある目的を達成するために
必要と考えられる、
あらゆる要素を
よりベストな状態にする（整える）こと

図2　パフォーマンスを料理に例えてみると

図3　知的ベースボールプレーヤーへの道

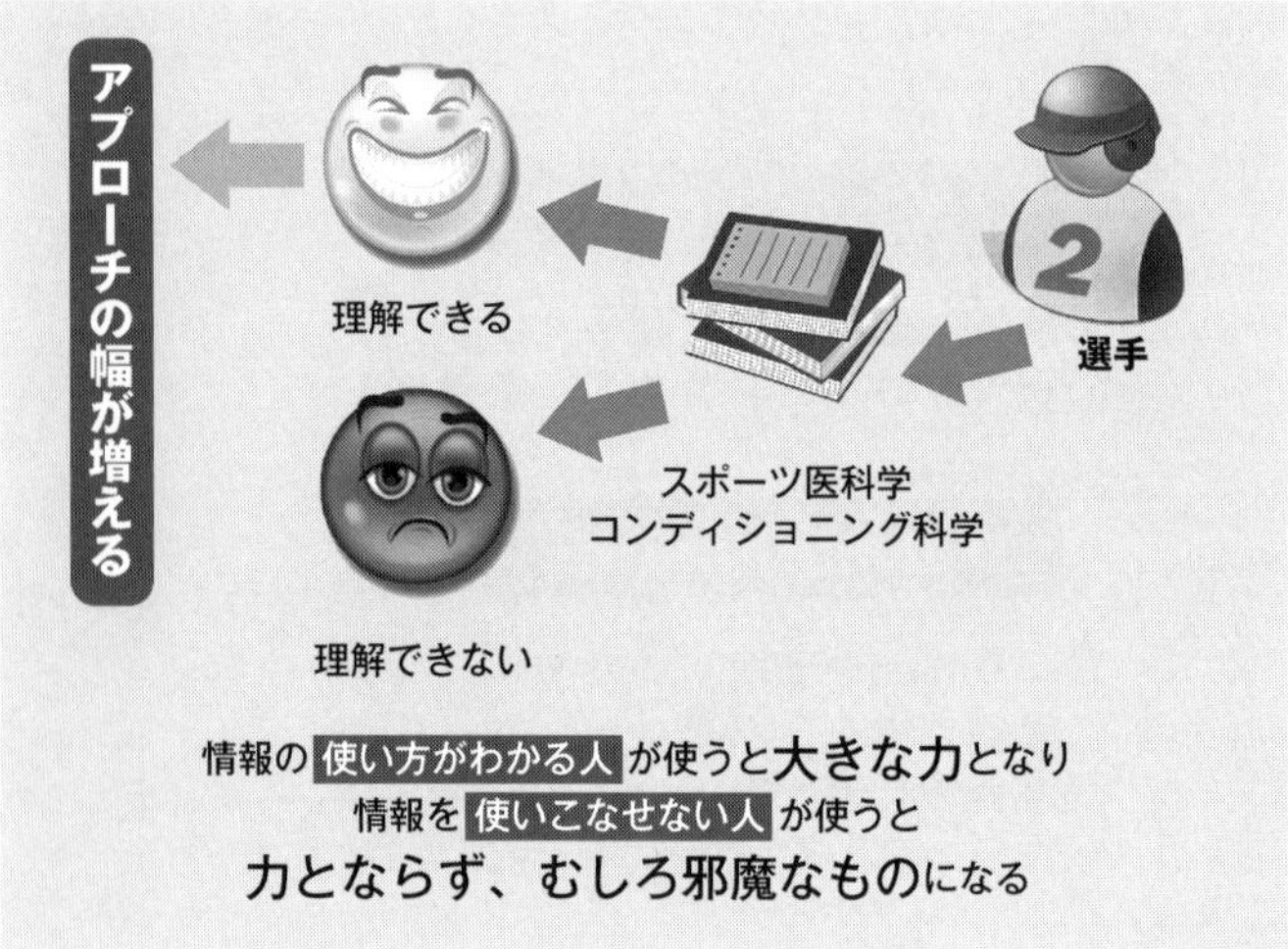

の動かし方など素材をしっかりと吟味（科学的分析）しなければ、味付け（コンディショニング＝整える）もできないのです（図２）。

最近は、さまざまな情報がどこでも簡単に手に入るようになりました。しかし、その情報を正しく理解しなければ、それは有用な情報ではなく、むしろ邪魔（有害）な情報となってしまいます。

私はプロ、アマ問わず、多くの野球選手（および指導者）に、情報を正しく扱うことのできる〝知的ベースボールプレーヤー〟になってもらいたいと思っています。すなわち、野球に関わる練習やトレーニングを考える際のお手伝いをするのが本書なのです（図３）。

コンディショニング科学という考えを持って、実際に現場指導をしながら研究を続ける専門家として、本書がみなさんの体を鍛えたり整えたりするひとつの材料となり、最大のパフォーマンスを発揮するための一助となることを願っています。

科学的なコンディショニングアプローチをするためには、「自分に何が必要で、何が足りないのか？」を正しく分析することから始まる。

野球選手の体の特徴を知ろう

野球の競技特性といえば、打つこと、投げることが代表的であり、非常に技術的要素の高い競技ともいえます。近年では、その技術をより高めるための土台作りとして、各種体力トレーニングが実施されるようになってきました。これはそれぞれの現場において、技術の下地には体力が必要だと実感していることの証だと思います。

体力の中でも、そのベースとなる重要なものが選手自身の体格です。野球選手は「体が大きい」とか「お尻がプリッとしている」とよく言われますが、果たして実際はどうなのでしょうか？　本項ではそんな野球選手の体力のベースとなる体格（身長、体重など）に着目してみたいと思います。

スポーツ医科学的には、体格は身体組成と表現します。身体組成とは「身体を構成するあらゆる要素の総称」です。具体的には身長、体重、体脂肪、骨などの総称であり、さまざまなアスリートにとっても身体組成は重要な要素となります。

例えば、陸上競技の長距離選手は体脂肪率が非常に低く、バスケットボールやバレーボール選手は身長が高いことが特徴です。では、野球選手の身体組成の特徴は何なのでしょうか？

国立スポーツ科学センターにおいて、各種競技のトップアスリートの体力測定結果をまとめている研究者とお話をした時に、「野球選手の体格の特徴は何ですか？」と聞いてみたところ、「体が大きい」という答えが返ってきました。もちろん、これは身長だけではなく、体重なども含めた身体組成の話です。2020年度プロ野球選手名鑑に記載されている各選手のプロフィールデータには、身長と体重が紹介されています。その中で、支配下登録されている日本人投手368名の身長と体重に着目してみると、身長は平均181・0±5・1cm、体重は平均84・5±7・1kgでした（表1）。もちろん、記載されているデータは統一した条件で私が実際に行った計測ではない

表1　球団データから見たプロ野球投手上位および支配下登録選手の身長と体重

順位	選手名	球団	身長（cm）	体重（kg）
1	藤浪　晋太郎	阪神	197	100
2	椎野　新	ソフトバンク	196	90
2	国吉　佑樹	DeNA	196	106
4	弓削　隼人	楽天	193	105
4	杉山　一樹	ソフトバンク	193	95
6	石山　直也	日本ハム	192	95
7	吉田　一将	オリックス	191	95
7	土居　豪人	ロッテ	191	92
7	渡邉　勇太朗	西武	191	91
7	中塚　駿太	西武	191	106
プロ野球支配下登録投手平均（368名）			**181.0±5.1**	**84.5±7.1**

（2020プロ野球選手名鑑より）

ため、多少の誤差はあるかと思いますが、野球選手は明らかに体が大きいことがわかります。

スポーツをしている方なら、幼い頃に大人から「体を大きくするためにたくさん食べなさい」と言われたことがあると思います。これは野球界でもよく言われることですが、では具体的にどのくらい大きくすればいいのでしょうか。

実はコンディショニング科学的にいわせてもらうと、「体が大きい」というのはただ単に身長が高く、体重があればいいというわけではありません。

身体組成でいう体重とは、大きく分けて体脂肪量と筋肉量に分かれます。動く力を発揮するのは体脂肪ではなく筋肉のため、いくら体重が多くてもそれが体脂肪であれば大きな力は発揮されず、むしろ体にとっては負担となってしまいます。

そこで、体力の有無を知るには、体脂肪量を除いた体重を知ることが必要になってきます。この体脂肪量を除いた体重は除脂肪体重（Lean Body Mass）と呼ばれ、筋肉量のひとつの目安（LBMで表示）とされています。

除脂肪体重と身長を用いて、身長当たりの除脂肪体重量を算出し、野球選手の身体組成を比較してみました。身長当たりにするのは、先述したように近年では身長の高い選手が多くなってきたため、相対的な筋肉量を正しく評価できなくなるからです。

過去に報告された身長当たりの除脂肪体重と、私がこれまで計測してきた高校硬式野球から社会人野球選手のデータを表にしてみました（表2、3）。社会人野球は全国大会で上位成績を収

表2　投手の身長当たりの除脂肪体重（LBM）

	ポジション	人数	身長あたりのLBM (kg/m)	報告者
プロ	投手	23	38.1	平野（1987）
プロ	すべて	173	38.7	国立スポーツ科学センター（2007）
社会人	投手	18	37.8±2.6	笠原2014
大学	投手	36	35.5±2.3	笠原2014
高校	投手	15	34.6±2.7	笠原2014

※除脂肪体重＝体重（kg）－ 体脂肪量（kg）
※身長当たりの除脂肪体重＝除脂肪体重（kg）÷身長（m）

表3　野手の身長当たりの除脂肪体重（LBM）

	ポジション	人数	身長あたりのLBM (kg/m)	報告者
メジャー	野手	4	39.7	平野（1987）
プロ	野手	20	38.8	平野（1987）
プロ	すべて	173	38.7	国立スポーツ科学センター（2007）
社会人	野手	35	38.0±2.1	笠原2014
大学	野手	96	35.5±2.9	笠原2014
高校	野手	132	34.2±2.9	笠原2014

※除脂肪体重＝体重（kg）－ 体脂肪量（kg）
※身長当たりの除脂肪体重＝除脂肪体重（kg）÷身長（m）

めるチーム、競技レベルの高い大学野球チーム、高校硬式野球は都道府県大会でベスト8ぐらいに入るチームの身長当たりの除脂肪体重も記載しています。

ご覧いただければわかるように、投手であっても野手であっても、競技レベルが高いほど身長当たりの除脂肪体重量が多くなっています。すなわち、野球選手の「体が大きい」ということは身長当たりの除脂肪体重が多いことになるのです。

体脂肪量や体脂肪率の計測は、近年販売されている体重計で容易にできるようになりました。ただし、体脂肪率や体脂肪量をどのような方法で、どんな機器を用いて計るかということに気を付ける必要があります。機器によっては計測値が異なってくるので、他人と比較することや、自分自身の身体組成を継続して計測する際には、同じ機器、同じ時間帯で計測するように心がけましょう。これらの計測状況に統一性がないと、正確な比較計測ができなくなってしまいます。次項では、身長当たりの除脂肪体重の詳しい計り方をご説明したいと思います。

> 野球選手は「体が大きい」。
> その本当の意味は、身長当たりの除脂肪体重が多いということ。
> つまり筋肉量が多いということ。

体脂肪率や除脂肪体重に着目した体作り

前項では身体組成の主に除脂肪体重に着目し、各年代別のデータをご紹介しました。本項ではその続きとして、某高校野球チームのスタメン選手の身長当たりの除脂肪体重を5年間計測したデータと、その年の都道府県大会における競技成績を照らし合わせた結果をご紹介します（表1）。

これを見ると、身長当たりの除脂肪体重が高い値を示している年のほうが、競技成績も高いことがうかがえます。もちろん、ただ体を大きくするだけでよい成績を収めることができるわけではありません。勝敗にはさまざまな要素が加味されます。しかし、前項でご紹介したように、競技レベルが高いほど身長当たりの除脂肪体重が高いのは事実であり、これまで計測してきた高校野球チ

**表1　各年度別　某高校野球チーム
スタメンの身長当たりの除脂肪体重**

年	身長当たりのLBM (kg/m)	成績
20XX年	35.4±2.0	4回戦敗退
20XX年	33.7±2.7	3回戦敗退
20XX年	34.8±2.1	4回戦敗退
20XX年	35.7±3.1	準決勝敗退
20XX年	34.0±2.1	2回戦敗退

ームの平均値よりも、表1で示した競技成績がよかった時のほうが、身長当たりの除脂肪体重が高くなっています。これもチームのコンディショニングのひとつの目安として捉えていただければと思います。

身長当たりの除脂肪体重を計測するためには、体脂肪量や体脂肪率の値が必要になります。最近の体重・体脂肪計では、体脂肪率まで計測されます。しかし体脂肪量までは数字として表れない測定器もあります。そこで、体脂肪量、除脂肪体重、身長当たりの除脂肪体重の算出までをしてみましょう。

図1では身長170㎝、体重70kg、体脂肪率15%の選手Aをモデルとしています。まず体脂肪量を計算するには、体重70kgのうち何%が体脂肪なのかという情報が必要になります。

そこで必要になるのが体脂肪率です。選手Aの場合は体脂肪率が15%なので、体重70kgのうち15%が体脂肪であることがわかります。15%は0・15ですから、70×0・15となり、選手Aの体脂肪量は10・5kgとなります。体脂肪量がわかったら、今度は体重から体脂肪量を引くことで、体脂肪量を除いた値である除脂肪体重が算出されます。つまり、選手Aの除脂肪体重は70kg−10・5kg＝59・5kgとなります。

最後に、この除脂肪体重を身長当たりにします。身長当たりにするには、身長をメートル（m）にして計算します。したがって170㎝の選手Aは1・7mとし、除脂肪体重59・5÷身長1・7となりますから、選手Aの身長当たりの除脂肪体重は35・0となります。以上が身長当たりの除脂肪体重の算出方法となります。

競技力向上という観点でいえば、身長当たりの除脂肪体重が野球選手の体の特徴を示すひとつの物差しになるとは思いますが、その際に算出される体脂肪率も重要な情報となります。体脂肪は人間が生きていく上で必要不可欠なものですが、体脂肪は筋肉と違って力を発揮するものではありません。つまり、過剰な体脂肪の蓄積は体を重くしてしまい、機敏な動きを妨げることになってしまうのです。

それでは、体脂肪の過剰な蓄積は、どれだけ動きの制限を引き起こすのでしょうか？　体脂肪の過剰な蓄積は重りになってしまうという観点から、疑似的な体脂肪を想定したウェイトジャケットを着用して、さまざまな動きのテストをした研究報告があります（図2、3）。

図2は、体重移動を伴うパフォーマンス測定結

図1　身長当たりの除脂肪体重の計算

選手A　身長170㎝、体重70㎏、体脂肪率15%

体脂肪量（kg）	＝	体重70kg 70	×	体脂肪率15% 0.15	＝10.5
除脂肪体重量（kg）	＝	体重70kg 70	−	体脂肪量10.5kg 10.5	＝59.5
身長当たりの除脂肪体重量（kg/m）	＝	除脂肪体重量59.5kg 59.5	÷	身長1.7 1.7	＝35.0

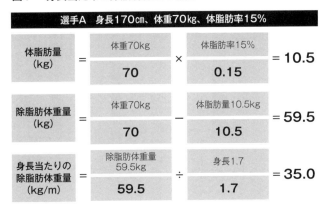

果です。体脂肪率を3%、6%、9%増加したと仮定した結果となりますが、30m走では9%増加したとすると著しくスピードが低下してしまい、10mの2往復走では3%、6%、9%と疑似体脂肪が増加するごとにスピードが低下していることがわかります。

図3は、スピーディーな体重移動やストップ・ターンにおけるパフォーマンス測定結果です。反復横跳びでは3%の増加のみで著しく結果が落ちており、5mの4往復走では、3%、6%、9%と疑似体脂肪が増加するごとに、スピードが落ちています。以上の結果からわかるように、過度な体脂肪率の増加は、体重移動

図2　疑似体脂肪の増加に伴う体重移動パフォーマンスの低下

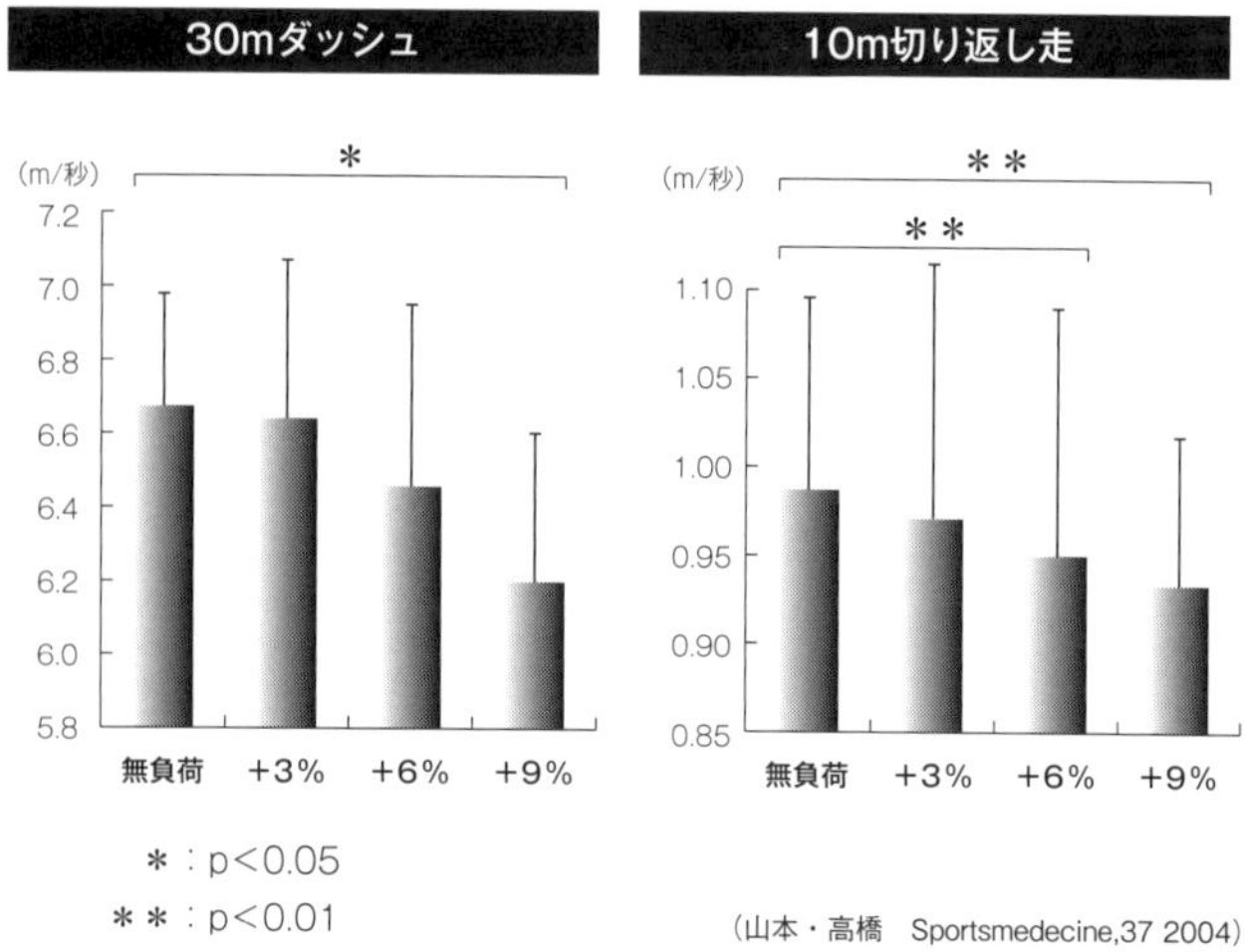

（山本・高橋　Sportsmedecine,37 2004）

を伴うスピードや動作の切り返し能力の明らかな低下につながってしまいます。

ここまでご説明してきたように、野球選手にとって必要なのは、身長当たりの除脂肪体重の増加であって、単なる体重の増加ではありません。単なる体重の増加であれば、体脂肪量が増加しただけでも増量したことになってしまい、先述したようにそれは明らかなパフォーマンスの低下につながります。

現在の野球界では、体脂肪率や除脂肪体重に着目をしているというよりも、身長や体重のみに着目して「体が大きい、小さい」という判断をしているケースが少なくないと思

図3　疑似体脂肪の増加に伴う素早い体重移動やステップ・ターンのパフォーマンス低下

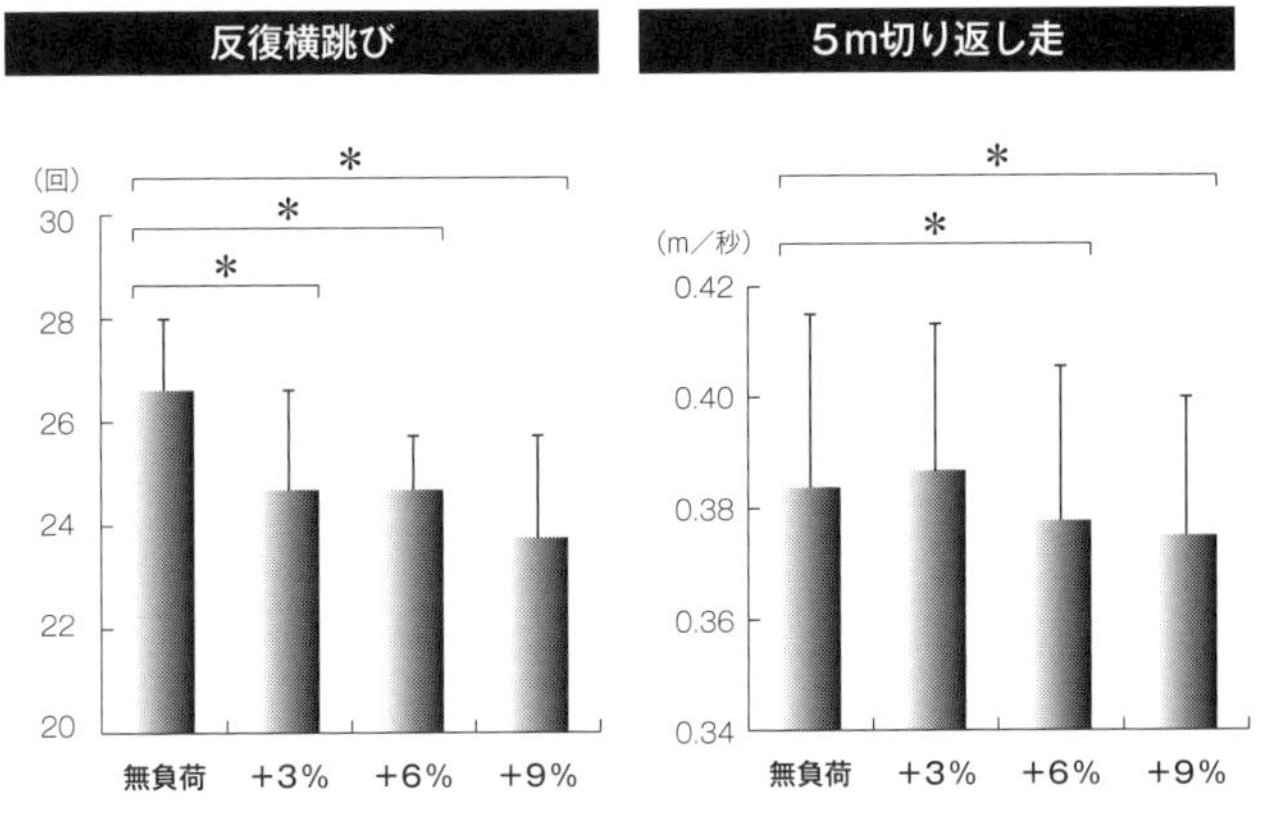

＊：p＜0.05

（山本・高橋　Sportsmedecine,37 2004）

います。これからはコンディショニング科学の視点を取り入れ、身長当たりの除脂肪体重を増やしていくようにしなければならないのです。

高いパフォーマンスを発揮するには、身長当たりの除脂肪体重（筋肉量）を増やしていくことがもっとも大切。

統計で使われる【$p<0.05$】記号について

“p＜0.05とは？”

“p＜0.05”の“p”はprobabilityの頭文字を意味します。そして、probabilityは「確率」という意味になり、0.05を確率で示す％にすると“p＜0.05”は「確率が5％未満」という意味になり、“p＜0.01”は「確率が1％未満」となります。

“確率が5％未満”とは何の確率のこと？

統計分析は、比較する結果が変わらない確率を調べるための手法です。つまり何かと何かを比較して、その結果が変わらない確率が5％未満であることを意味します。例えば今回の結果からすると、図2の30mダッシュであれば「無負荷」と「9％」の間で“＊”がついています。この＊は“p＜0.05”を示しております。したがって、この統計結果から解釈できることは「図2の30mダッシュにおいて、無負荷から体脂肪が9％増えても結果が変わらない確率が5％未満である」という意味になります。

“両者の結果が変わらない確率が5％未満”とはどういうこと？

“両者の結果が変わらない確率が5％未満である”という意味は、同じような実験や調査をしたデータを比較した時に、両者の結果が変わらない確率が5％未満である。つまり、図2のような30mダッシュのテストを同様にした時に、「無負荷から体脂肪が9％増加してもタイムが遅くならない確率は5％未満である」になります。逆から考えれば、同じような測定をした時に「95％の確率で無負荷よりも体脂肪が9％増加するとタイムが遅くなる確率が95％である」ということを示します。

第1章

打撃を科学する

飛距離に影響を与えるスイング速度と体重の関係

序章では、野球選手の身体組成に着目し、野球選手の特徴として身体が大きいこと、その中身として除脂肪体重量が多いことをご説明しました。

それでは、なぜ野球選手は体が大きく除脂肪体重が多いのでしょうか。すなわち、野球選手にとって体が大きいことは、どのようなことに対してプラスに影響しているのでしょうか。それを本章では、バッティングの観点から考えていきたいと思います。

打者が追い求めるバッティングは、野手が捕れないような速い打球を打つこと、または野手のはるか頭上を越えて、スタンドインするような飛距離の大きな当たりを放つことです。

これらの打者の夢を叶えるために必要なものを、コンディショニングの視点から考えると、「速い打球および長打を打つために必要な要素を調整する」ということになります。

では、打球を飛ばすために必要な要素とは具体的に何でしょうか。そのひとつは、バットとボールが当たる際の反発力になります。そして、その反発力は投手が投げるボールの速度が速いほど高くなり、バットスイングが速くなるほど増します。もちろん、その他にも使う道具や環境などさまざまな要素が影響しますが、コンディショニングの観点から考えると、打者が反発力を高めるために行うべきことは「スイング速度を速めること」になるわけです。

ある条件を統一した中で、ボール速度が一定でスイング速度が異なる場合（図1）、スイング速度が一定でボール速度が異なる場合（図2）の打球飛距離をシミュレーションした報告があり

図1　さまざまなスイング速度における ボールの飛距離

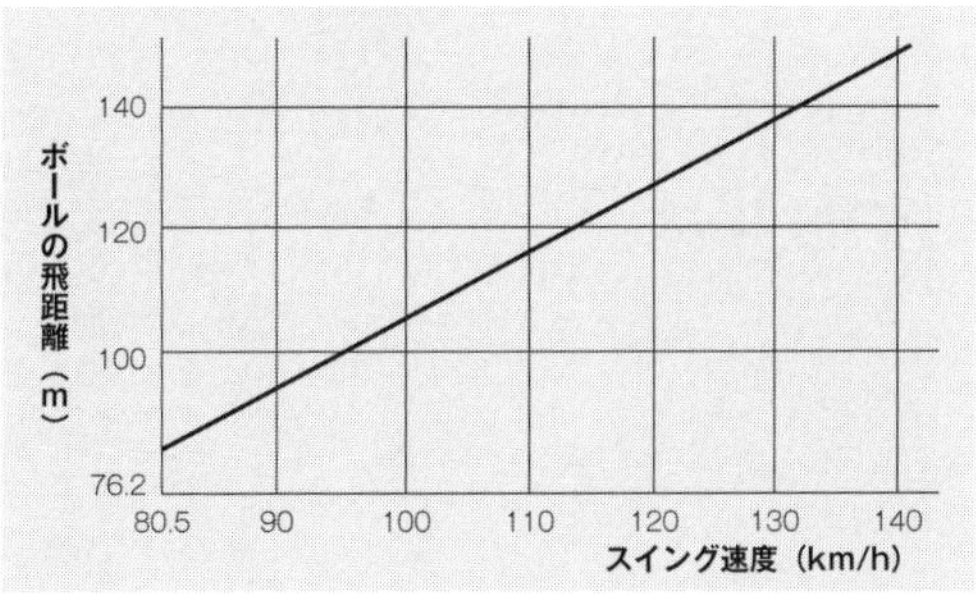

（中村和幸訳　ベースボールの物理学より引用）

さまざまなスイング速度でバットを振ったとき、137km/hで投げたボールが飛ばされる距離。
なお、統一事項はバットの長さ87.5cm、重さ900g、腰の高さのボールに対して、スイング面は水平面から10°傾いた角度で35°の角度で打ち出すこと。

図2　さまざまな投手のボール速度における ボールの飛距離

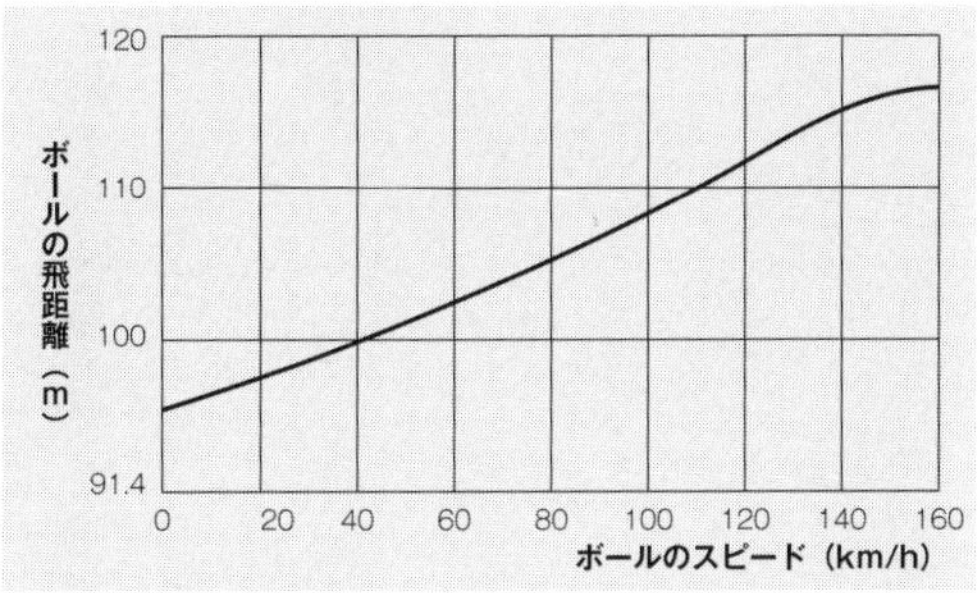

（中村和幸訳　ベースボールの物理学より引用）

さまざまなボールスピードで投げたボールが、113km/hのバットスイング速度で振ったバットで飛ばされる距離。
なお、統一事項はバットの長さ87.5cm、重さ900g、腰の高さのボールに対して、スイング面は水平面から10°傾いた角度で35°の角度で打ち出すこと。

ます。スイング速度が速くなくても、投手が投げるボールが速いほど打球飛距離は伸び、投手が投げるボール速度が変わらなくても、スイング速度が速くなると打球飛距離が伸びることを示しています。やはり、このシミュレーション結果からしても、打者にとってはスイング速度を向上させることが、打球飛距離を伸ばすために必要だということがわかります。ちなみに、打球飛距離と打球速度との間には強い相関関係があるので、強い打球を打つためにも打球飛距離が伸びるようなスイング速度が必要となるのです。

打球飛距離を伸ばすには、スイング速度を速くすることが必要なことはご理解いただけたと思います。ではここから、〝何をすればスイング速度が速くなるのか?〟をコンディショニング科学で考察していきましょう。

身長はほぼ同じで、筋肉量のある人（力のある人）とない人が同じ規格のバットを持ってスイングしたとすると、筋肉量のある人のほうが総重量（バットと体重を加えた重さ）に対するバットの重さの割合は低くなるため、バットを素早く振ることが可能になります。図3は体重とスイング速度の関係について、図4は除脂肪体重とスイング速度の関係について示したグラフになります。なお、この結果は大学野球選手を対象にした実験結果を示したもので、バットは長さ84㎝、重量910ｇの同一サイズを使用しています。

ご覧のように、体重においても除脂肪体重においても高い値を示しているほうが、スイング速度は速くなっていることがわかります。ただし、体重とスイング速度の関係よりも、除脂肪体重

図3　体重とスイング速度との関係

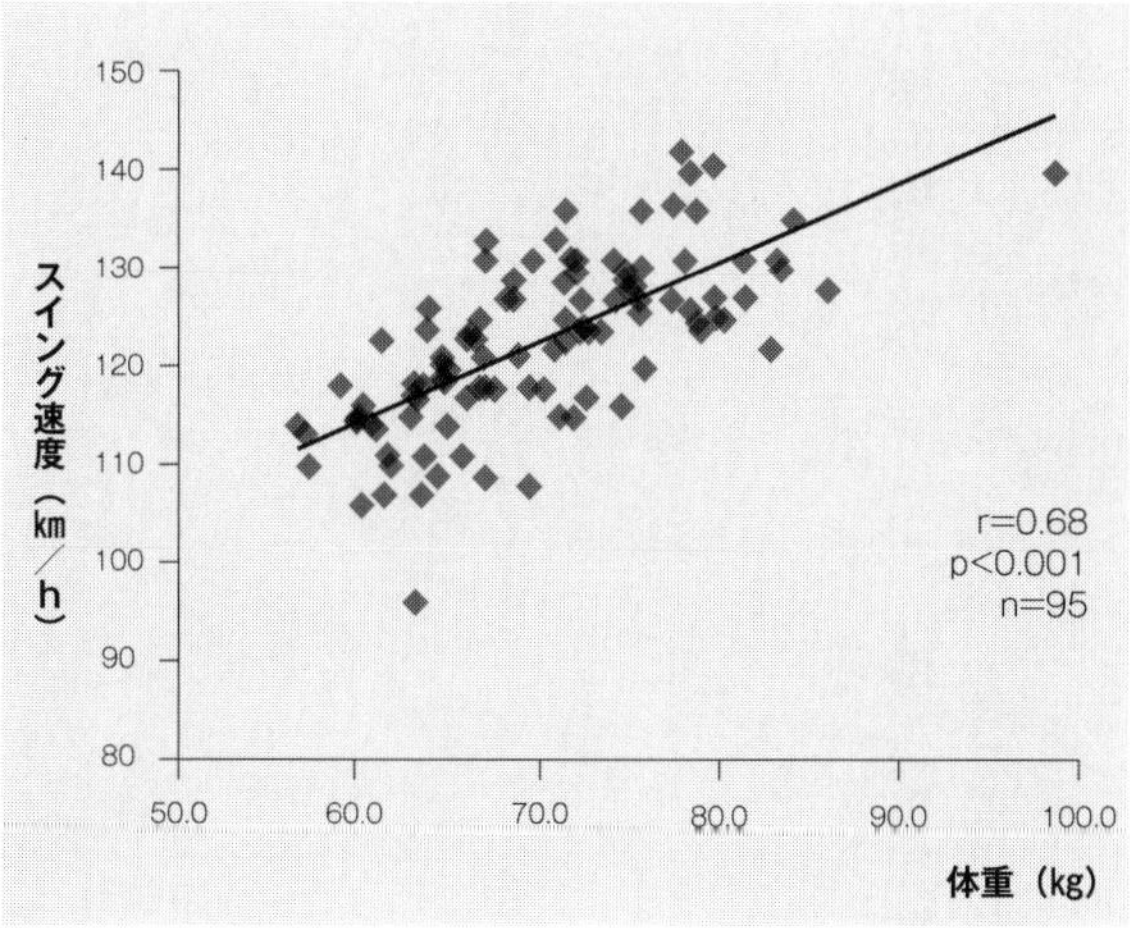

（笠原ら2012）

図4　除脂肪体重とスイング速度との相関関係

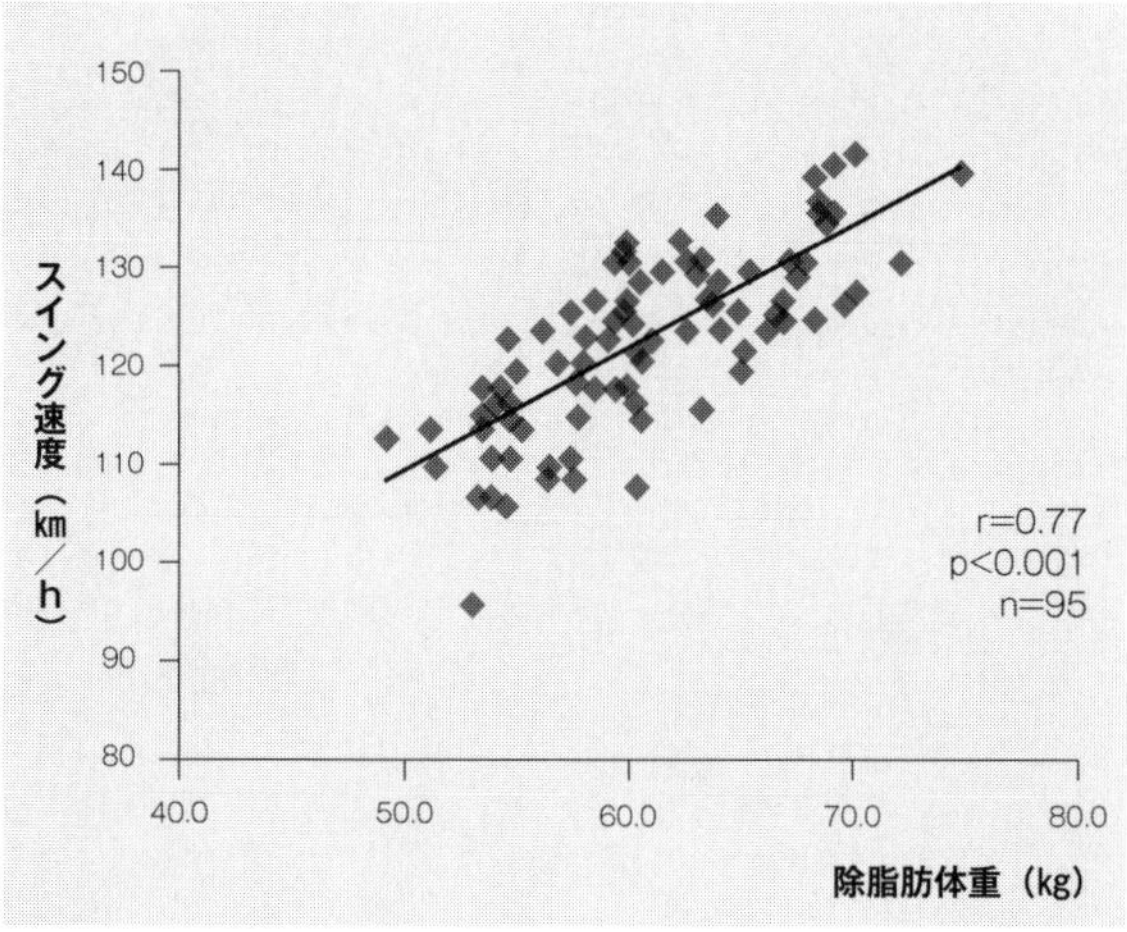

（笠原ら2012）

とスイング速度の関係のほうがより強い相関性を示しています。グラフの中に〝r＝〇〇〟という表記がありますが、これはグラフの横軸と縦軸との間に関係性があるどうかを示しています。なお、この値が1・00に近いほど両者の関係は深いことを意味します。例えば身長が横軸、体重が縦軸とした場合、身長が高いほど体重が重いという関係性があれば〝r〟の値は高くなります。つまり、今回の結果でいえば、体重とスイング速度の関係よりも、除脂肪体重とスイング速度との関係のほうがr値は1・00に近いため、強い相関性があることになるのです。

序章で触れたように、体脂肪は力を発揮する組織ではありません。したがって、力を生み出さない体脂肪を含んだ体重よりも、力を生み出す筋肉量を含んだ除脂肪体重のほうがスイング速度との強い関係を示したと考えられます。同じような結果は過去の研究でも報告されているので、「遠くに飛ばしたい」「速い打球を打ちたい」という思いを叶えるなら、除脂肪体重（筋肉量）を増やせばいいのです。

打球の飛距離を伸ばすには筋肉量を増やし、スイング速度を速くすることが重要な要素のひとつ。

除脂肪体重を増やすトレーニング

前項でご説明したのは、ある時点での選手のスイング速度を分析した結果で、これを学問的には「横断研究」といいます。さらにこの結果が有効であるかどうかを示すために、その後も継続的に変化を調べた研究を「縦断研究」といいます。

本項では某高校野球チームの秋から春までを追跡し、除脂肪体重（筋肉量）を増やすことがパフォーマンスにどれだけいい結果をもたらしてくれるのかを検証した、縦断研究の結果をご報告します。

某高校野球チームで10月にフィジカルチェックを実施し、11月からフィジカルトレーニングを4カ月間続けて行った後、4月に再びフィジカルチェックを行いました。なお、図1では冬季トレーニング結果から除脂肪体重が1kg以上増加した群と、除脂肪体重の増加が1kg未満だった群とに分けてスイング速度の変化について比較しました。結果は除脂肪体重が1kg以上増加した群は121・2km／hから125・1km／hにスイング速度が有意に増加したのに対して、1kg未満群は117・9km／hから119・4km／hと、わずかな増加にとどまりました。つまり、除脂肪体重の増加が多いほど、スイング速度の向上に大きく貢献していることを示す結果になっています。

では、スイング速度の増加によって、打球飛距離はその後確実に上昇を続けるのか？　それを表したのが表1の結果です。

表1では、今回調査した高校野球チームの秋季の練習試合中のホームラン数と春季練習試合中のホームラン数を比較しています。秋季では23試合中、ホームラン数が「0本」であったのに対し、春季では28試合中、「6本」に増えました。そして、このホームランを打った選手5名の秋季と春季のスイング速度の変化を比べてみると127・8±12・9km／hから134・0±9・0km／hに向上しています。なお、この選手たちも除脂肪体重は平均して2kg増量しており、筋量が増えてスイング速度が向上していると考えられます。もちろん、スイング技術や相手投手の球速など、他にもいくつかの要素は絡んでいますが、現実的にスイング速度の向上が打球飛距離の増加につながっていること

表1　秋季と春季の本塁打数と
本塁打を打った選手のスイング速度の変化

総数	本塁打	春季大会に本塁打を打った選手のスイング速度（km/h）
秋　練習試合（23試合）	0	127.8±12.9
春　練習試合（28試合）	6	134.0±9.0

とが縦断研究によって確認ができているわけです。

ここまでの解析とは逆に、除脂肪体重が低下するとスイング速度が低下することも追跡調査をすることによって明らかになっています。表2は、身体組成とスイング速度を継続して測定した2名の選手の記録です。同じ練習環境の中でA選手は除脂肪体重の増加によってスイング速度も向上しているのに対し、B選手は除脂肪体重が低下するのに合わせて、スイング速度も低下しています。もちろんその他の原因要素も考えられますが、同じ練習環境の中での調査結果ですので、除脂肪体重は少なからずスイング速度に影響を与えていると考えられます。

よく「夏場になるとバテて、バットが振れない」とか「最近体重が減ってきて打球が飛ばなくなった」という選手の声を聞きます。ここまでの研究結果を見ると、そのいずれもが身体組成の変動（とくに除脂肪体重）がスイング速度の変動に少なからず関係している

表2　除体脂肪体重の変化とスイング速度の推移

A選手

	身長(cm)	体重(kg)	体脂肪率(%)	LBM(kg)	スイング速度(km/h)
20XX年11月	169.6	69.1	11.6	61.1	133
20XX年11月	169.1	66.9	11.1	59.4↓	129↓

B選手

	身長(cm)	体重(kg)	体脂肪率(%)	LBM(kg)	スイング速度(km/h)
20XX年11月	174.0	84.3	19.4	67.9	138
20XX年11月	174.0	85.0	15.3	72.0↑	142↑

図１　除脂肪体重１kg以上増加群と１kg未満増加群における
スイング速度の変化の違い

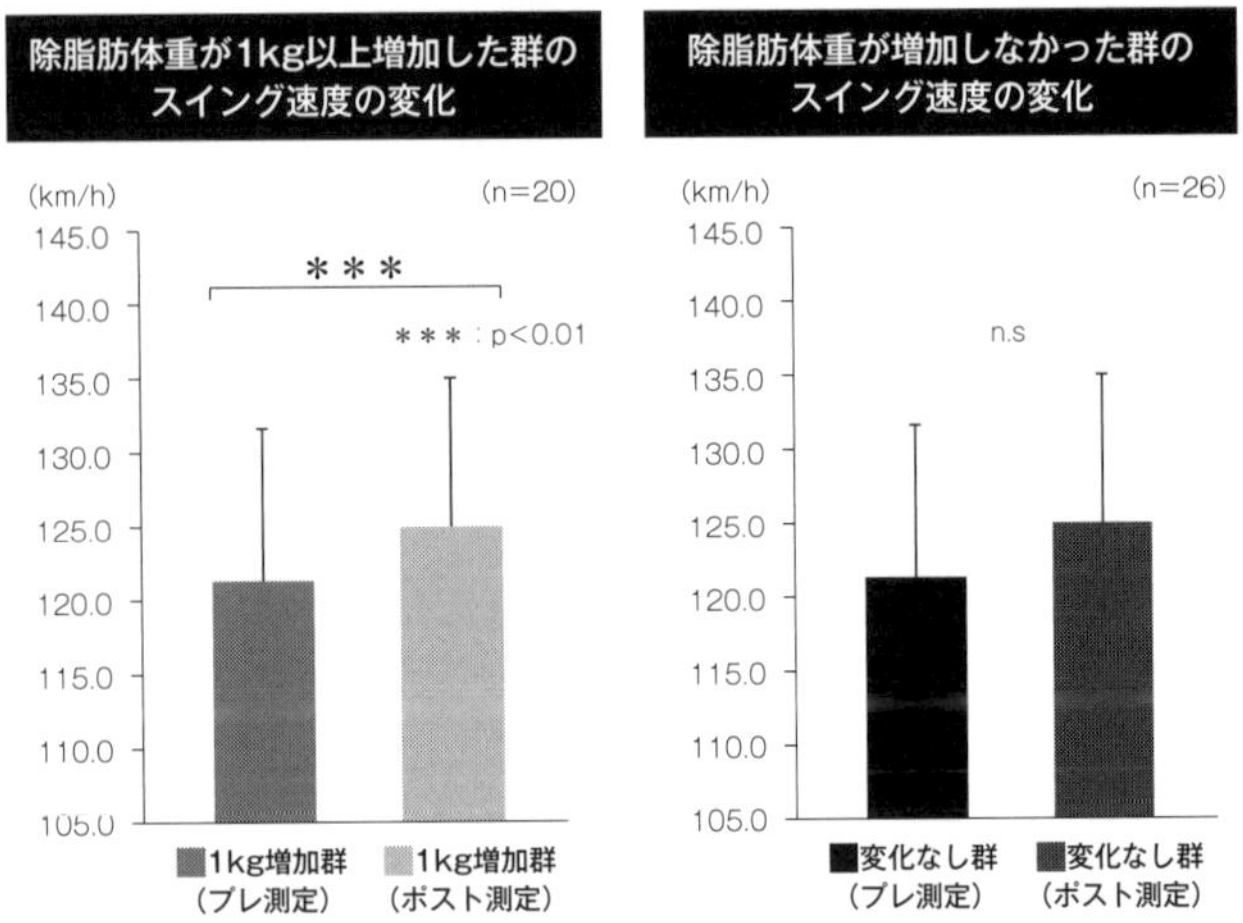

図２　大学野球選手のスイング速度ごとの進路

順位	学年	km/h
1	1	143
2	3	142
3	3	140
3	3	140
5	2	138
5	3	138
7	2	137
8	2	136
9	2	135
10	2	133
10	1	133
平均（N=95）		121.7

社会人野球
プロ野球
クラブチーム

（笠原ら2012）

といえるでしょう。

最後に、スイング速度が向上していくと、その後も高いレベルで野球を続けていけるのかどうか。その調査結果をご説明したいと思います。

某大学野球チームのフィジカルチェックをした結果を参考にして、その後の選手の進路について調査した結果があります。なお、この結果は計測したスイング速度が上位10名に該当した選手の進路についても調査しております（図2）。

結果としては、見ての通り上位10名（11名）中8名がプロ野球、社会人野球、クラブチームなど、大学卒業後も硬式野球を続けている結果となりました。当然、スイング速度だけではプレーヤーとしての総合力は計れませんが、スイング速度の速い選手の多くが、その後も高いレベルで硬式野球を続けていることは事実なのです。


スイング速度の向上が野球選手としての質を上げ、高いレベルでのプレーを可能にする。

スイング速度に直結する筋力は？

ここまでの説明で、除脂肪体重（筋肉量）の増量が、スイング速度の向上に大きく影響していることがわかりました。本項では、どの部分の筋肉を増やせばスイング速度が上がるのか、それを解説していきたいと思います。

より強い筋力を発揮するためには、筋肉を太くすることが必要です。まず、筋力測定を用いて、各種筋力とスイング速度の関係について調べてみましょう。

図1-1〜3は握力、背筋力、メディシンボール投げと、スイング速度との関係について示した結果になります。横軸が各種能力を示し、縦軸がスイング速度になります。どの測定結果においても、横軸と縦軸との値の関係において右肩上がりの有意な関係がある結果となりました。つまり、各種能力が向上すればするほど、スイング速度が向上するということを表しています。

野球選手のバッティングに対する考え方やフォームがさまざまであるように、体力面も似たような傾向はあるものの、まったく同じというわけではありません。そこでスイング速度140km/h以上の選手をピックアップして、それらの選手における握力、背筋力、メディシンボール投げを表1にしてみました。

選手Aは背筋力が高くてスイング速度が速い。選手Bはメディシンボール投げのような全身を効率よく使った能力が優れていてスイング速度が速い。選手Cは握力とメディシンボール投げが優れていいてスイング速度が速い。選手Dは筋力もメディシンボール投げも優れているわけではないがスイング速度が速いということは、スキルが優れている。以上のようにスイング速度は速くても、それに影響する特徴はそれぞれ異なっていることがわかります。

現役の選手に意見を聞くと「握力のトレーニングをたくさんやったらバッティングがよくなった」「ダンベルを持って背筋ばかりトレーニングしたらよくなった」といった話を聞きますが、これらの意見も万人に当てはまるわけではありません。バッティングのスタンスやフォームは選手ごとに違うだけに、同じトレーニングをしたからといって、みな同じような結果になるわけではないのです。

今回の結果からわかることは、相関関係があるからといって特定の能力向上だけを全員で実施すればよいわけではなく、選手個々に自分の特徴を知り、どこにターゲットを絞ってトレーニングするかを考えることが重要だということです。

図2では握力に着目して、トレーニングを実施し続けた選手の握力の推移を紹介しています。この報告によると、入団1年目は二軍の試合にも出場することのなかった選手が、その後二軍から一軍へと行き、さらにはメジャー・リーグでも選手として活躍したようです。この選手に関しては、握力の向上がうまくフィットしたのでしょう。このように、定期的に筋力などのチェック

図1-1　各筋力とスイング速度の関係

握力とスイング速度

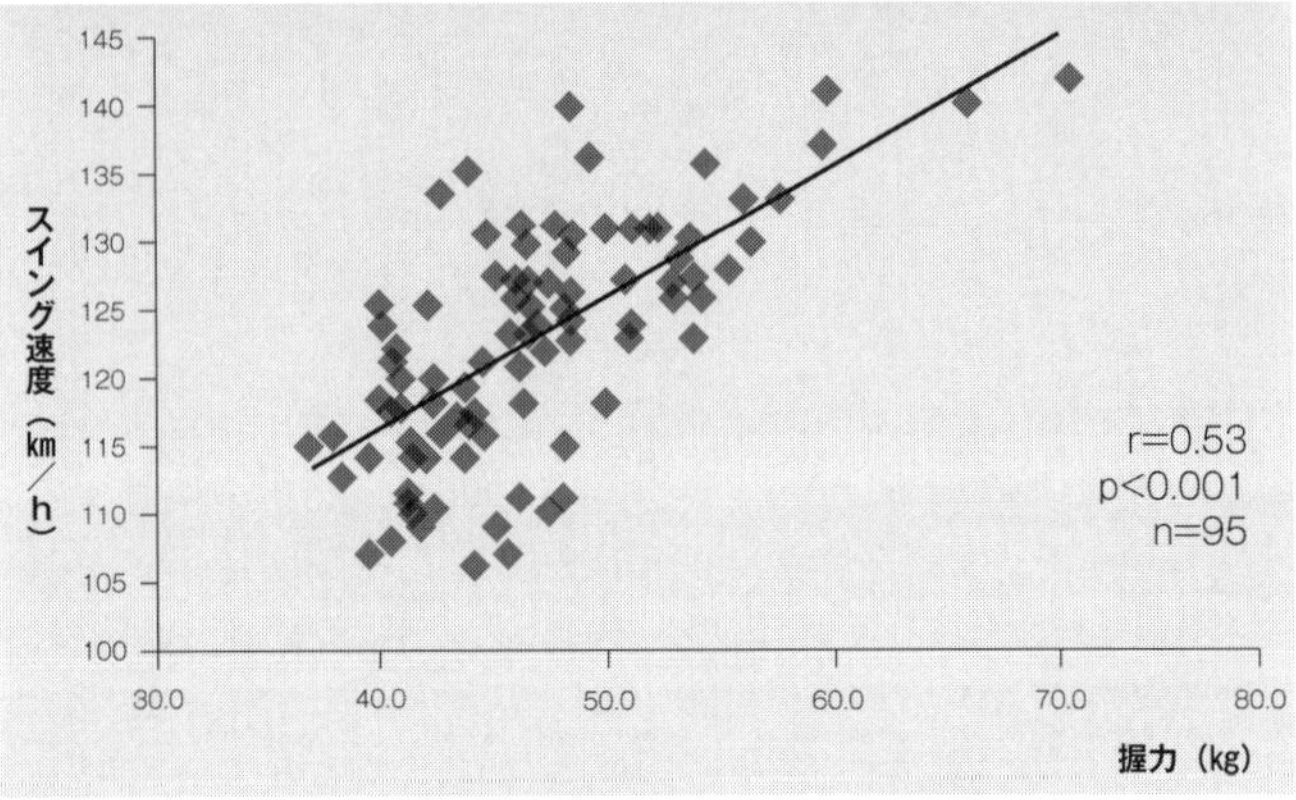

図1-2　各筋力とスイング速度の関係

背筋力とスイング速度

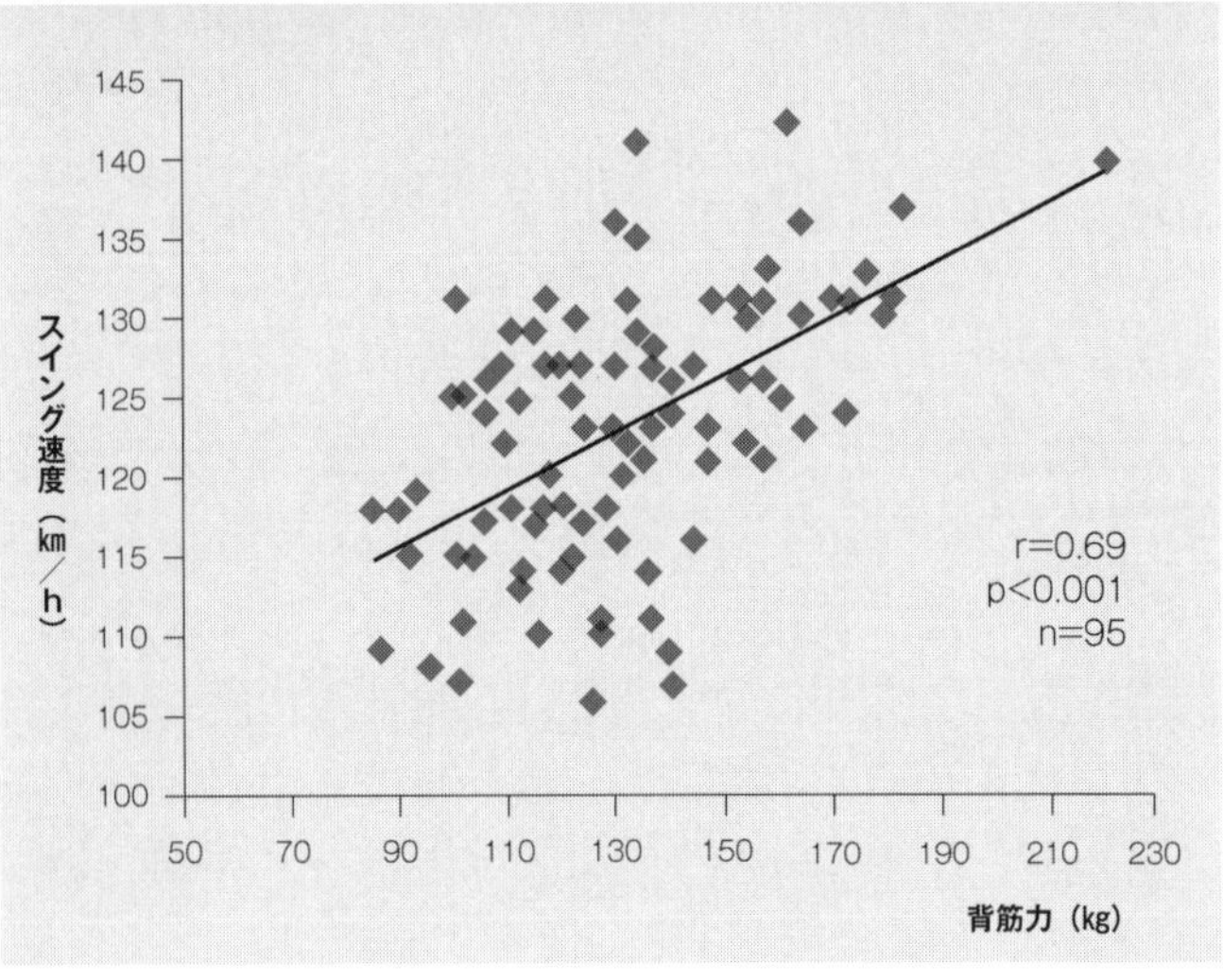

図1-3　各筋力とスイング速度の関係

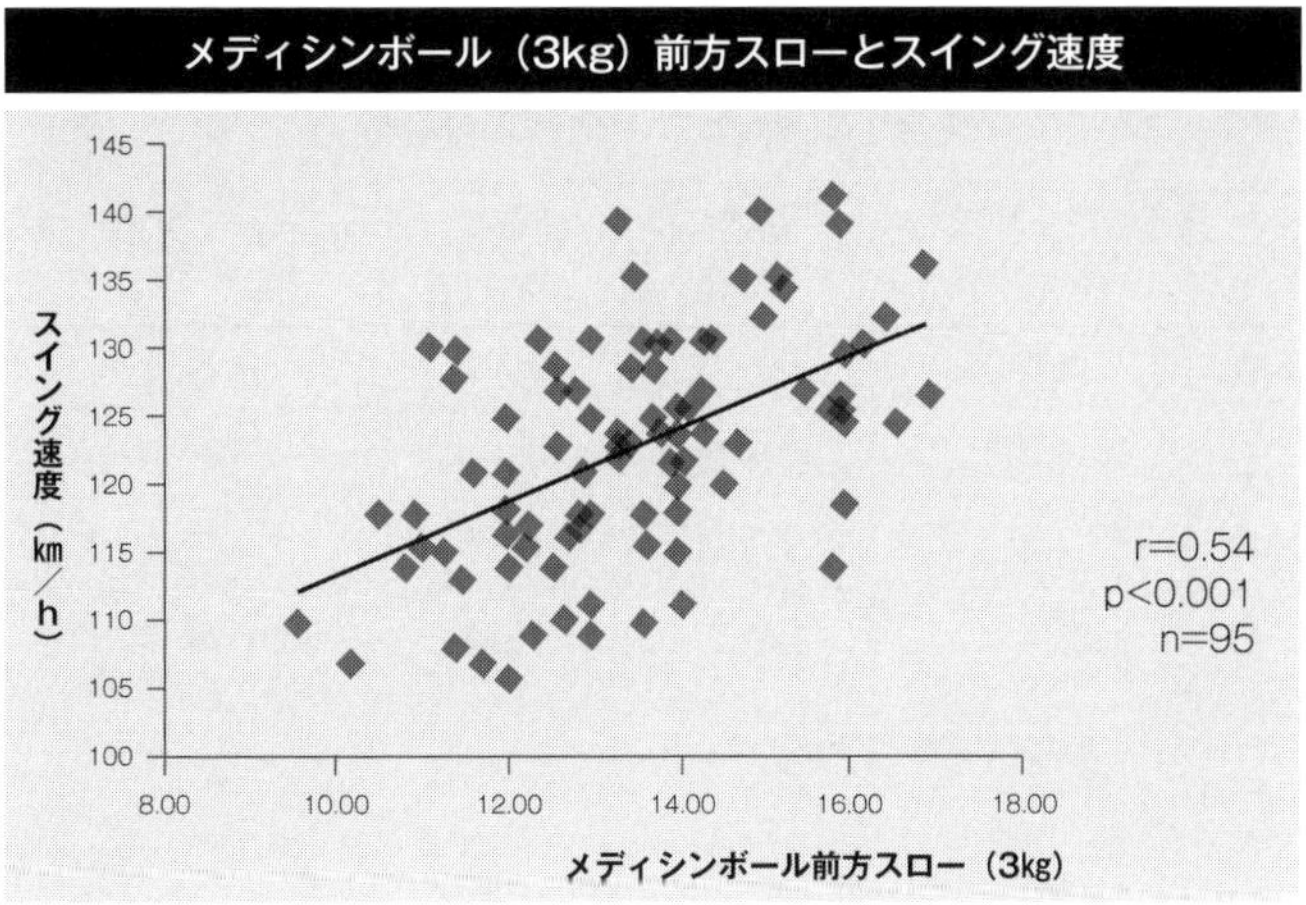

“p<0.001”は何を意味しているのか？

統計処理は比較する結果が変わらない確率を調べるための手法です。したがって、何かと何かを比較して、その確率がどの程度であるかを意味します。今回の散布図の結果は横軸と縦軸の数値の関係性を見ています。この関係性を相関関係といいます。これを統計結果から解釈すると「各種筋力が増加すると、スイング速度が速くならない確率が0.1％以下である」ということになります。つまり、「かなり高い確率で、各種筋力が増加するとスイング速度も向上する」という意味になります。

表1　スイング速度140㎞/h以上の選手の各能力

	スイング速度（km/h）	握力（kg）	背筋力（kg）	メディシンボール投げ（m）
A	140	65.8	221	13.3
B	140	48.3	ー	16.0
C	142	70.3	161	15.9
D	141	59.6	134	15.0

選手A：背筋力が高くてスイング速度が速い
選手B：メディシンボール投げ（体の使い方）が優れていてスイング速度が速い
選手C：握力とメディシンボール投げ（体の使い方）が優れていてスイング速度が速い
選手D：筋力は低いがスキルが優れていてスイング速度が速い

図2　S選手の握力（右）の変化

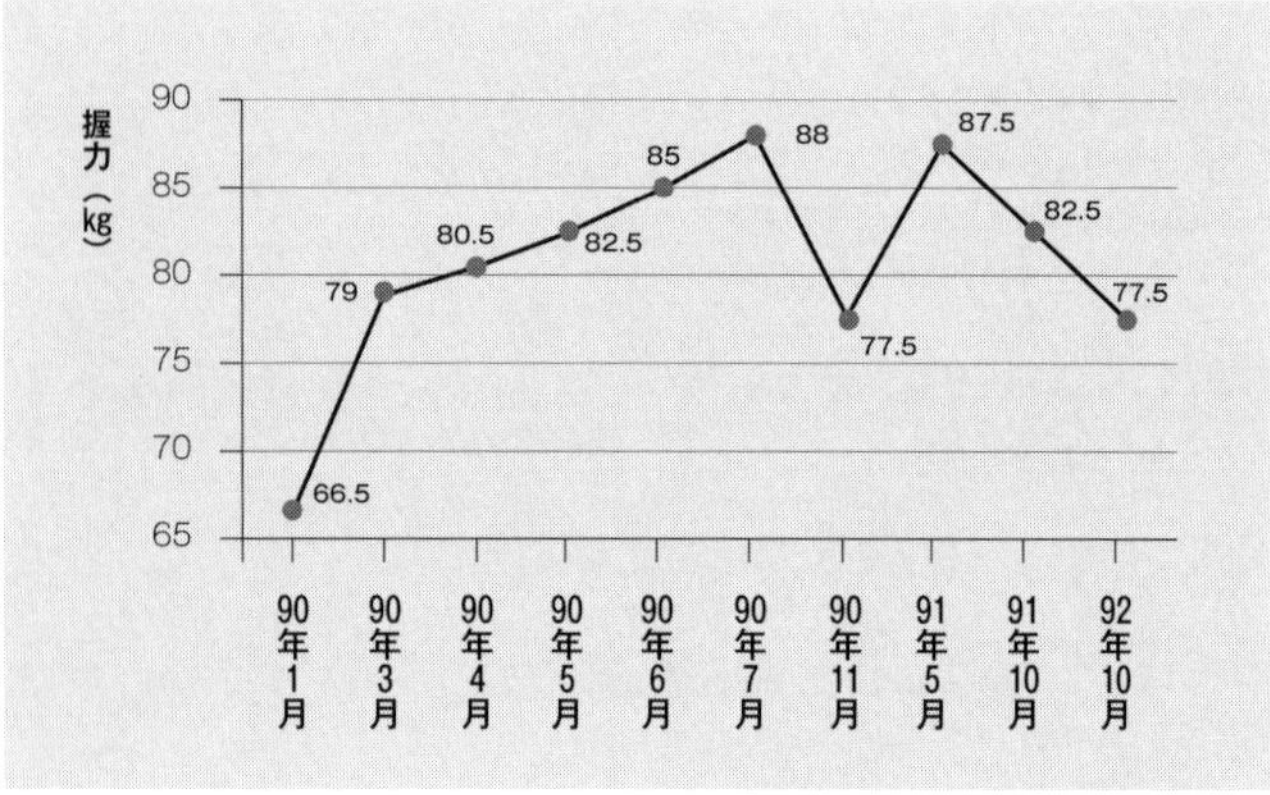

（中山　トレーニングジャーナル2008）

をすることで、今実施しているトレーニングの効果や競技力の向上を確認できるということは疑う余地のないところです。

野球選手はそれぞれに体力的特徴が異なり、バッティングに対する考え方もそれぞれ違います。今回の調査結果からも、スイング速度に影響する要因は選手それぞれに異なっていることがわかりました。

大事なことは、自分は何が優れているからスイング速度が速い、あるいは何が劣っているからスイング速度が遅いということを自らが知ることです。それがわからなければ、具体的な課題もトレーニング方法もわかりません。

スイング速度向上のためには、全体を見渡す大局的な視点と、個別の能力の優劣を知る細かい視点の両方が必要です。「森を見て木を見る」だけではなく「木を見て森を見る」という多角的な視点、感覚を持つことが大切なのです。

スイング速度を上げるには、自分の筋力の優れているところ、劣っているところを知り、ターゲットを絞ってトレーニングすることが重要。

打率を上げるにはスイング速度＋安定性が必須

ここまで、スイング速度の向上を科学的に検証してきましたが、バッティングはスイング速度だけを速くすればよくなるものなのでしょうか？

以前、ある社会人野球チーム（都市対抗などで優勝経験のあるチーム）のスイング速度の継続調査を行っていた時のことです。ある選手がボソッと「スイング速度は以前に比べて落ちているけど、試合で打っているから別にいいや」と独り言のように言いました。その言葉を聞いた時、私は「スイング速度が速くなくても、打撃成績がいい選手は確かにいるな」と思ったのです。

そこで、スイング速度を速めるだけでなく、正確なスイングをできるようにする。すなわち、安定したスイングができるようになれば打撃成績は向上するのではないか？　私はそう仮説を立てました。

安定したスイングというのは、同じスイングを繰り返しできることを意味し、当然その状態であればスイング速度も安定していると考えられます。そこで、スイング速度だけでなく、その速度が常に安定しているかどうかを調べてみることにしました。

社会人野球選手を対象に、スイング速度測定を連続30回実施した時のスイング速度のバラつき

（標準偏差）と、50打席以上立っている選手の打率を比較しました（計測方法の詳細は図1）。すると、スイング速度のバラつきが少ない選手ほど、打率が高いという関係性があることがわかりました（図2）。つまり、打率を高めるためにはスイング速度を速くすることではなく、そのバラつきを少なくすることが必要であることがわかります。

　さらに、スイング速度の安定性を調べるにあたり、スイング1回ごとの速度の誤差を計測することにしました。調査方法は、時期を春季中と秋季中に分けて、その期間に行われた試合における選手の打率とスイング速度誤差の比較です。それぞれの選手は、春季中と秋季中において同じ条件でスイング速度を計測しています。

　分析方法は、計測した全スイング速度と測定日における標準偏差を記録し、標準偏差をスイング速度のバラつきとして、この数値が大きいほどスイング速度の

図1　スイング測定の詳細と条件

- ■測定場所は室内練習場（人工芝）
- ■バットはヤナセ（85cm、900g）
- ■バッティング手袋の使用を統一
- ■ランニングシューズ、またはアップシューズ
- ■測定はリーグ戦の前日に実施
- ■1選手1日5スイング

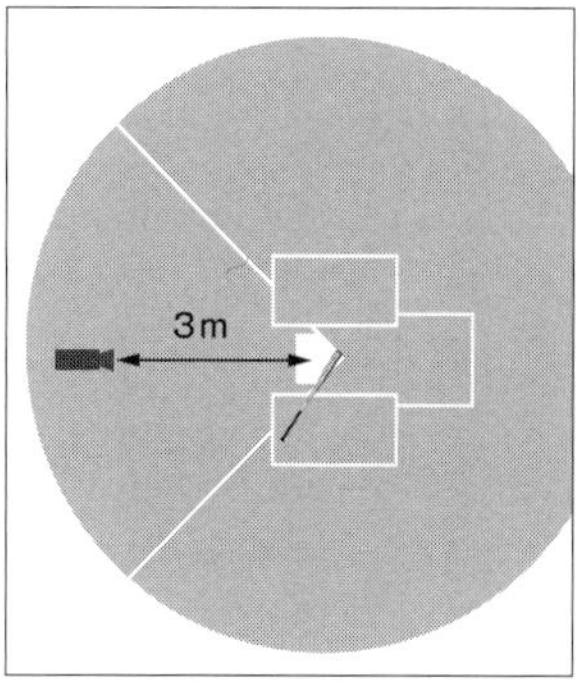

安定性は乏しく、数値が小さいほどスイング速度が安定していると定義しました。

その結果を示したものが、図3−1〜3です。図に示されているのは、縦軸がスイング速度、横軸が各測定日のスイング速度測定回数です。さらに、折れ線グラフが6本あるのは、6週続けて計測した結果を表しているからです。この折れ線グラフのバラつきが大きい場合には、週ごとのスイング速度のバラつきが大きいことを意味し、小さい場合はスイング速度のバラつきが小さいことを意味しています。

この結果を見て明らかなのは、折れ線グラフのバラつきが小さい（線が密集して見える）時のほうが、いずれの

図2　スイング速度のバラつき（標準偏差）と打率の関係

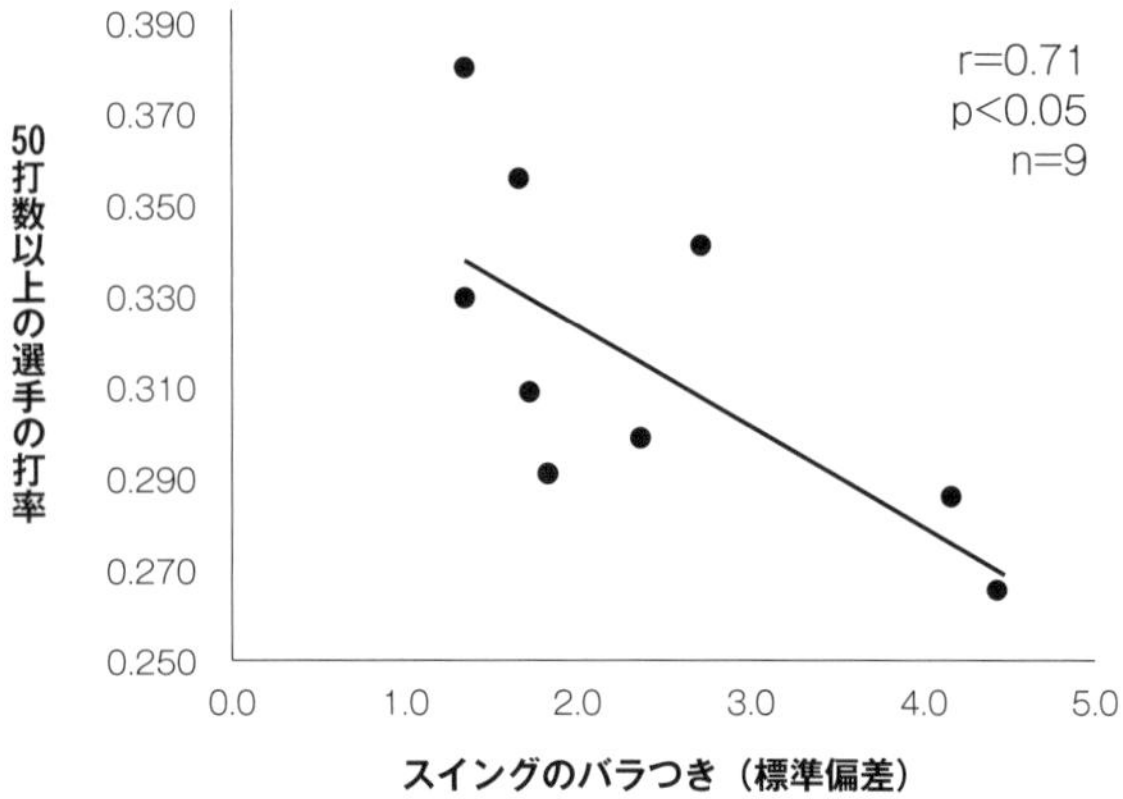

スイング速度のバラつきと打率の間には有意な負の相関関係が認められた。したがって、スイング速度の標準偏差が小さい選手ほど、打率が高くなる可能性がある。

（笠原ら　未発表資料）

選手も打率が上がっているということです。

選手AとBは春季中より秋季中のほうが打率は高く、それにともない標準偏差も春よりも秋のほうが小さくなっています。また、週ごとの折れ線グラフのバラつきから見ても、打率が高い秋のほうが、明らかに週ごとのバラつきが小さくなっていることがよくわかります。

選手Cは秋季中に調子を落としてしまったようで、春季中のほうが打率は高く、標準偏差も秋よりも春のほうが小さくなっています。なおA・B選手と同じように、C選手も打率が高い春のほうが、週ごとの折れ線グラフのバラつきが小さくなっています。

図3-1　春季中と秋季中における選手Aのスイング速度の変化

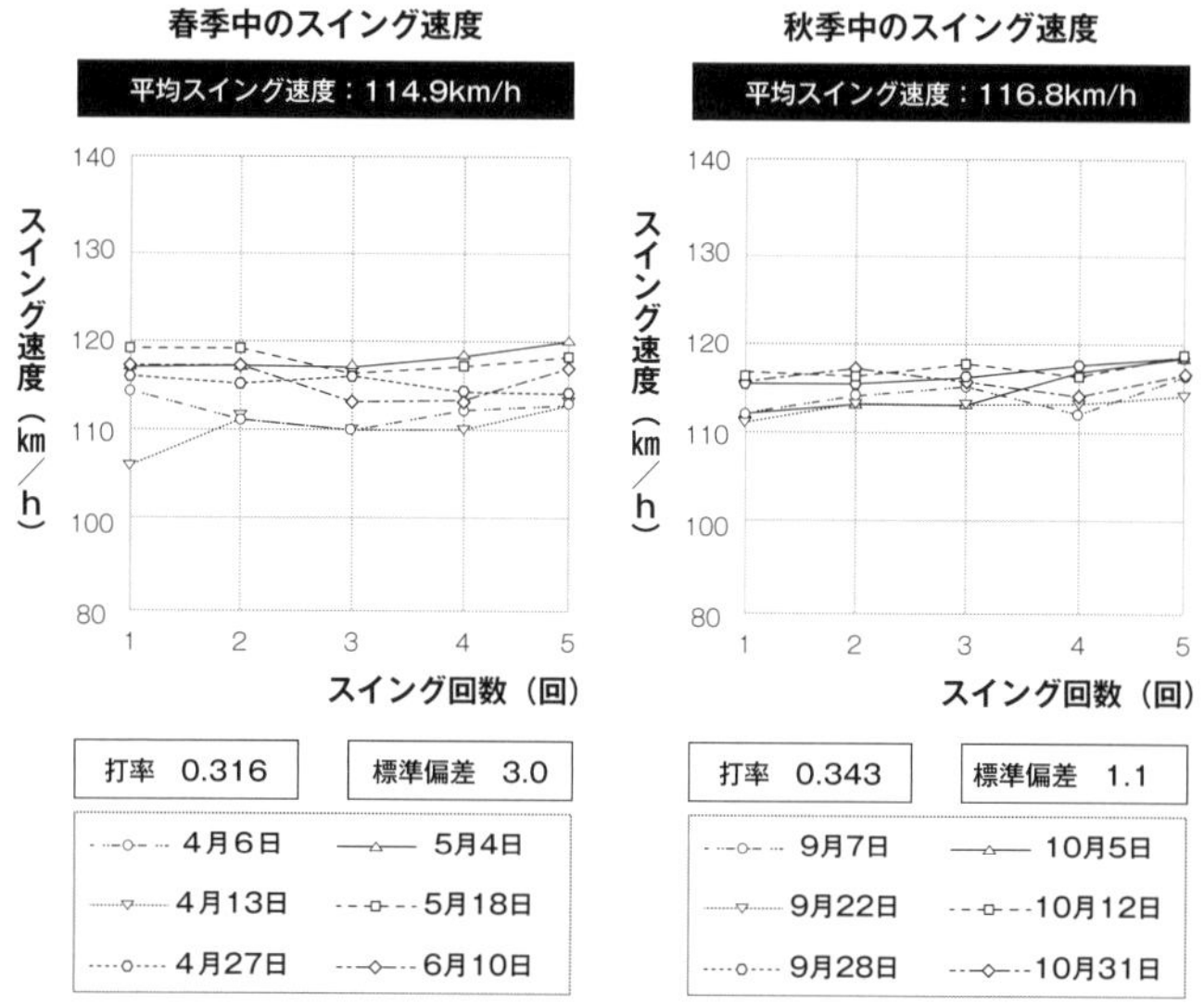

以上の結果からすると、スイング速度の標準偏差、すなわちスイング速度の安定性が高打率に影響していることがわかります。

さらに注目すべきポイントとして、3選手ともにスイング速度が特別に高いわけではないことが挙げられます。社会人野球やプロ野球など、大学野球よりも上位レベルに進んだ選手は、スイング速度が速いという結果を先ほど示しました。しかし、今回の調査結果から見ると、スイング速度がそれほど速くなくても、安定性があれば高打率に影響する可能性は十分にあるということになります。つまり、スイング速度のバラつきを少なくすることが、ボールにバットを的確にヒットさせるひ

図3-2　春季中と秋季中における選手Bのスイング速度の変化

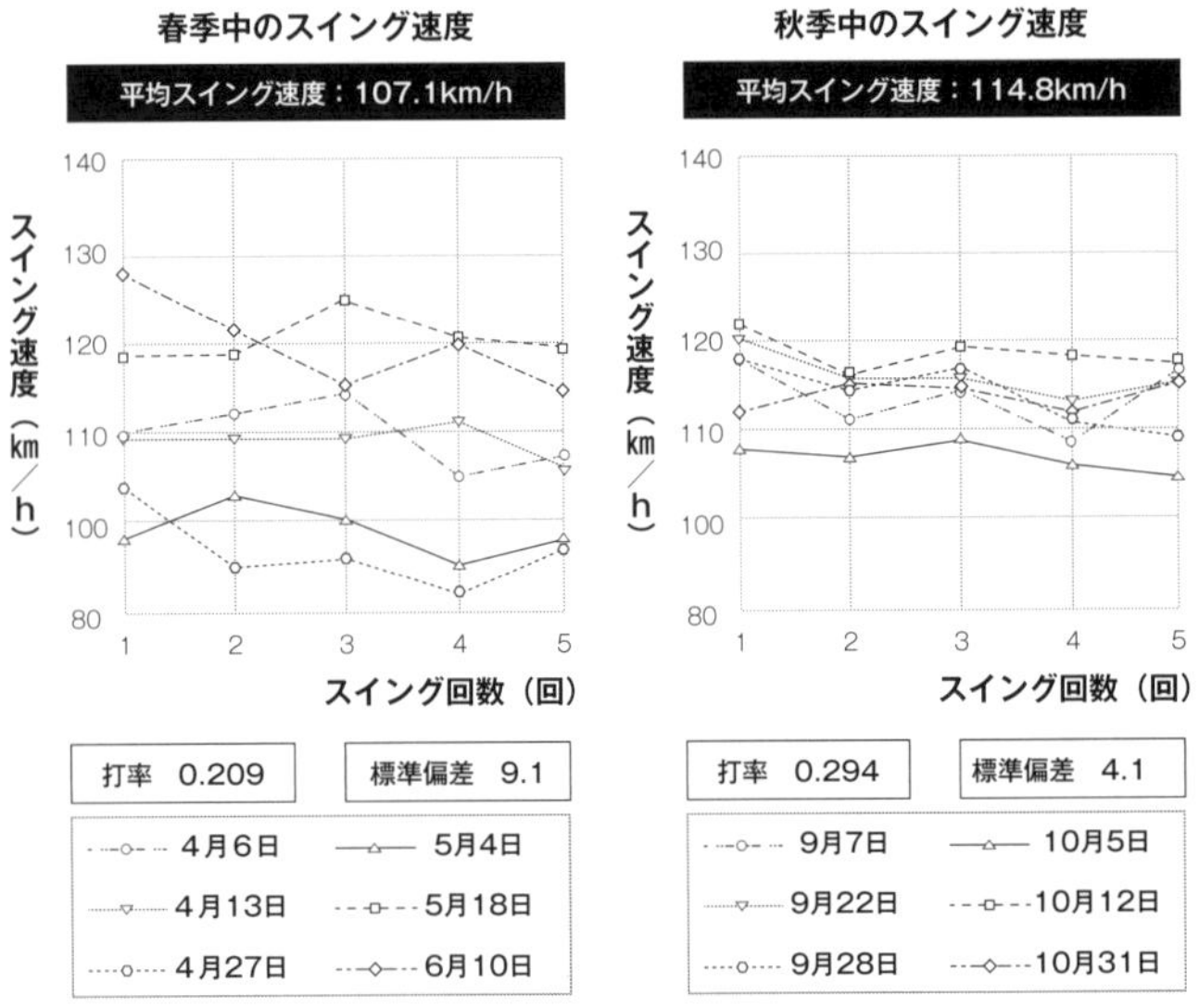

とつの要因になっているのではないでしょうか。
　では、スイング速度を安定させるためにはどうしたらいいのでしょうか？そのことを次項でご説明したいと思います。

高打率にもっとも影響をおよぼしているのはスイング速度の安定性。スイング速度を上げつつ、その速度のバラつきを少なくすることが高打率への近道。

図3-3　春季中と秋季中における選手Cのスイング速度の変化

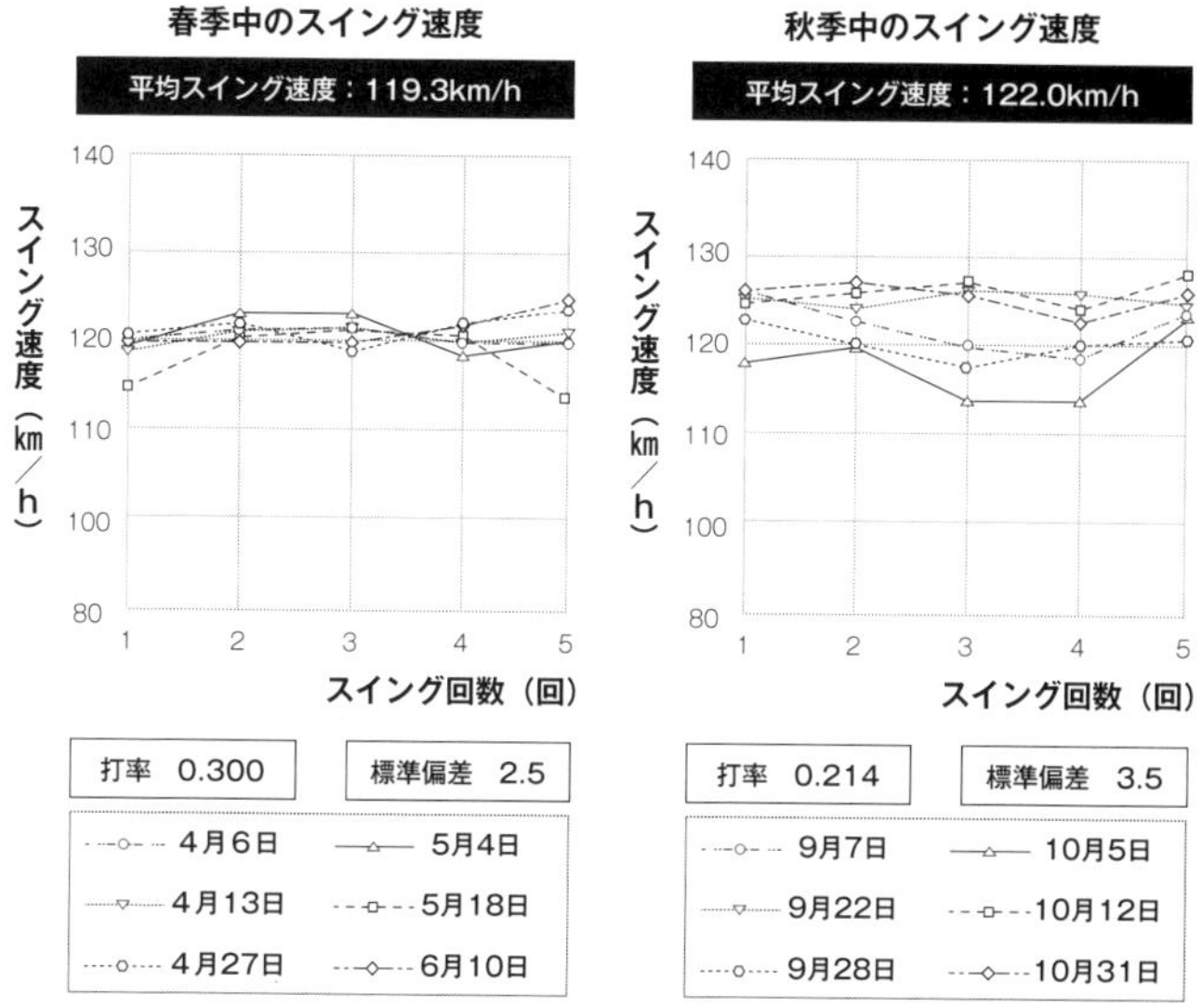

スイング速度を安定させるには？

前項で、打率を上げるためには、スイング速度の安定性を高めることがとても重要だということをご説明しました。この場合の「安定性」とは、科学の世界では「再現性」といい、ある動作を繰り返した時に一定した結果が得られることを意味しています。

では、スイング速度の再現性は、どのようにすれば高めることができるのでしょうか？　それを本項で解き明かしていきたいと思います。

前項のスイング測定をした際に、あるアンケートを選手に行いました。そのアンケートとは「今回スイング速度を定期的に測定してみて、打率を高めるためには何が必要だと思いますか？」という質問です。

結果は「自分のスイングの感覚と客観的なスイング速度が一致すること」という回答がもっとも多くなりました（図1）。

素振りの際、本人は内角のボールを打つつもりで振っているのに、客観的に見ると真ん中のボールを打つようなスイングをしている選手がいたとします。これは、その選手の主観と客観がズレているために起こる現象です。

主観と客観を合わせる方法のひとつとして、イメージトレーニングが挙げられます。このイメージトレーニングには、一人称と三人称というふたつの捉え方があります。一人称イメージとは、自分自身があたかも競技をしているかのようにイメージすることで、三人称イメージとは、自分が競技している姿を外から見ているように、客観的にイメージすることをいいます。

ある研究で、ラケットを持ってテニスのスイングをするイメージで5回スイングをした時の時間と、実際にラケットを持って5回スイングをした時の時間を比べてみました。すると、未熟練者に比べて、熟練者のほうがそれぞれの時間の誤差が少なかったという結果が出ました。これは、熟練者のほうが主観イメージと客観イメージが合っているということを表しています。

「学ぶ」という言葉は「真似る」からきている

図1　打率向上のために必要な要素のアンケート結果

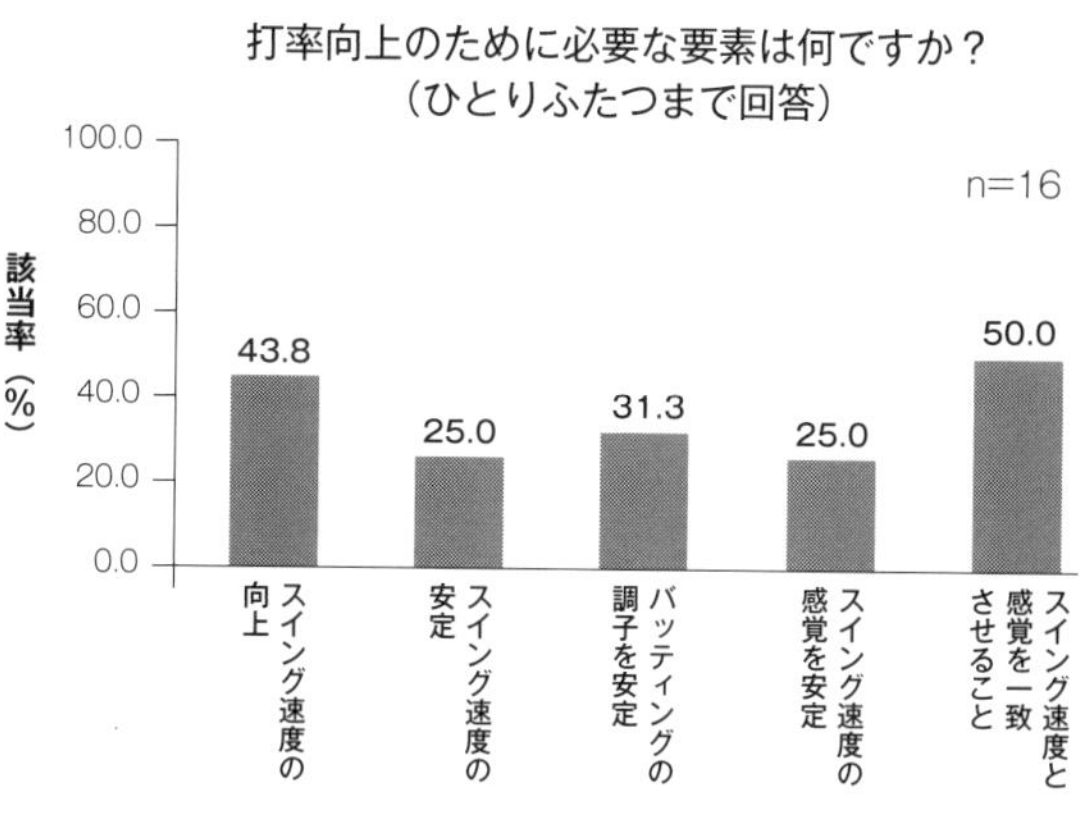

といいます。つまり、「背中を見て学ぶ」だとか「モノマネから入る」ということは、物事を学ぶプロセスとしてとても大切なことなのです。

私もそうでしたが、野球をしている方々はみな幼い頃、プロ野球選手の打つ真似や投げる真似をよくしたと思います。あれは、客観的に見たプロ野球選手のプレーのイメージを、頭の中で一人称に変換し、再現したものです。つまり、モノマネのうまい人は、主観と客観を合わせる能力が高く、それが再現性として表れているわけです。

スイング速度の安定性（再現性）を高めるためには、先述したテニスの実験のように、頭でイメージしたスイングの時間と実際やってみた時間をすり合わせていく練習をしてみてもいいでしょうし、鏡などを見ながら自分のイメージに近いスイングを何度も繰り返し練習するのもいいと思います。打率を上げるためには、スイング速度の安定性を高めることが大切。それを忘れずに練習に取り組んでください。

スイング速度を安定させるには、自分のイメージに近いスイングを何度も繰り返し練習し、体で覚えるようにするのがいい。

第2章

投球を科学する

球速を上げるにはどこを鍛えればいいのか？

本章では、「投げる」ことをメインに、コンディショニング科学の観点からいろいろと考えていきたいと思います。

序章と第1章で、野球選手の身体組成や身体的特徴についての研究結果をご説明しました。身長当たりの除脂肪体重（筋肉量）は、競技レベルが高いほどその数値も高くなっていました。

では、この除脂肪体重はピッチングにはどのような影響をおよぼすのでしょうか。本項では、「球速と体重」および「球速と除脂肪体重」との関係性について考察していきます。

図1はオーバースロー投手の体重（kg）と球速（km／h）の関係性について表しています。図の見方は横軸が体重、縦軸が球速となります。結果は、体重と球速との間に深い関係性を見出すことはできませんでした。つまり、体重が重いほどオーバースロー投手の球速が速くなるとは限らないということになります。

一方、図2はオーバースロー投手の除脂肪体重（kg）と球速（km／h）との関係性について表しています。見方は図1と同様です。こちらは除脂肪体重と球速との間に深い関係性を示す結果となりました。つまり、除脂肪体重量の増加は、オーバースロー投手の球速向上に深く関係する

図１　オーバースロー投手における
体重(kg)と球速(km/h)との関係

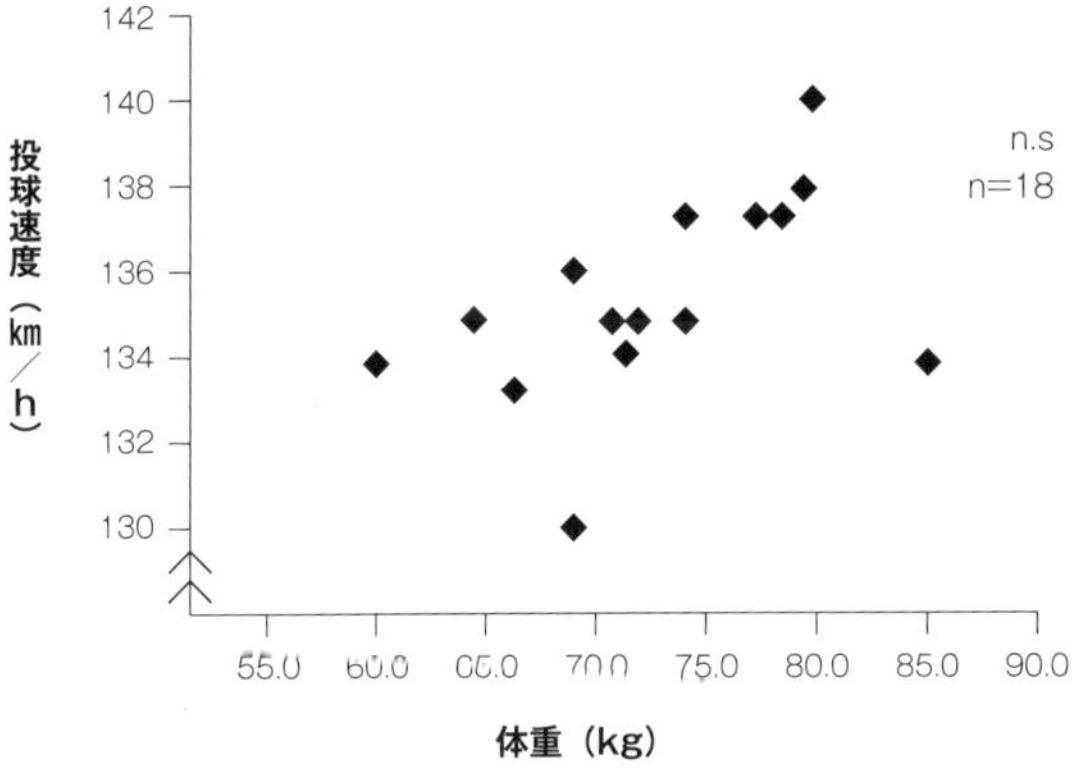

図２　オーバースロー投手における
除脂肪体重(筋肉量)と球速(km/h)との関係

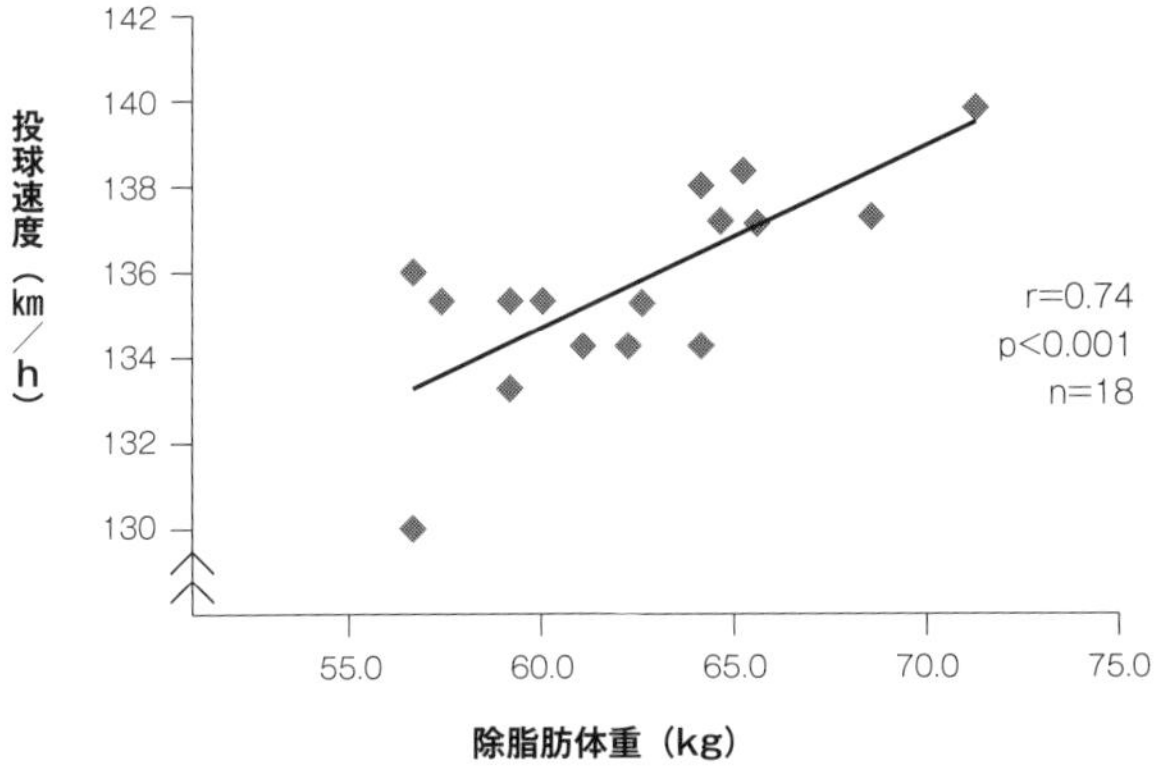

可能性があるということになります（今回は測定にバラつきがないよう、オーバースローだけを比較しましたが、サイドスロー、アンダースローも同様の結果が見込まれます）。

このように、野球投手の身体組成の特徴として、球速に着目した場合においては、ただ増量をして体を大きくすればいいわけではなく、体脂肪を増やさず除脂肪体重量を増やすように心がけることが必要であるということになります。

では、個人の除脂肪体重の増加は球速向上につながるのでしょうか？

表1を見てください。これは3年間、毎年同じ時期に身体組成と球速を計測した実例です。1年目と2年目では体重が変わらず、体脂肪率が増えており、球速も変わっていません。しかし、2年目に比べて3年目の体脂肪率の変化はないですが、体重は増加しています。ということは、除脂肪体重が増加していることになり、3年目の球速は明らかに向上しています。なお、当該選手の身長は決して高くはありません。序章では、投手の身体組成の特徴として「身長が高い」ということをご紹介しました。しかし、この実例を考慮すると、選手の特徴（投球方法、投球スタイル、身長など）に応じて除脂肪体重を増加させることが球速向上の可能性につながるようです。

除脂肪体重の増加が球速に影響することはわかりました。そうなると次に「では、どこの筋肉を鍛えればいいのか？（筋肉量を増やせばいいのか？）」が気になります。

上肢・体幹・下肢の筋肉量や身体各部位の太さを計測した結果からすると、球速が速い群は下肢の筋肉量が多く、大腿部（ふともも）と下腿（ふくらはぎ）が太くなっていることがわかりました。

本項では投手の身体的特徴と球速との関係に着目しましたが、もちろん球速だけが投手としての大切な要素ではありません。しかし、球速向上については誰しもがあこがれる点であり、投手の投げる球が速いに越したことはありません。今回の結果からいえば、この点についてのひとつの考え方として、除脂肪体重を増やすことが必要であり、とくに下肢にかけての除脂肪体重を増やすことが、球速向上に有用であるということになります。

ただし、途中でもご説明させていただいたように、投手には投げ方、身長、投球スタイルなどそれぞれに特徴があります。やみくもに除脂肪体重を増加させればいいわけではなく、自分自身の特徴を理解し、どのような選手になりたいかを考えた上で、今回のデータを生かした除脂肪体重増加を考えていくようにしましょう。

球速を上げるには、下半身を鍛えて大腿部と下腿の筋肉量を増やそう！

表1　除脂肪体重増加に伴う球速増加の一例――選手Aの3年間の推移

	身長（m）	体重（kg）	体脂肪率（%）	身長当たりの筋肉量 除脂肪体重／身長（m）	球速（km/h）
1年目10月	166	68.8	16.8	34.5	134
2年目10月	166	68.8	18.4	33.8	134
3年目10月	166	74.7	18.8	36.6	142

パワー発揮から見た投手の投球速度

フィールドで行うパワー測定法として一般的に多いのは、下肢であれば立ち幅跳びや立ち3段跳びや5段跳びです。全身もしくは上肢であれば、メディシンボールスローが多く用いられています。本項ではメディシンボール投げを用い、その測定結果と球速がどのように関係しているかを調べていきます。

メディシンボール投げにはさまざまな投げ方がありますが、今回は全身のパワーを測定したいので「バックスロー」で計測しています（バックスローのメディシンボール投げは、写真1のようになります）。

バックスローは両手で行い、反動を利用して後方（斜め上方）にメディシンボールを投げ、その距離を計測します。

図1は、中学硬式野球選手のメディシンボールバックスロ

写真1　メディシンボールバックスロー(1kg)

下肢から上肢の全身を使ってメディシンボール（1kg）を斜め後方に投げる

ー（1㎏）の結果です。横軸はメディシンボールの距離（m）。縦軸は投球速度（マウンドからホームベースまでの18・44mでの計測）（㎞／h）となります。結果は、メディシンボールの距離と投球速度との間に深い相関関係が見られました。図の中に〝r＝○○〟と記載していますが、これは先ほどもご説明した通り、rが1・00に近いほど横軸と縦軸との関係性が強いということになります。今回の両者の関係性は〝r＝0・84〟なので〝r＝1・00〟にかなり近くなっています。つまり、メディシンボールバックスローの結果と、実際に投げる球の速さとの間に強い関係性があるということです。

ところで、序章においてプロ野球投手は総じて身長が高いということをお話ししました。ということは、身長が高いほど球速は速いのでし

図1　投球速度とメディシンボールバックスローとの関係

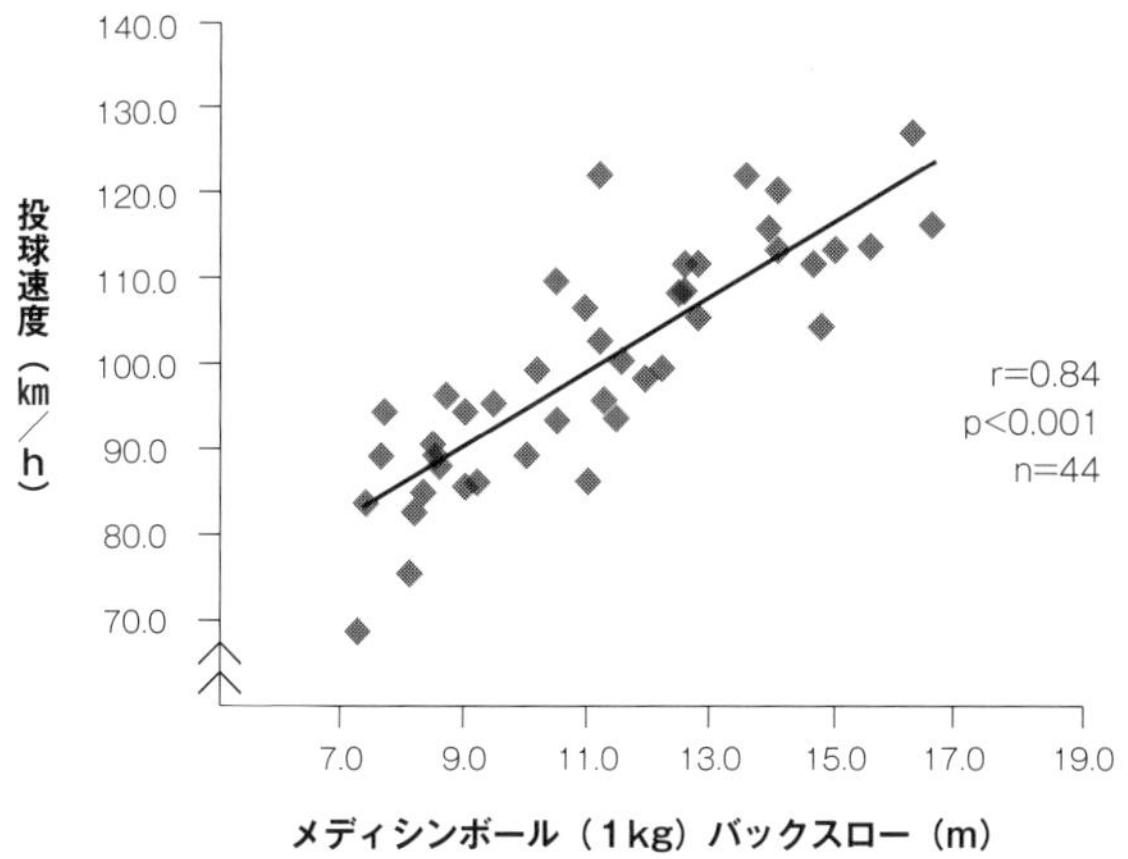

ょうか？　その疑問を解くべく、身長と投球速度の関係性を調べている研究報告が図2です。

野球選手は身長が高くなるほど、球速が速くなっていることがわかります。回帰直線から考えられる身長との関係では、身長が1㎝高くなると球速が1・16㎞／h速くなり、11〜18歳を対象とした研究報告では、身長が1㎝高くなると球速が0・75㎞／h速くなるという結果が出ています。したがって、身長の高さは投球速度を上げる理由のひとつであると考えられるのです。

ここまでお話ししたことをまとめると、メディシンボールを遠くに投げられることは投球速度を高めるひとつの要素であり、身長が高いこともそのひとつの要素になり得るということです。

では、身長が高いほどメディシンボールスローも遠くに投げられるということなのでしょうか？　図3は中学硬式野球選手の身長と、メディシンボールスロー（1kg）の関係性を示したものです。その結果、身長が高いほどメディシンボールスローは遠くに投げられることがわかりました。

中学生は発育期にあり、身長が増加すると同時に除脂肪体重も増加することがわかっています。しかし、大学生や社会人のように成長が落ち着いた場合だと、身長が高いほど除脂肪体重が多くなるとは限りません。したがって、中学生では身長が高くなると同時に除脂肪体重も多くなるため、パワーが発揮できていることになり投球速度も増加すると考えられます。

中学生と大学生における投球速度に関与するのは筋肉量か？　動作パワーか？　大学野球選手と発育期野球選手における、投球速度の寄与率を示した図4の報告があります。大学野球選手よ

図2　身長と投球速度の関係

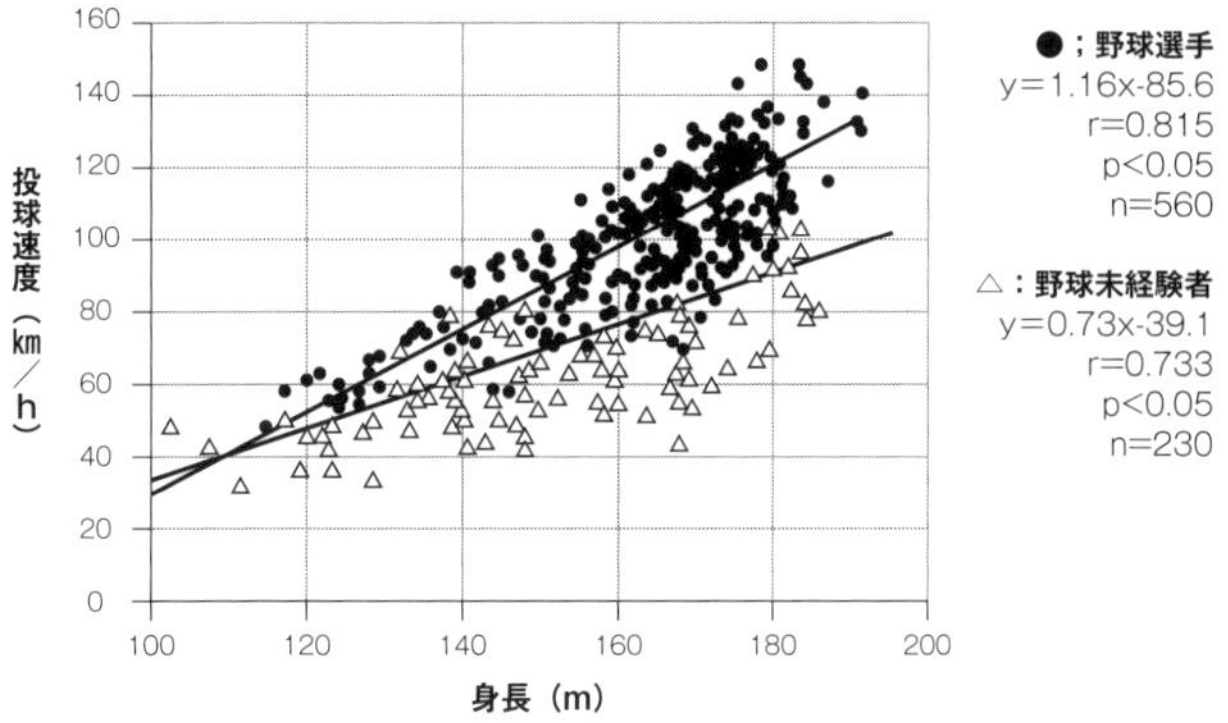

●：野球選手、△：野球未経験者とした
横軸：身長(m)、縦軸：投球スピード(km/h)

（勝亦　トレーニング科学2019より引用）

図3　メディシンボールスローと身長との関係（中学硬式野球選手を対象とした場合）

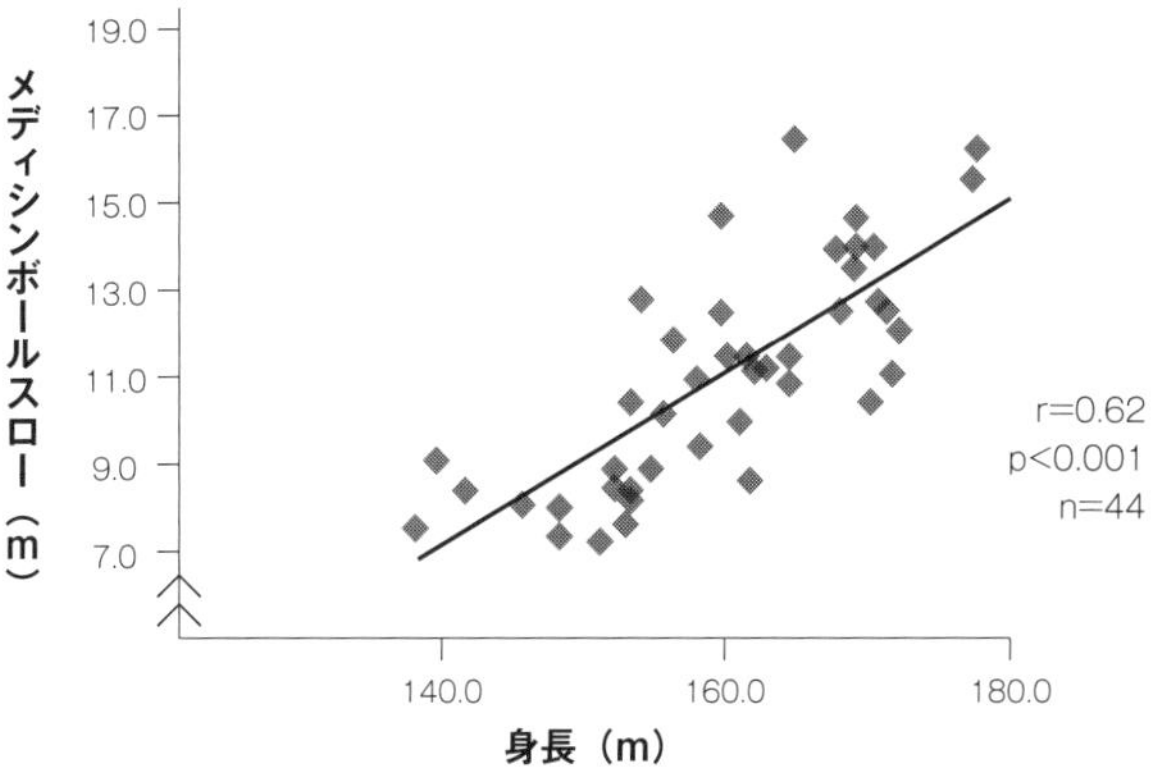

図4　成人と発育期の選手における投球速度への寄与率

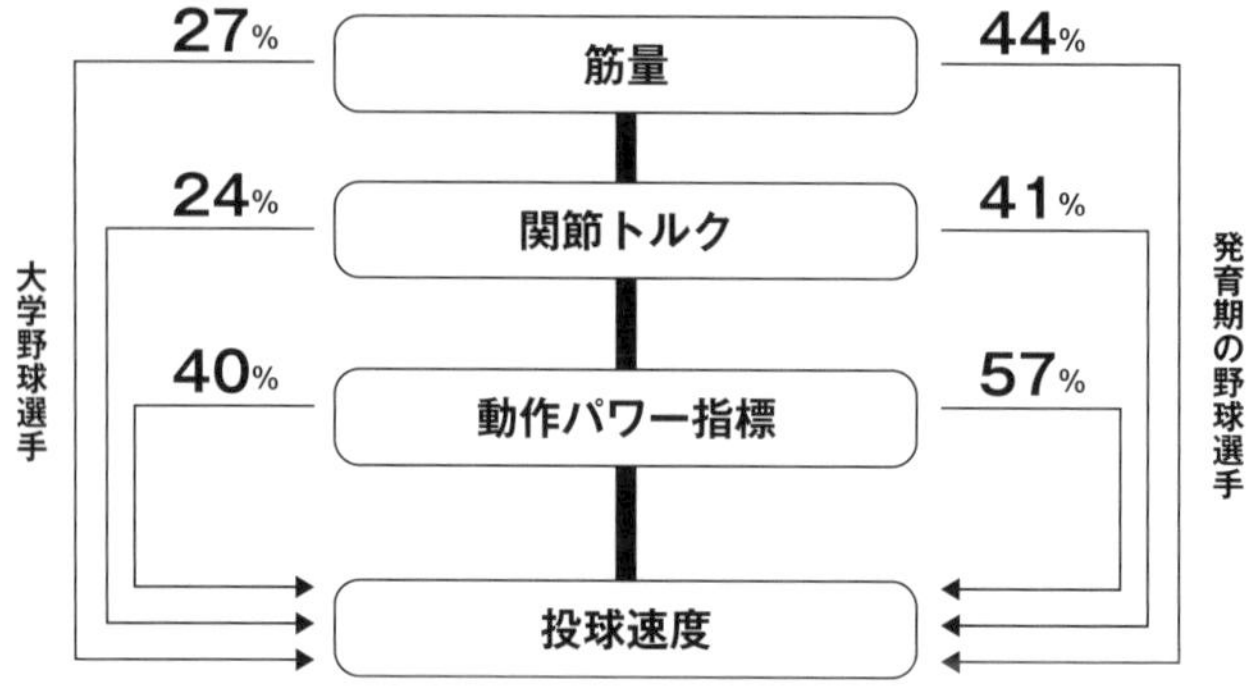

投球速度に対する筋量、関節トルク、動作パワー指標の寄与率

（勝亦らスポーツ科学研究2008より引用）

図5　中学生と大学生における身長・球速・パワーの関係性

身長→球速に影響している

●野球経験者で身長１cm⬆　：球速0.75km/h⬆　（勝亦 2019）

●野球選手（11～18歳）で身長１cm⬆　：球速0.75km/h⬆　（Sgrol et al 2015）

出力（パワー）→球速に影響している

●中学野球選手メディシンボールバックスロー（１kg）で１m⬆
：球速4.4km/h⬆

●大学野球選手メディシンボールバックスロー（３kg）⬆　ほど球速⬆
（比留間ら 2011）

身長→出力（パワー）の距離に影響している

●中学野球選手身長⬆ほどメディシンボールバックスロー（１kg）⬆
（身長１cm当たり0.2m）

●大学野球選手メディシンボールバックスロー（３kg）の間には
関係性なし　（未発表資料）

りも発育期野球選手のほうが、投球速度に対して筋力やパワーが強く影響しているのがわかります。つまり、発育期の選手は〝技術∧力〟に依存し、大学生くらいの熟練者は〝技術∨力〟に依存しているのではないかと考えられます（図5）。

この結果からは、「多くの発育期の選手は力任せに投球している選手が多いため、肩や肘に負担が生じやすく、投球障害が起こりやすいのではないか？」ということも予想できるかもしれません。中学生ぐらいから、「力任せに投げる」ことに依存しすぎないような投球フォームを模索し、それぞれの体の特徴に合わせたトレーニング方法を考えていくことが重要です。

メディシンボールを遠くに投げられる。身長が高い。このふたつの要素は投球速度を高める要素になり得る。

球速が速い投手の下半身の使い方

球速を上げるには、下半身を鍛えるのが効果的だということは先述した通りです。では、速い球を投げるには、下半身をどのように使えばいいのでしょうか?

本項では、球速の速い投手の下半身の使い方を分析していきたいと思います。

球速が速い投手と、そうではない投手の足の踏み出し方に関する研究報告があります。写真1をご覧ください。これは、投球動作を横から見た際の、踏み出した足の角度に関する報告になります。結果として、球速が速い投手のほうが踏み出した足の膝の角度が大きいことがわかりました。膝の角度が大きい状態とは、写真1のように膝が深く曲がっていない状態です。さらに、この踏み出した足が接地してからボールリリースの瞬間まで、踏み出した足は動かず固定されています。つまり、ワインドアップからコッキング期にいたるまでの動作を、踏み出した足でしっかり受け止めているのです。

続いて、投球動作を正面から見た際の球速が速い投手の特徴をご説明しましょう。写真2をご覧ください。これは、球速の速い投手とそうでない投手の踏み出した足の股関節の開き具合（角度）に着目しています。

写真1　球速が速い選手の踏み出し足の特徴（横から見た場合）

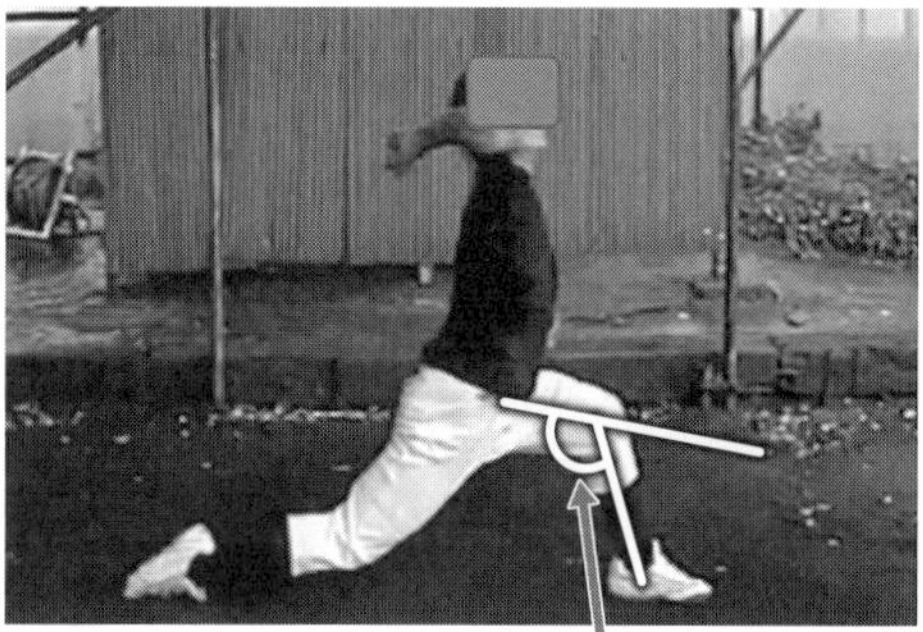

140km/hを超える投手の踏み出し足膝関節角度は120度よりも大きな角度を保っている。踏み出してから投げるまでの角度は一定。（島田ら　2004）

球速が速い群が平均42.4m/s（約151.2km/h）で膝関節角度は140度前後に対して，球速が遅い群は平均36.8m/s（約132.4km/h）で膝関節角度は125度前後であった。（川村ら　2012）

写真2　球速が速い選手の踏み出し足の特徴（前から見た場合）

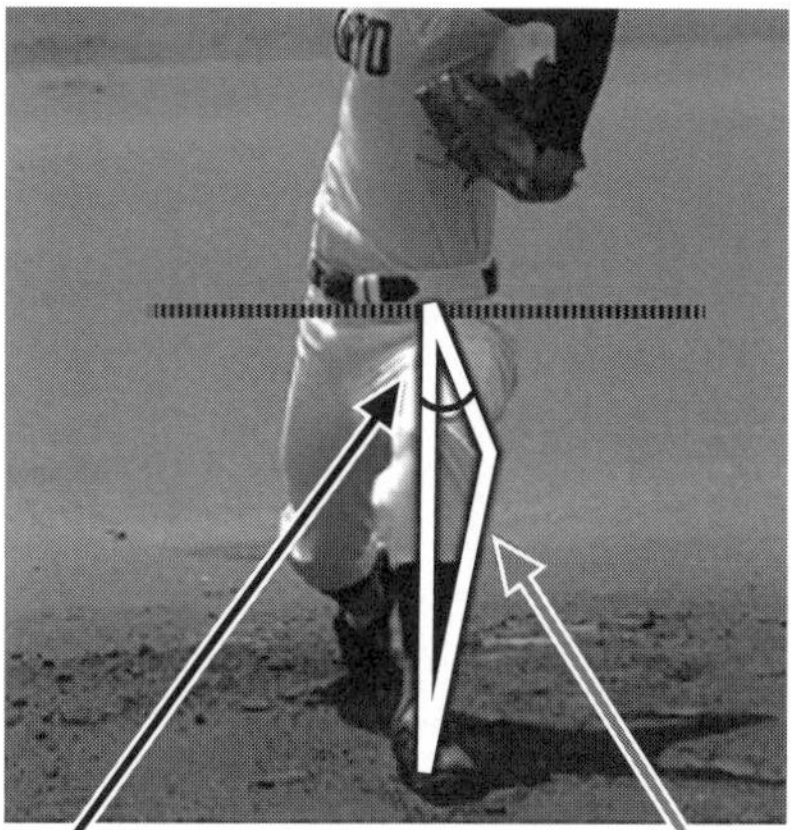

球速が速い群（平均42.4m/s）の踏み出し足の股関節が開いている角度（外転角度）はほぼ0度に対して、球速が遅い群（平均36.8m/s）の股関節が開いている角度（外転角度）は20度であった（島田ら　2004）

球速が速い投手の踏み出した足は、地面に接地した時の股関節の開き（外転角度）が0度です（地面と平行の線に対して垂直）。それに対して、球速が速くない投手の股関節は開いてしまっています（外転角度が20度。よくいう〝膝が開いてしまっている〟状態）。

プロ野球などの解説でよく「ピッチャーの足が開いてしまっていますね」と聞きますが、あれはこの股関節の開きを指しており、この状態では下半身の力が上半身にうまく伝わりません。

写真1・2から導き出される球速が速い投手の特徴は、踏み出した足が地面に接地した時に体全体をしっかりと支えているため、膝関節はある特定の角度で固定されています。これは、投球練習の現場でも「しっかりと踏み込め」「開くな」「固定しろ」とよく表現されていることを科学的に示す結果となります。

これらの結果を踏まえて、踏み出した足が理想的な角度になっていない投手（膝関節角度が曲がりすぎている投手）のビフォー・アフターの投球動作の変化を見てみましょう。

写真3をご覧ください。左がビフォー（膝関節が曲がりすぎている状態）、右がアフター（理想的な角度になった状態）になります。この変化によって、しっかり胸が張れるようになり、体にしなりが生まれています。ビフォーの姿勢は俗に言う「体が突っ込んだ状態」です。この突っ込み体勢では肘の突き出しが強調されやすく、それが肘の故障のもととなってしまう可能性もあります。

ちなみに、この投手は膝の角度を変えたことで若干ですが球速もアップし、歩幅は膝関節の曲

写真３　踏み出し足が変わった時の投球姿勢

ビフォー(Before)

膝関節が深く曲がり、体が前に“突っ込んだ”姿勢になり、肘の突き出し動作が起きている。さらにアフターに比べると胸の張りが少ない

アフター(After)

膝関節角度が広がり、足が地面に接地した時に胸がしっかりと張れている

写真４　踏み出し足のステップの変化

ビフォー(Before)

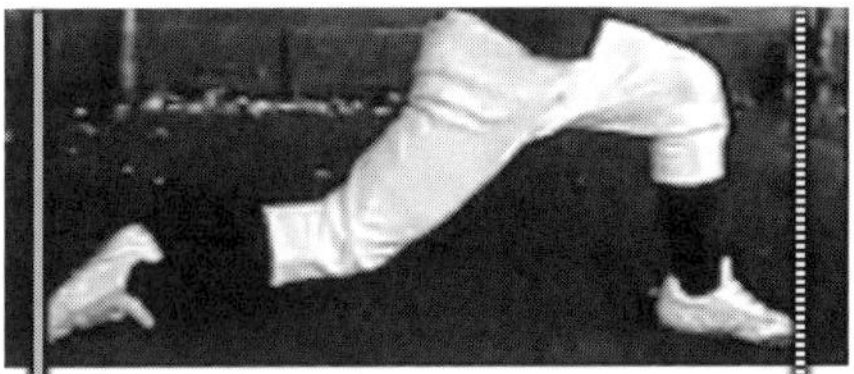

アフター(After)

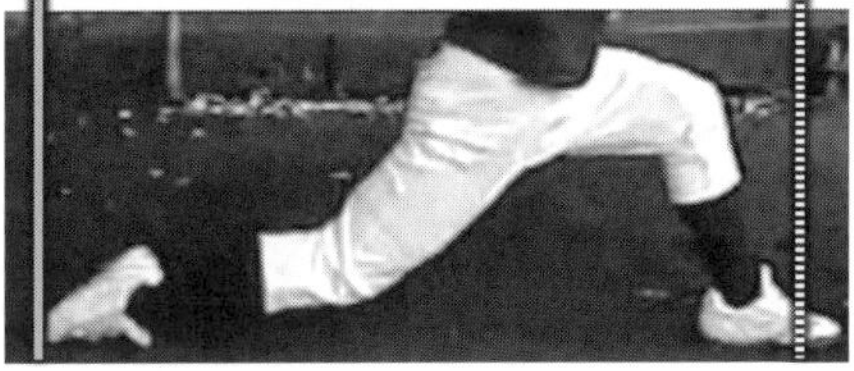

膝関節屈曲角度が変化したことにより、ビフォーよりもアフターのほうが歩幅は若干広くなっている

がる角度が変化したことにより、やや広くなっています（写真4）。

なお、踏み込み足の膝の角度が変化することによって、後ろ足の膝と地面の距離も変化します。それは、踏み込み足の膝が深く曲がるとその結果として重心が下がり、膝と地面の距離が近くなります。昔は「地面に後ろ足の膝が着くのがいい投球フォーム」とされてきましたが、そのような状態は踏み込み足の膝が曲がりすぎているため、コンディショニング科学的には一概に「いい投球フォーム」とはいえないかもしれません。

球速が速い投手は、理想的な足の踏み出し方と膝の角度であることがおわかりいただけたと思います。これからの投手指導は、選手たちの故障を防ぐためにも、こういった研究結果も交え、科学的に行っていくことが大切ではないでしょうか。

理想的な投球フォームは
正面から見た場合、膝の開きは地面に対して0度、
横から見た場合、膝の角度が140度前後。

踏み込んだ足の筋力がピッチングを支える
――並進運動から回転運動へ

速い球を投げるために必要な身体動作とは、身体全体を使って大きなエネルギーを発揮すること、それを効率よくボールに伝えることです。エネルギーを効率よくボールに伝えるには、ボールをリリースする際に全身に蓄えられたエネルギーを一気に放出することが重要になります。この効率的な運動に影響しているのが、「下半身の踏み込み動作によって生まれた前進する並進運動を、回転運動につなげること」になります。今回はこの並進運動から回転運動への流れと、このつながりがなぜ重要なのかを考えてみたいと思います。

「並進運動」とは、物体が進行方向へ前進する運動であり、「回転運動」は物体の端に何かの力が加わることで反対側が加速していく運動のことです。

図1は右投げの選手における投球動作を真上から見たものです。**1**は、ワインドアップからホームベース方向へ身体を並進運動しているところのイメージ図です。**2**の局面では、左骨盤側の踏み込み足がちょうど地面に接地した時のイメージ図です。この時には、ホームベース方向に並進運動していた身体は、踏み出した足によって止められることになります。すると左骨盤に止める力が生じ、この左骨盤を支点として反対側の右肩→右手が加速していきます。これが**3**のイメ

ージ図になります。

このように、下半身の踏み込み動作によって生まれた前進する並進運動を、ある特定の場所で止めることで、その止めた場所が支点となって回転運動が起こり、投球側の肩や手が加速していくことになるのです。前項でお示しした、踏み込み足の固定力が球速に影響するというのは、この並進運動からの回転運動をスムースにするために必要なポイントになると考えられます。

写真1を見てください。競技レベルの高い野球投手を対象に、股関節周囲の筋肉量を計測した報告によると、踏み込み足の大腰筋（股関節を曲げたり、身体を固定したりするために働く筋肉）は、軸足よりも明らかに太かったと示されてい

図1　並進運動から回転運動（ボール速度増大のメカニズム）

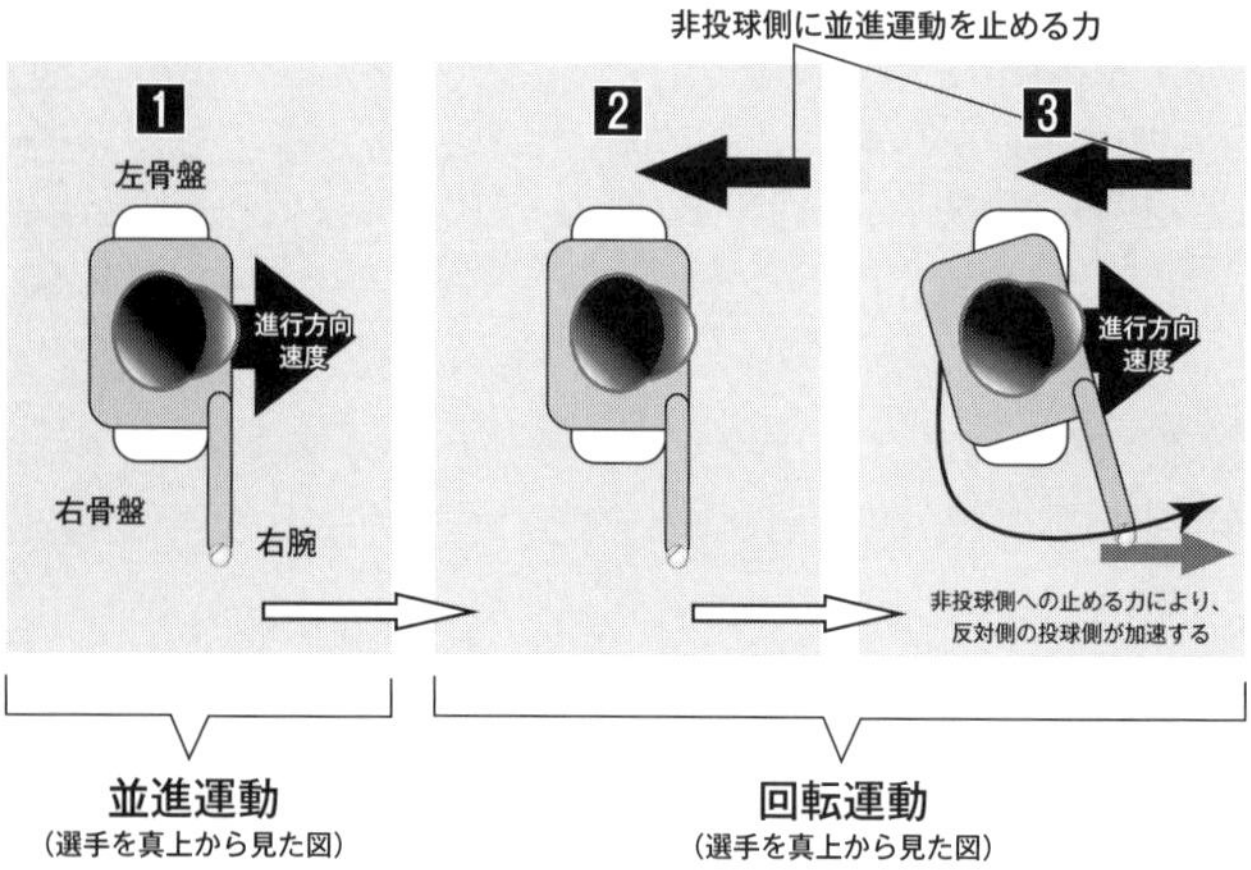

（吉福 1982から作成）

ます。つまり、並進運動を回転運動につなげるためには、踏み込み足がぶれないようにすることが必要であり、そのためには大腰筋を中心とした踏み込み足の股関節周囲の筋力がキーポイントになると考えられます。

投球側の肩や手を加速させるためには、前進する並進運動を回転運動につなげることが重要で、そのカギを握るのは踏み込み足の骨盤から下肢の筋力であるということはイメージできたと思います。

では、この理想的な動作ができているかどうかを確かめる方法（あくまでもひとつの見方として）をご説明します。

写真2を見てください。2名の異なる右投げ投手が、同じブルペンで投球した時の軸足の軌跡を撮影したものになりま

写真1　踏み込み足（止める力）の股関節筋肉量の左右差

大学投手を対象に、大腰筋の筋横断面積および筋体積を調査した結果、非投球側の大腰筋のほうが投球側よりも有意に多い　（坂東ら2012）

踏み込み足の大腰筋　＞　軸足の大腰筋

踏み込み足を止めて足の開きを防ぐためには“股関節（大腰筋）”の筋力強化が必要ではないか？

す。面白いことに、２名の軸足の地面の擦り方が異なっています。結論からいえば、選手Ａは並進運動から回転運動が効率よくできている。一方の選手Ｂはできていないということになります。

右投げ投手で考えると、回転運動がしっかりとできているということは、右骨盤もしっかりと回転してホームベース方向に向きます。そのため、軸足の地面の擦り方はホームベース方向に向かいます。一方、回転運動が不十分だと、右骨盤の回転も不十分になり、骨盤はホームベース方向に向かわず開いた形の

写真２　回転運動がうまくできている選手A
うまくできていない選手B

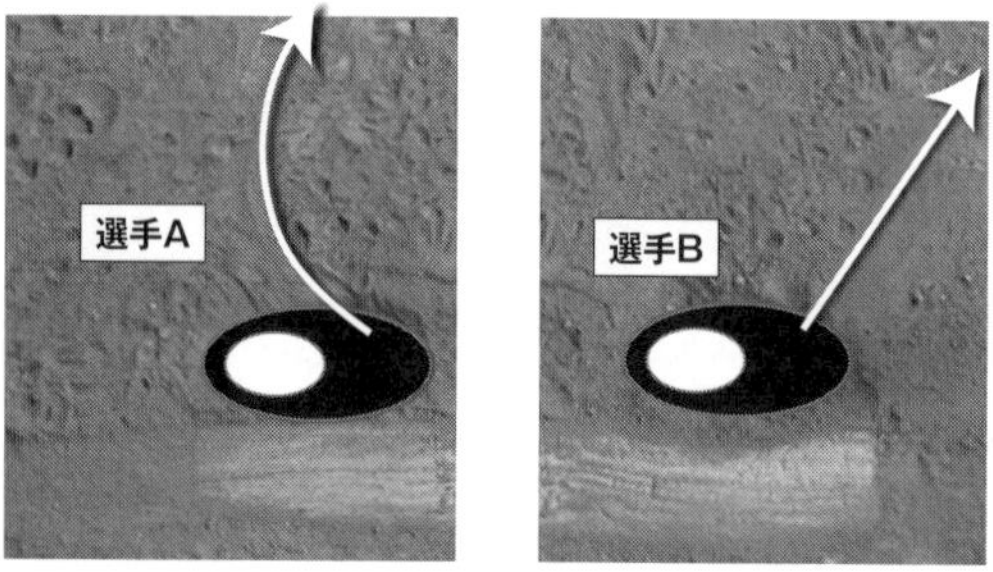

選手A　(Good条件)

並進運動から回転運動が円滑に行われているので、軸足の軌跡がホームベース方向になっている（軸足の骨盤がしっかりと回っているため、軸足の軌跡が外側に流れない）

選手B　(Bad条件)

並進運動から回転運動が円滑に行われていないので、軸足の軌跡が外側に流れている（軸足の骨盤がしっかりと回っていないので、軸足の軌跡が外側に流れてしまう）

ままとなります。そうなると、軸足も外側へ開いた状態となるため、選手Bのような擦り方となるのです。

なお、選手Aは選手Bよりもフィジカルレベルは低いですが、球速はさほど変わりはありません。また、たまたまかもしれませんが、選手Bのほうが選手Aよりも投球後に肩肘に張りや疲れを感じることが多いということです。つまり、選手Aは全身をバランスよく使った投球動作になっているので、肩肘に疲れがたまりにくいのかもしれません。

前項でご紹介した踏み出し足の話、さらに本項でお話しした並進運動から回転運動に効率よくパワーを伝えるには、踏み出し足の股関節の筋肉がとても重要です。この投球動作の流れはすべてつながっていますから、効率のいい投球動作にするためにそれぞれのポイントをチェックしてみてください。

並進運動を回転運動につなげるためには、踏み込み足がぶれないようにすることが必要。そのためには踏み込み足の股関節周囲の筋力がキーポイントとなる。

「伸びるボール」の真実

「速いボール」の「速さ」は、スピードガンで計測されるような球速（km／h）だけでなく、バッターが思わず「速い」と感じてしまうボールの質があります。これがいわゆる「キレのあるボール」というもので、球速がそれほどなくてもバッターが速く感じてしまうのは、ボールが伸びてくるように見えるからです。では「伸びるボール」は、なぜ速く感じるのでしょうか。

バッターから見ると、この「伸びるボール」は途中からまるで浮き上がってくるかのような印象を受けます。バッターは、「浮き上がる＝自分に迫ってくる」ように感じるため、スピードガンで計測された球速表示よりも速く感じてしまうのです。

次に、この「伸びるボール」がどんな状態にあるのかを解明していきましょう。

「伸びるボール」は、なぜ浮き上がってくるように見えるのか？

それは、ボールに対して浮き上がる力（揚力）が加えられているからです（図1）。揚力は、進行方向に対して垂直方向に浮き上がることを意味しており、投げたボールの揚力が大きければ大きいほど浮き上がる力が生じて、ボールの軌道はなかなか落ちないことになります（図2）。

その結果、バッターは通常の軌道（やや落ちながら向かってくる軌道）とは異なり、なかなか落

図1　マグヌス効果　ボールが浮き上がる力“揚力”

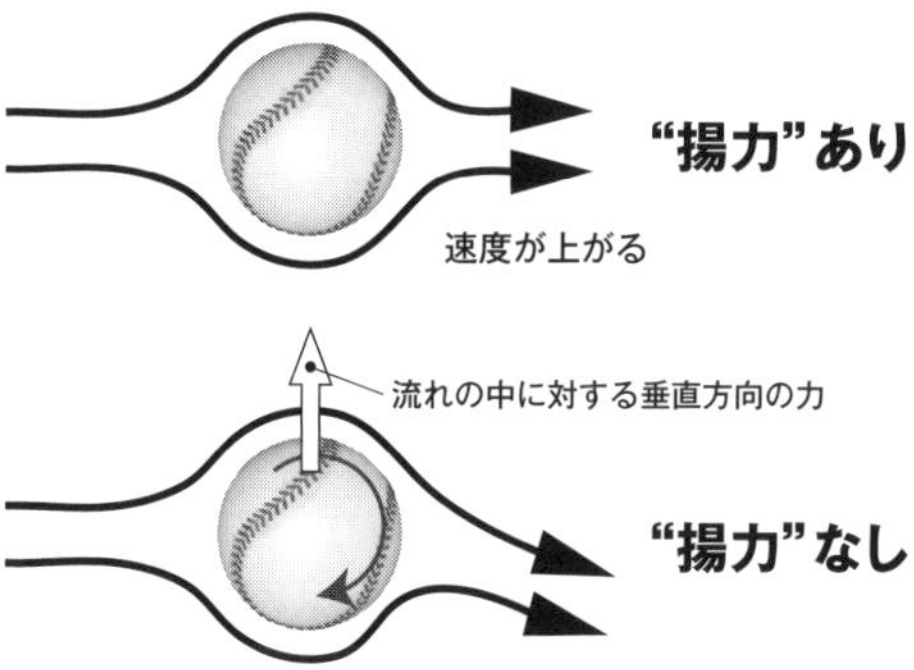

図2　揚力によりボールが落ちにくい

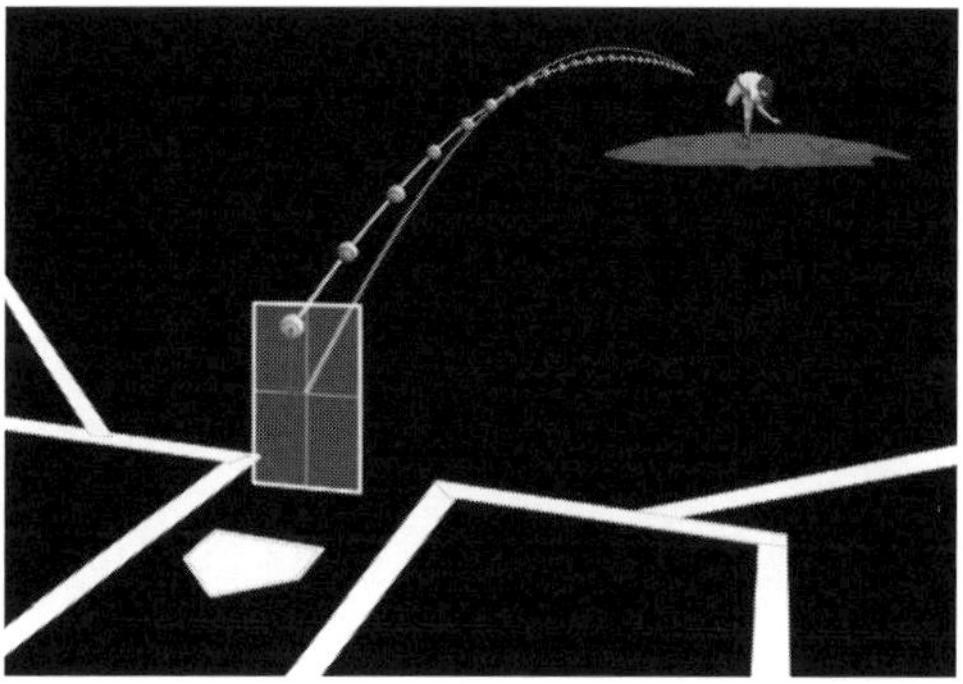

（神事研究データより）

ちないボールが向かってくるので、浮き上がってくるように感じてしまうのです。

揚力に深い関係のあるボールの回転数を競技レベル別に調べた結果、競技レベルが高い投手が投げたボールほど1秒間のボール回転数が多くなっています（図3）。今では高校生でも140㎞ぐらいのスピードボールを投げていますが、プロ野球選手はただ速いだけではなく、このボールの回転数が優れている、つまり伸びのあるボールを投げていることになります。

「伸びるボール」を投げるためには、回転速度が大きく関与していることがわかりました。では次に、この時のボールの回転はどのような回転が一番いいのでしょうか。それをまとめたのが図4の競技別の回転角度と、図5に表した実際の投球の時の理想の角度です。

図4からわかるのは、競技レベルが上がれば

図3　競技レベル別
ボール回転速度

	回転速度（回転/秒）
小・中学生	27.9±3.4
高校生	33.3±2.5
大学生	35.6±1.9
社会人	30.3±3.2
プロ	32.9±3.5

（神事ら2014）

図4　競技レベル別
ボール回転軸角度

	回転軸角度（度）（α）
小・中学生	58.9±14.4
高校生	62.8±11.3
大学生	65.5±12.2
社会人	67.7±12.2
プロ	70.3±8.9

（神事ら2014）

上がるほど、ボールの角度は（地面に対して）90度に近くなっているということです。要するに斜め回転よりも縦回転に近づけたほうが、ボールに揚力が与えられるわけです。

図5ではボールをリリースする際の、真上から見た図（角度1）と正面から見た図（角度2）で回転軸の角度を解説しました。

両者の角度αがボール回転軸角度となり、この角度αが90度に近いほど（角度1では0度＝真上から見てホームベースと平行、角度2では0度＝正面から見て地面と平行）、ボールは純粋にバックスピンした状態になり、より大きな揚力が与えられるのです。

「伸びるボール」を投げるには、ボールの回転速度、回転軸角度が大きく関わっているということがおわかりいただけたと思います。普段のキャッチボールから、縦回転を意識してボール

図5　ボール回転軸角度（真上および正面から見た場合）

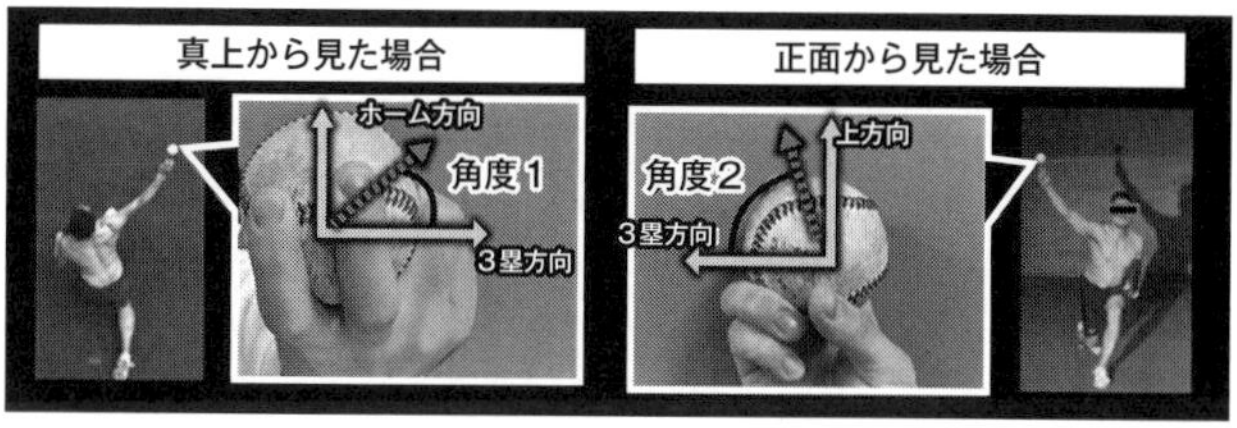

（神事研究データより）

例（純粋なバックスピンをしている場合）

角度1：0度　（真上から見てホームベースと平行）
角度2：0度　（正面から見て地面と平行）
α＝90度　（純粋なバックスピン）

＊αが90度に近いほどバックスピンした状態を意味する

を投げるようにしてみてください。

「伸びるボール」はボールの回転速度、その回転軸角度が大きく関わり、回転が上がればボールに揚力が加わり、「伸びるボール」となる。

※本項掲載の研究データは神事努先生（國學院大學人間開発学部健康体育学科）の許可を得てご紹介させていただきました。この場を借りて感謝申し上げます。

コントロールのいい投手は何が違うのか?

球速、球質と合わせて、投手にとって欠かせない要素。それはコントロールです。

いくら速いボールを投げられても、ストライクゾーンに入らなければ勝負になりませんし、ど真ん中のストレートでは多少速くても打たれてしまいます。プロ野球では、球速はそれほど速くなくても、正確なコントロールを持っているために第一線で長く活躍している投手もたくさんいます。そこで今回は、投手の永遠のテーマでもある「コントロールをよくするにはどうしたらいいのか?」にスポットを当てたいと思います。

コントロールに影響する要素は数多くあります。その中でも、もっとも重要と思われるのがボールのリリースポイントです。

図1の上部に記された数値は、投手Aと投手Bの球速初速度、ボール回転軸角度を示しています。まず、球速初速度は選手A・Bともに同じです。しかし、ボール回転軸角度は、選手Aが75度、選手Bが53・6度であり、選手Aのほうが90度(縦回転)に近いため純粋なバックスピンに近くなっています。

ここまでの評価では、選手Aのほうが選手Bよりも優れていると考えられます。ところが、実際に公式戦で投げているのは選手Bのほうで、選手Aは公式戦での登板はありませんでした。それはなぜでしょうか？

もう一度、図1のグラフを見てください。このグラフの灰色の◆は、正面から見た投手のリリースポイントを表したものです。見ておわかりのように、選手Aの◆はバラつきがありますが、選手Bはほぼ同じ場所に◆が位置しています。つまり、選手Bは常に同じリリースポイントでストレートを投げているのに対して、選手Aはリリースポイントが投球ごとに若干ずれていることになります。以上を考えると、リリースポイントが安定している、つまりボールリリースの再現性の良し悪しがコントロールに影響するひとつの要素だと考えられます。

図1　不安定なボールリリース"選手A"と
安定したボールリリース"選手B"

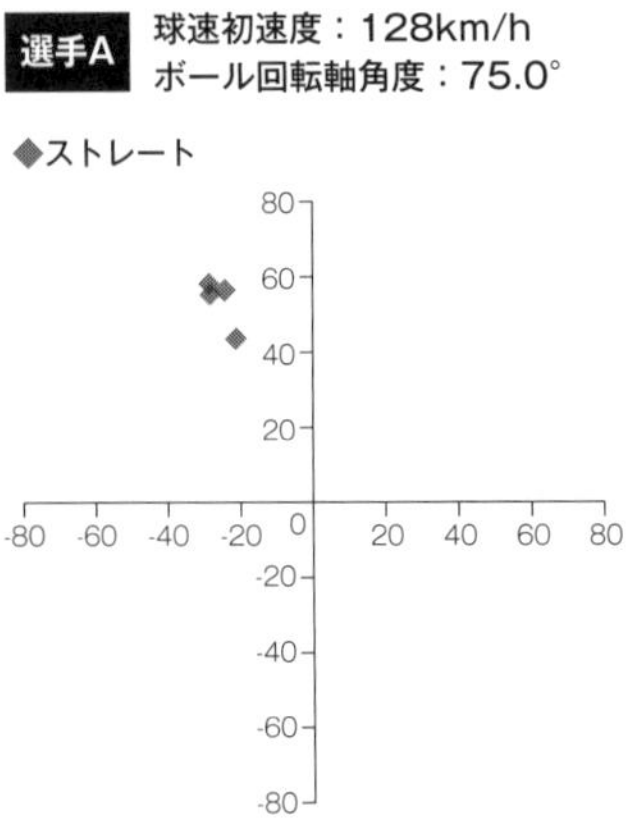

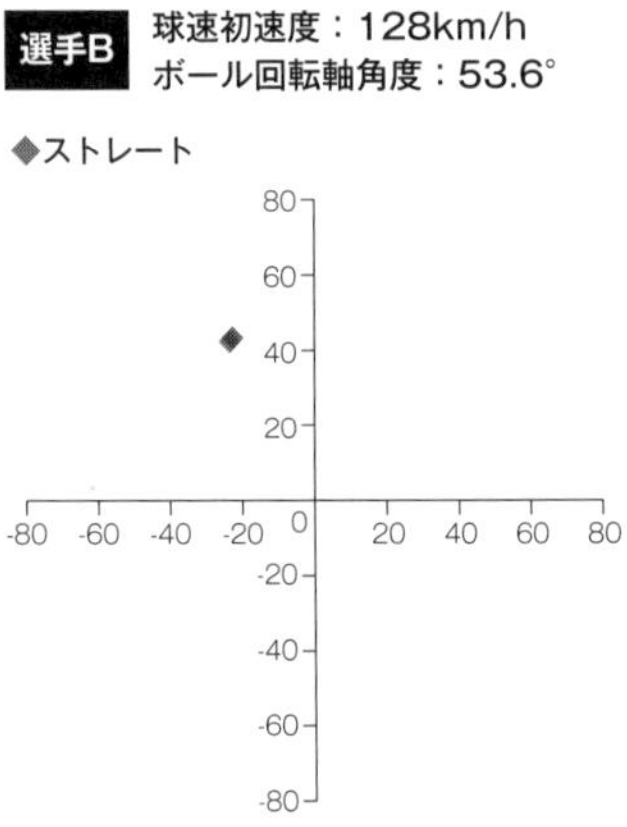

再現性とは同じ現象が繰り返し起こることを意味しており、同じ動作を正確に繰り返し行うことができれば、それは「再現性が高い」ということになります。ここでいう「再現性」とは、ボールリリースが常に同じ位置であることを意味します。

図1で表した◆は、バイオメカニクスにおける実験によって得られたデータであり、一般の指導の現場でこのような測定をすることは予算もかかって非常に困難です。

そこで、ボールリリースの再現性を簡便に表せる方法はないかを考え、その結果、紙鉄砲を用いたスローイングを調査方法に採用することにしました。

紙鉄砲を、いわゆるシャドウピッチングの際に用いると、ボールをリリースするタイミングで音が鳴ります。実際にやってみると、リリースポイントが違うと音が変わったり、音が鳴らなかったりします。

普通の紙で作った紙鉄砲ではすぐに切れてしまうことから、私たちの行った調査では耐久性の高い、特殊な紙で作られた「投げドル」（野球用品として一般販売されているものです）を用いました（写真1）。

方法は、選手に紙鉄砲を用いて実際の投球動作を10回してもらい、正しく紙鉄砲が鳴った数を数え、10回中すべて成功した者を「投球動作の再現性がある群」、10回中成功回数が3回未満の者を「投球動作の再現性がない群」としました。その両者の群でマウンドからホームに向けて10球投球した際のコントロールと球速のバラつきについて分析してみました。

図3を見てください。この結果は10回投球した際の球速のバラつきを示しています。数字が大きいほうが、1球1球の球速のバラつきが大きいことを示し、逆に数字が小さいほうが球速のバラつきが少ない、つまり、一定した投球動作を行っているということです。濃い灰色の棒グラフが「投球動作の再現性が有る群」で、薄い灰色が「投球動作の再現性が無い群」になります。グラフを見れば一目瞭然ですが、「投球動作の再現性が有る群」のほうが「投球動作の再現性が無い群」に比べて明らかに球速のバラつきが小さいことがわかります。

続いて図4を見てください。こちらは10球投球した際のストライクゾーンに入った数を示しています。ご覧のように「投球動作の再現性が有る群」のほうが「投球動作の再現性が無い群」に比べて明らかにストライクゾーンに入った数が多い

写真1　投球リリースポイント再現性評価の取り組み

▼紙鉄砲での投球動作

▼実際の投球動作

投球動作に類似した動作である“紙鉄砲”成功の有無を動作の再現性と見なし、“紙鉄砲”が常に鳴る場合は再現性が有るとした。なお、本調査における“紙鉄砲”は「投げドル」を用いた。

図３　紙鉄砲試技の“再現性有群”と“再現性無群”との比較

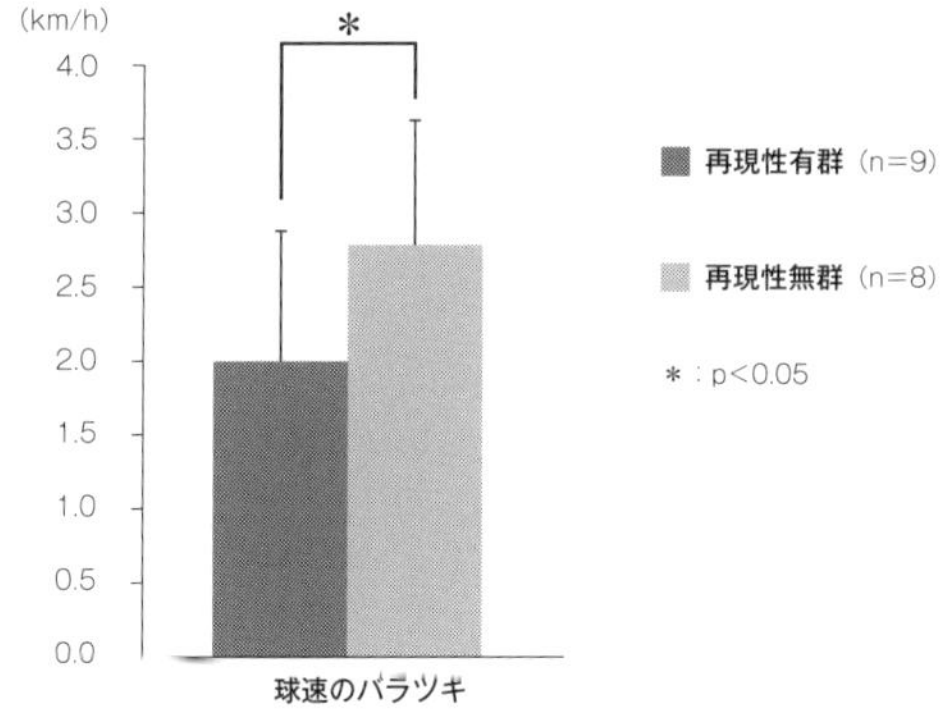

図４　紙鉄砲試技の“再現性有群”と“再現性無群”との比較

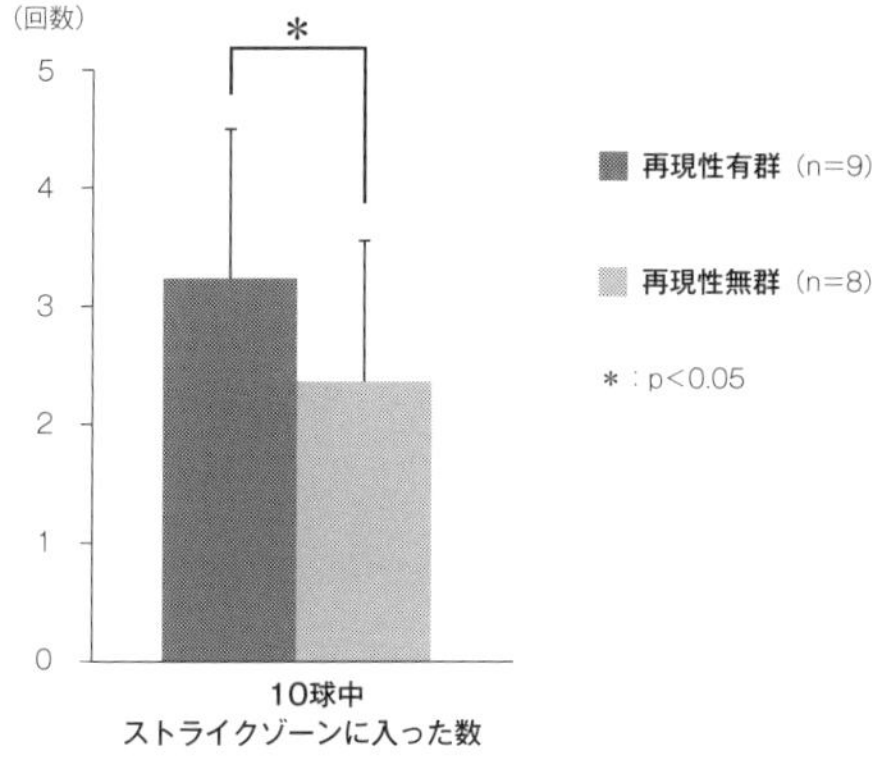

結果となりました。

以上を踏まえると、紙鉄砲を用いた投球動作において常に同じ音が鳴る選手は、動作が安定しているため球速のバラつきが少なく、コントロールもいいということになると考えられます。

紙鉄砲でのシャドウピッチングは誰にでもできる簡単な方法です。コントロールをよくするために、ぜひみなさんもお試しください。

コントロールのいい投手は、ボールのリリースポイントが安定している。

コントロールを磨くには紙鉄砲がいい！

前項に続き、紙鉄砲という昔ながらの遊びを用いて、円滑な投球動作の習得を目的とした実践研究結果についてご紹介します。

今回の研究では、小学校高学年（390名）および中学生（172名）軟式野球選手の総勢562名もの被験者を対象に調査を行いました。実践方法は、投球ウォーミングアップ後に投球練習をしてもらい、その後の紙鉄砲を用いた投球ドリル（8ドリル）を25分間実施。さらにその後、再び投球練習をしてもらい、紙鉄砲を用いた投球ドリル実施前後の投球感覚の違いについてアンケート調査を行いました。

なお、この1回のドリルでは、投球ドリルのメイン指導者1名とアシスタント2名（計3名）に対して、選手は30～50名の集団指導にしました。その理由は1対1での投球指導はよく実施されていますが、実際の現場では指導者数名に対して大勢の選手がいます。このような集団指導でもこのドリルが選手に伝わるのかを調べるために、あえて実際の現場に近い形での方法を取りました。

投球ドリルの内容は写真1・図1を見てください。手・肘のみで行うダーツ動作から始まり、

写真1　紙鉄砲を用いた投球ドリルの内容（8項目）

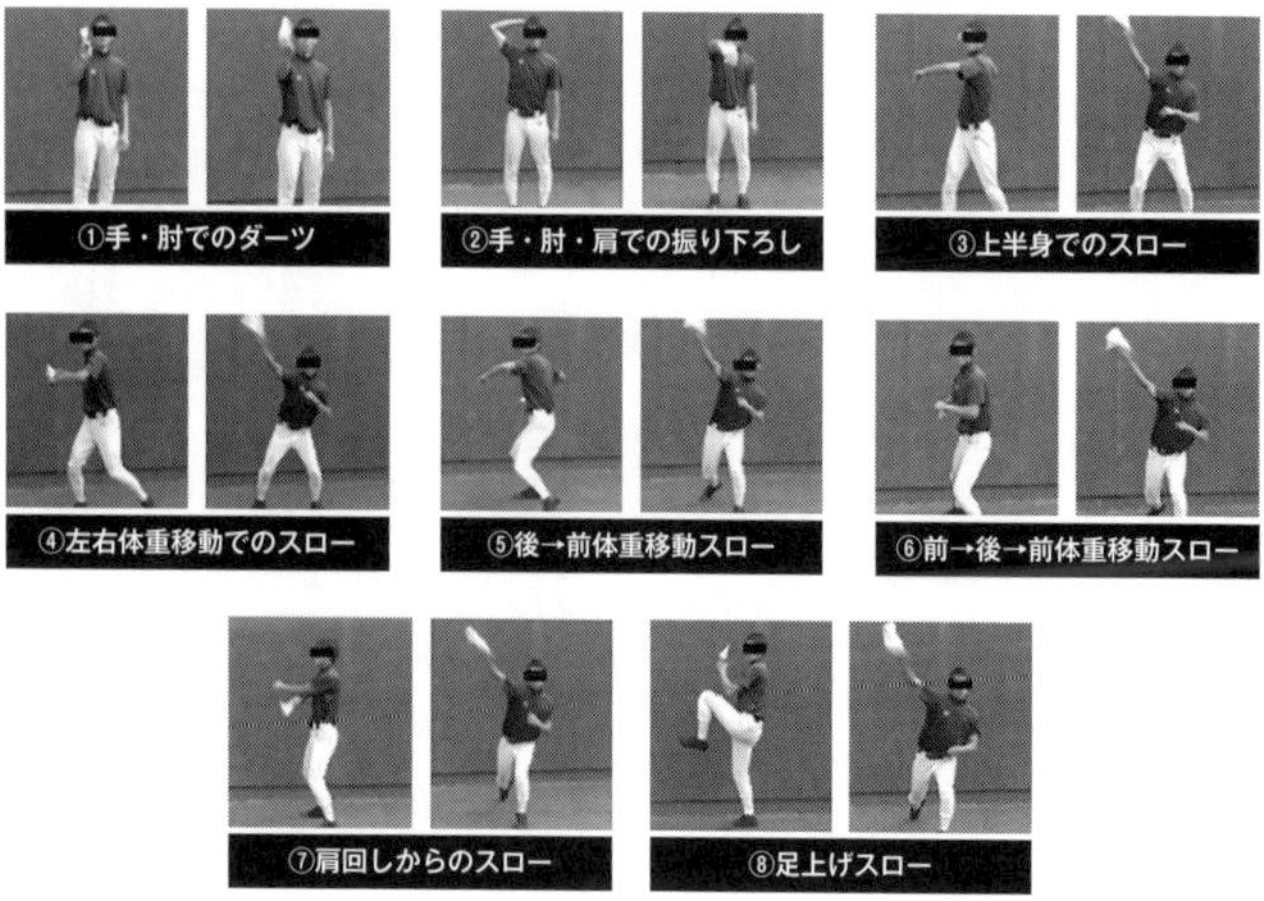

図1　段階的な投球動作（分習法）

① **手・肘**（ダーツスロー）
② **手・肘・肩**（ダーツスロー）
③ **手・肘・肩・上部体幹**（上半身でのスロー）
④ **手・肘・肩・上部体幹・股関節**（左右体重移動）
⑤ **手・肘・肩・上部体幹・股関節・下半身**（後→前体重移動）
⑥ **手・肘・肩・上部体幹・股関節・下半身**（前→後→前体重移動）
⑦ **全身＋上半身と下半身のタイミング**（肩回しスロー）
⑧ **全身＋ワインドアップの正しい姿勢から**

段階的に使用する身体部位を増やし、最終的には全身での実際の投球動作まで行う、分習法を用いたドリルとしました。

そのアンケート結果が図2・3になります。まず、図2は左側が中学生、右側が小学校高学年の結果を示しています。中学生および小学生において、90％以上が紙鉄砲を用いた投球ドリルによって、実際のボールが投げやすくなったと回答しました。

次に、具体的に何がよくなったかを質問してみました（図3）。中学生および小学生ともに、投げる感覚がよくなったという感想が多い結果でした。なお、中学生では投げる感覚に続き、「リリースポイントがわかる」「リリースポイントが前になる」といったボールリリースに関して良好な回答を得ることができました。

一方、中学生よりも小学生のほうが良好な回答を示したのは、「肘が上がりやすい」「テイクバックがしやすい」といったボールリリースの前段階の改善に関してです。紙鉄砲を用いた投球ドリルは、リリースポイントの改善およびテイクバックから加速期にかけての腕の振り方を改善させる効果があるようです。

「肘が上がりやすい」「テイクバックがしやすい」という回答が小学生のほうが多かったのは、ボールを握る感覚が影響していると考えられます。小学生の手はまだ小さく、ボールを握る時に余計な力が入ってしまっている選手が少なくありません。ボールを握る時に力が入ってしまうと、肘から肩にかけても余計な力が入ることになってしまいます。

図2　投げドル（紙鉄砲）を用いた投球ドリル後の投球感覚

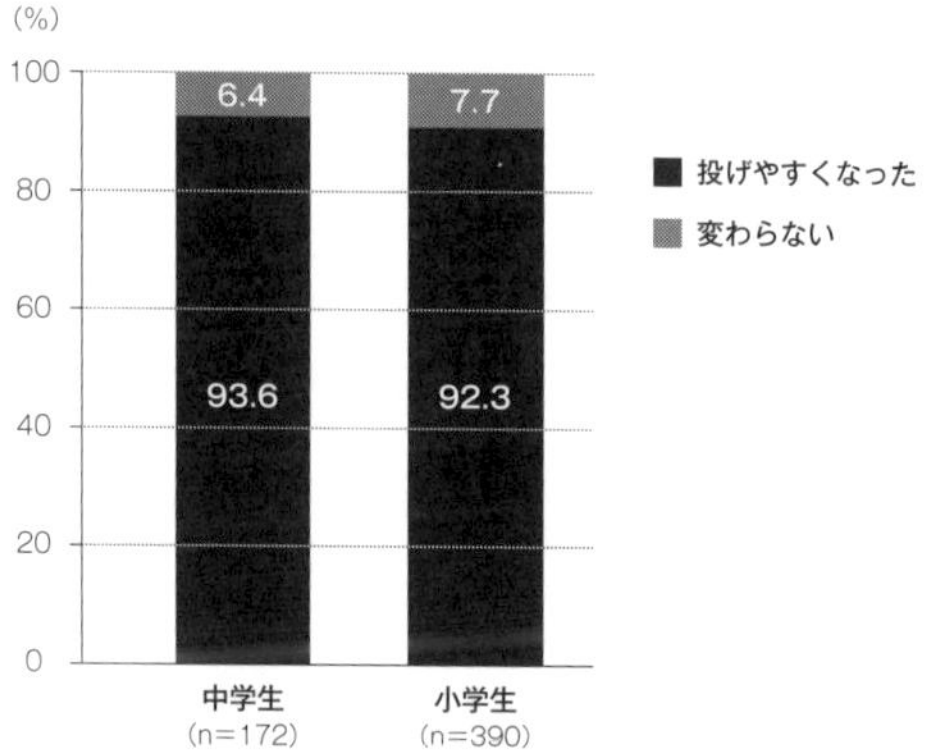

図3　投げドル（紙鉄砲）で具体的に何がよくなりましたか？

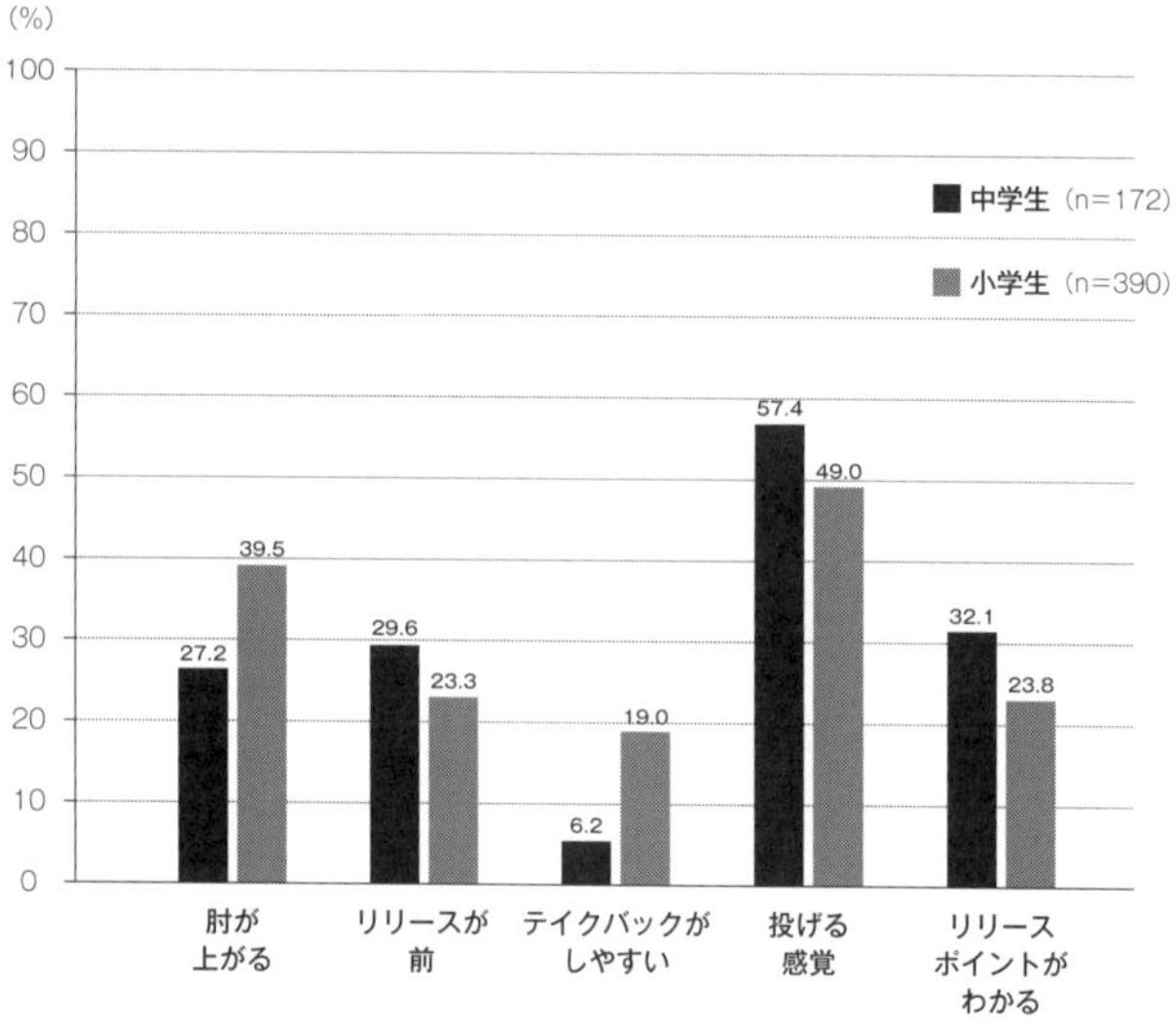

実際にやっていただけるとわかりますが、手指だけ力を入れて、肘や肩の力を抜くのは不可能です。上肢を円滑に動かすには、手指の力を抜いて、リリースポイントの一点に力を集中させることが重要です。紙鉄砲は指と指の間に挟むため、余計な力が入りにくく、肘、肩も力みのない状態で投球動作ができます。そういった紙鉄砲の利点が、小学生にもいい影響を与えたのだと思われます。

遊び感覚でできる紙鉄砲を用いた投球ドリルを実践してみると、今までにはなかった投球感覚がきっと得られるはずです。

リリースポイントを安定させるためには、紙鉄砲を使うのが効果的！

紙鉄砲ドリルによる投球動作の変化

前項までの調査結果により、紙鉄砲を使ったシャドウピッチングは、投げる動作に良好な即時効果を与えてくれることがわかりました。本項では、紙鉄砲のシャドウピッチングによって、具体的に体にどのような変化が起こっているのかを、投球動作画像の解析などからご説明していきたいと思います。

紙鉄砲を用いた投球動作後、「テイクバックがしやすくなる」「リリースポイントがわかる」などの感想を述べてくれました。彼らの体に実際に何が起こっていたのかを、投球ドリル実施前後の動作画像（横から撮影）から解析していきます。

対象は中学野球選手で、比較方法は前項で紹介した8つの投球ドリルの実施前後になります。写真1を見てください。左側が投球ドリル実施前のコッキング期、右側が投球ドリル実施後におけるコッキング期の比較です。投球ドリル実施前に比べて、実施後のほうが肘の位置が高くなっています。つまり、選手が主観的に感じる「テイクバックをしやすい」や「肘が上がりやすい」という意見は、客観的にも示されていることになります。

次に、写真2を見てください。上が投球ドリル実施前のリリースポイント、下が紙鉄砲実施後

写真1　“投げドル“を用いた投球ドリル前後における
コッキンング期の変化

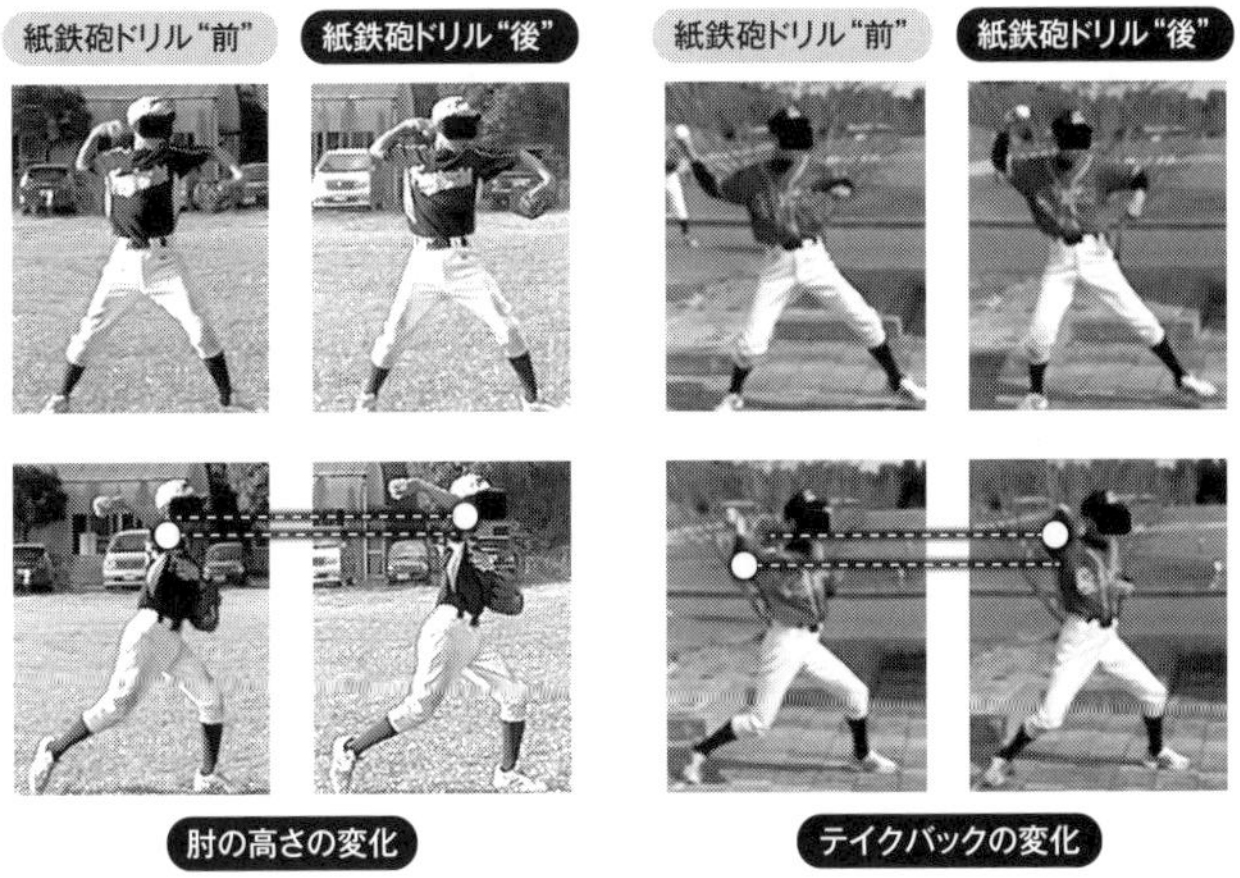

写真2　“投げドル”を用いた投球ドリル前後における
ボールリリースポイントに関する違い

におけるリリースポイントです。投球ドリル実施前より実施後のリリースポイントのほうが前になっているのに加え、肘の突き出し投げが改善されていることがわかります。つまり、選手が主観的に感じていた「ボールのリリースがしやすい」ということが、効果としてその動作に表れていたのです。

なお、投球動作を横から撮影した50名の結果からすると、紙鉄砲実施前後における肘の高さで比べてみると、肘の位置が以前より高くなっている良好な変化が半数以上に見られました(図1)。

紙鉄砲によって投球動作が改善されても、それを1回でやめてしまったら効果は一時的なもので終わってしまい

図1 "投げドル"での投球ドリル実施前後におけるレイトコッキング期の肘関節の位置の違い

■肘頭の位置が挙上している　28名／50名（56%）

カメラ：CASIO EX-1
フレーム：300fps
撮影距離：投球位置から8m
分析位置：投球指導前後のレイトコッキング期の肘頭
対象：撮影可能な中学軟式野球選手50名

ます。投球動作をよりよくしていくためには、紙鉄砲ドリルを継続していく必要があります。

そこで、高校野球選手たちに一定期間、紙鉄砲ドリルを続けてもらい、その結果どのような変化、効果が表れたのかを聞いてみました。その結果をまとめたものが図2になります（前項までに紹介した調査結果と同様の意見についてはアンダーラインで示しています）。

まず投手の声として、制球力、ボールの回転、リリースポイントの3点がよくなったと回答がありました。この3点については、紙鉄砲を用いた投球ドリル実施により、多くの選手が具体的によくなったと回答した結果と同様

図2 “投げドル”を用いた投球ドリルを1年間実施した現場の声

使用期間4ヵ月　高校野球投手：A

使用当初はたまにしか音が鳴らなかったが徐々にいい音が鳴るようになると、以前に比べてボールの“回転もよくなり”、“制球も安定してきた”。最初の段階で“リリースポイントの違いに違和感を覚えたがすぐに慣れた”。今では“コントロールにも自信がついてきた”。

＊その年の夏の甲子園予選のベスト16の試合でノーヒットノーラン達成

使用期間約1年　高校野球選手

① 音が鳴るようになると“ボールの回転がよくなり、ボールの伸びを感じる”
② “コントロールがよくなる”
③ “肘の上がりがスムースになった”
④ “投げドルをやることでその日の調子がわかり、調子の悪い時は確認ができる”
⑤ いつでもどこでもできるのでやりやすい。

投げドルを用いた紙鉄砲ドリルを実施している指導者の共通意見

肘・肩が痛いという選手がいなくなった

の意見です。

続いて、1年間紙鉄砲ドリル（投げドル）を使用してきた選手は、ボールの回転、コントロール、肘が上がりやすい、その日の調子がわかる、以上の4点をよくなった点として挙げてくれました。これも前項までに得られた調査結果と同様の結果となっています。

また、とある指導者から「肘・肩が痛いという選手がいなくなった」という意見も聞かれました。これは紙鉄砲ドリルを継続した結果、各選手の投球動作が円滑になり、肩や肘への負担が減ったからだと考えられます。

これらの結果から、紙鉄砲ドリルの継続が、よりよい投球動作の獲得に十分有効であることがわかりました。

今回実験に用いた紙鉄砲「投げドル」は特殊な紙で作られた壊れにくいものです。一般販売もされているので、興味のある方は「投げドル」で検索してみてください。

紙鉄砲を使ってシャドウピッチングをすると
制球力、ボールの回転、リリースポイントの安定性が上がり、
しかもケガをしにくいフォームを覚えられる。

第3章

走塁と守備を科学する

「速く走る」を理論立てて説明できる指導者はほとんどいない

本章では、走塁について科学的な検証をいろいろとしていきたいと思います。

走塁といえば、数年前に高校野球の健大高崎高校（群馬）が「機動破壊」というキャッチフレーズで、走塁を含む機動力を駆使した野球で注目を集めました。健大高崎では練習時間の多くに走塁練習が取り入れられ、実際の試合でもそれまでの高校野球チームにあまり見られなかった策を駆使していました。

多くの指導者、あるいはプレーヤーから野球に勝つための重要な要素として考えられている「走塁」ですが、健大高崎のように本格的に取り組んでいるチームはまだまだ少ないのが現状ではないでしょうか。

野球にまつわる研究では、打撃や投球に関するものは多いものの、走塁については極めて少なく、それが野球界全体の風潮となって表れているように思います。

しかし、「走攻守」という言葉にもあるように、野球の中で走塁が重要な位置を占めていることは間違いありません。中でも「盗塁」は試合を優位に進める上で欠かすことのできない戦略でもあります。そこで、まずは「盗塁」に関して調査された結果をここでご紹介します。

野球の各種指導書には、盗塁の説明として「いいスタートを切ることが重要である」とよく記載されています。

しかし、これが指導者の統一した考えなのか、あるいは科学的な調査結果をもとにしたものなのか、不明な部分が多いことも事実です。そこで、高校、大学、社会人野球指導者の方々それぞれに盗塁に関する認識調査をした報告があります。

まず、「試合戦略における盗塁の位置づけ」についてです。もっとも多かった回答は、「得点するために重要な戦術」の58・1%でした。つまり、盗塁数を増やすことは、より多く得点するために重要視されていることがわかります（図1）。

続いて、指導者が考える「盗塁を任せるために優先される能力」についてです。こちらについては、予測、走るスピード、スタートが半分以上の指導者から必要な能力であると捉えられています（図2）。

では、指導内容についてはどうでしょうか。「盗塁指導における優先事項」の調査結果では、スタート、予測、リードの順になっています（図3）。この結果から、各指導者のみなさんは「走るスピード」が必要だと理解はしているのでしょうが、実際に「速く走る」ことを指導するところまでには至っていないことがわかります。

スタート、予測、リードに関する指導に時間はかけるが、走力を上げるための具体的な指導はあまりしていない。あるいは、走るスピードについてはフィジカル要素が強いため、指導者（監

図1　試合戦略における盗塁の位置づけ

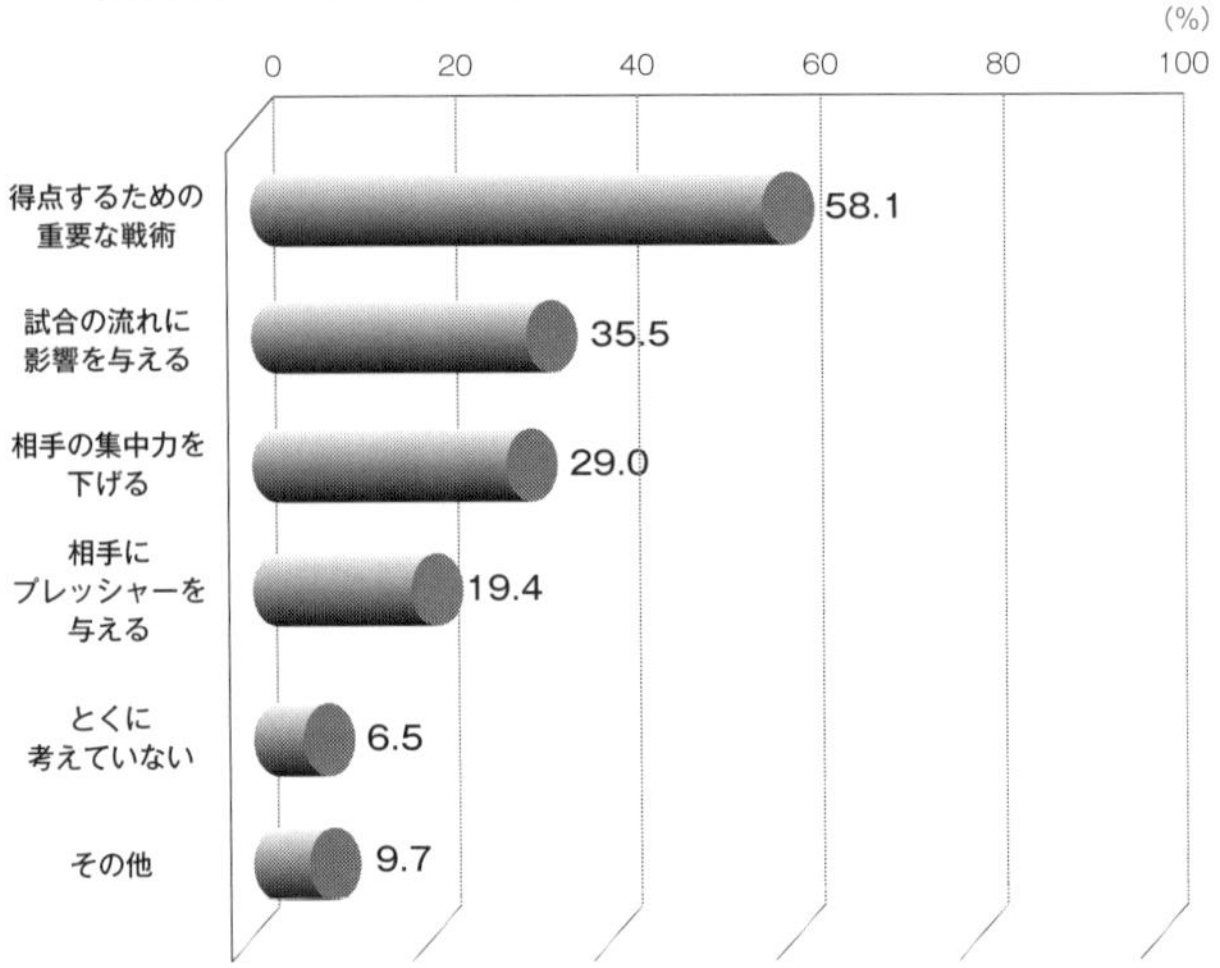

（寺町ら　2008）

図2　盗塁を任せるために優先される能力

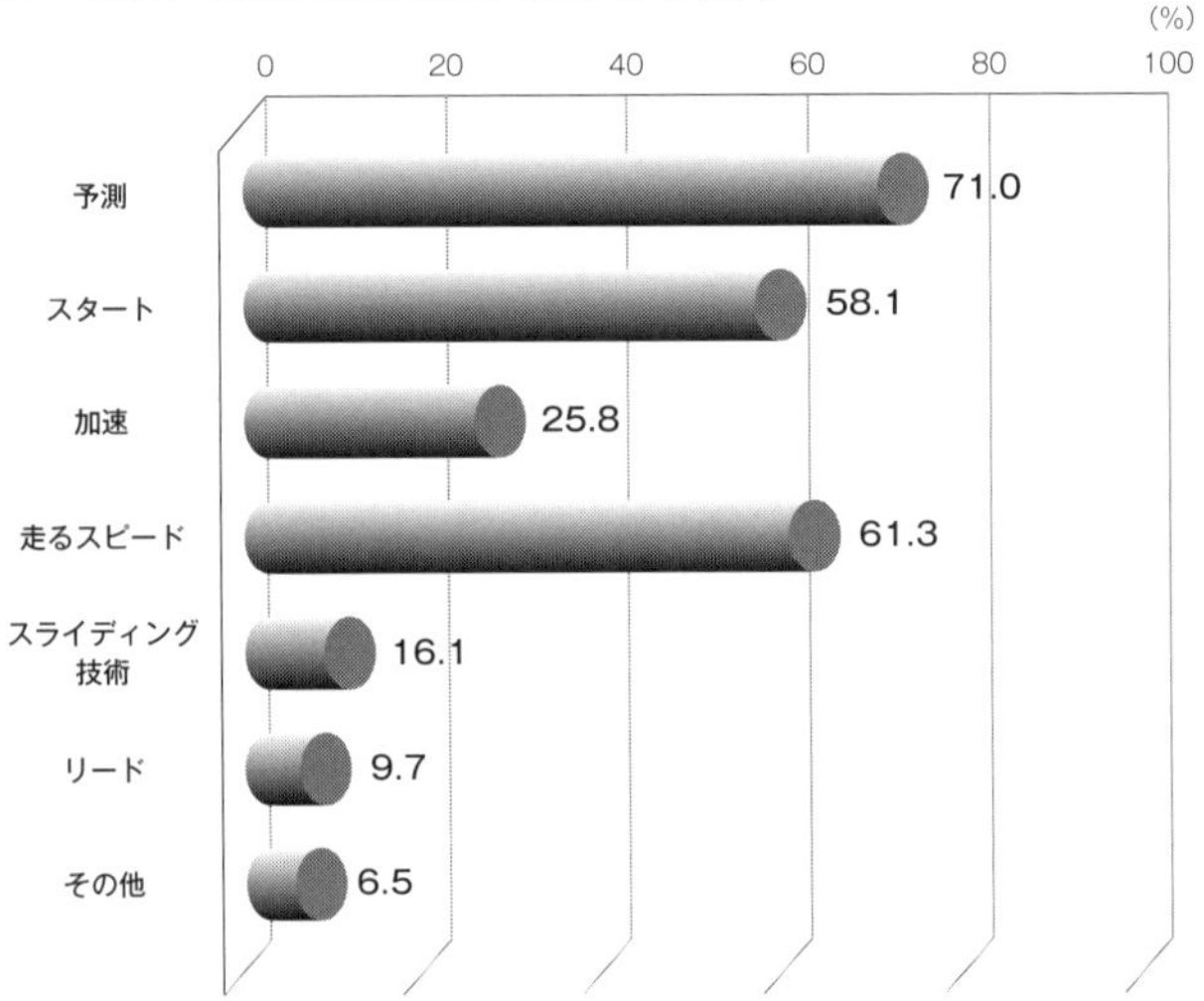

（寺町ら　2008）

督）よりもコーチやトレーナーに任せているということも考えられます。しかし、トレーニングコーチやトレーナーを雇用するのが難しい場合においては、指導者が自ら指導できるようになることが望ましいでしょう。

「盗塁指導の考え方に影響を与えた事項」についての結果からすると、独自の理論、講習会や知人に教わった、が大半を占めました（図4）。注目すべきは、研究論文という回答をした指導者はひとりもいなかったということです。

走るという点については、さまざまな観点から研究がなされていますが、野球に関する知見がないのか、あるいは指導者が触れる機会が少ないのか、いずれにせよ、盗塁に関する科学的な知見があることで、今後の指導に役立つ可能性は十分に考えられます。

最後に「盗塁指導をする上で重点を置く内容」（図5）では、新たに盗塁を任せられる選手を増やすこと、がもっとも多い回答でした。これは、走ることが苦手な選手をいかにして盗塁を任せられるようにするか、指導者のみなさんが求めている結果の表れだと思います。

実際、高校、大学、社会人と競技レベルが上がるごとに、「盗塁を任せられる選手の平均人数」は多い結果となっています（図6）。すなわち、高い競技レベルで選手を続けていくためには、先述したようなスイング速度を高めるだけではなく、走れる選手になることも重要な要素であることが伺えます。

このようなアンケート調査結果は、盗塁の位置づけや重要性、指導現場の現状、指導に関する

図3　盗塁指導における優先事項（複数回答可）

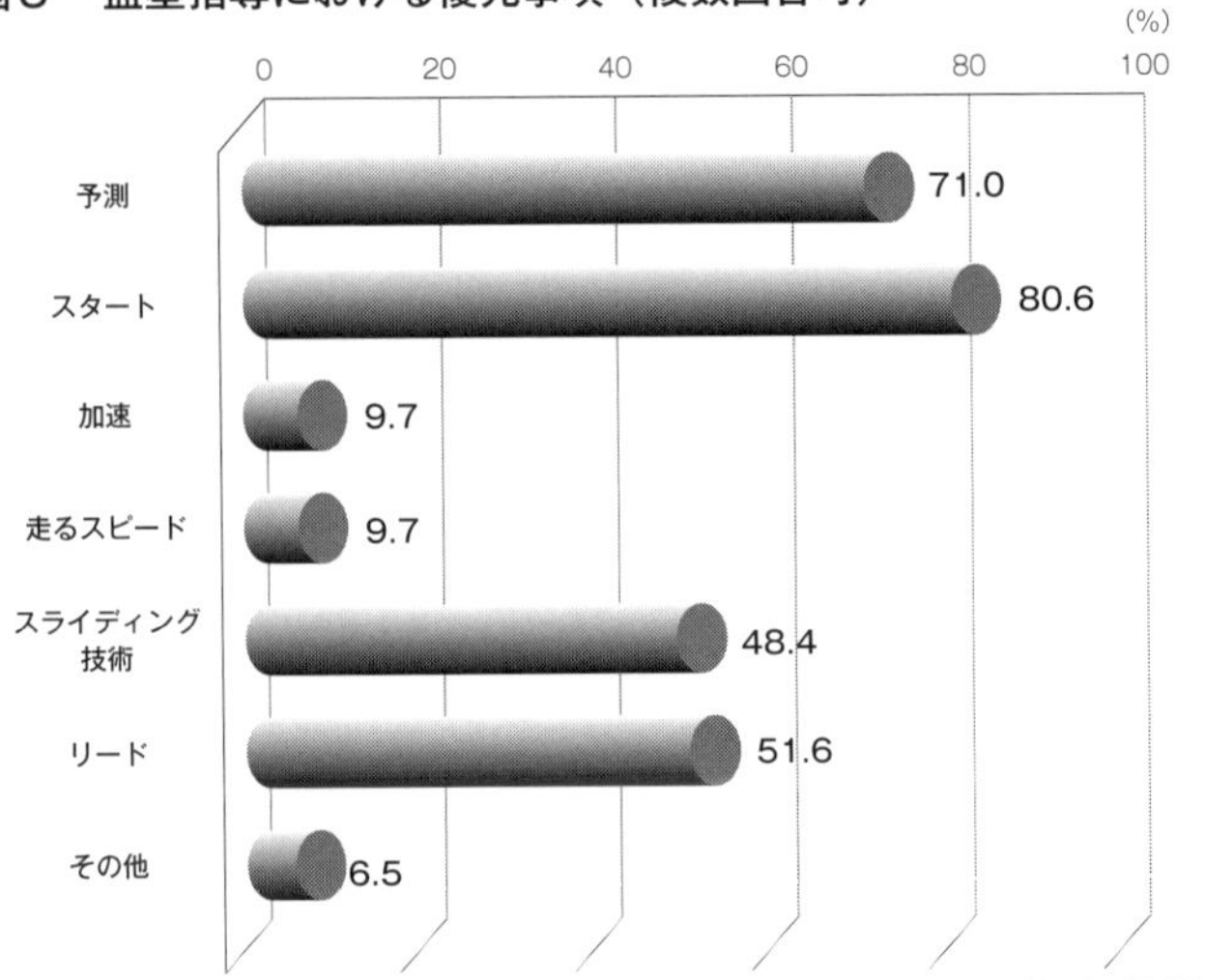

（寺町ら　2008）

図4　盗塁指導の考え方に影響を与えた事項（複数回答可）

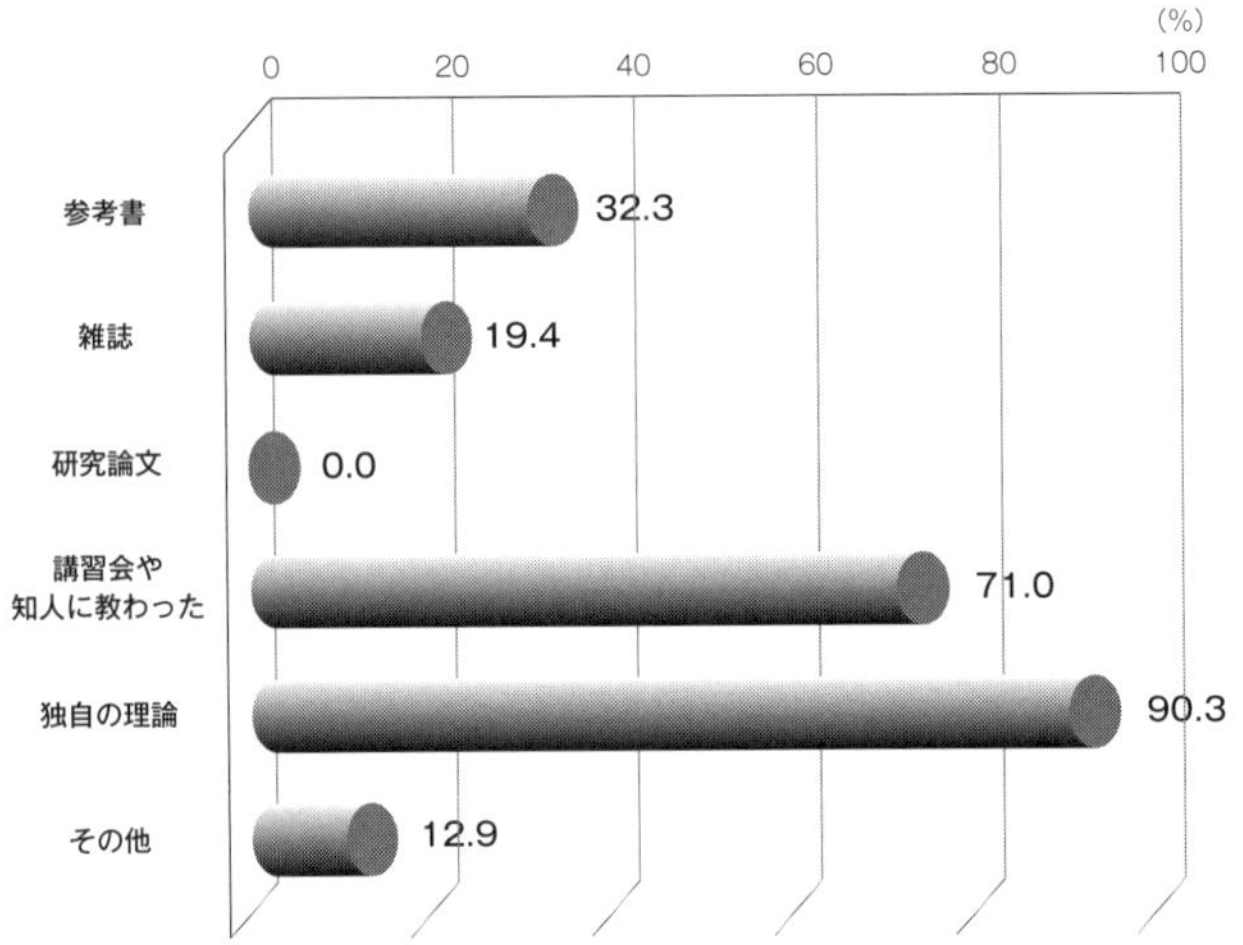

（寺町ら　2008）

図5　盗塁指導を指導する上で重点を置く内容

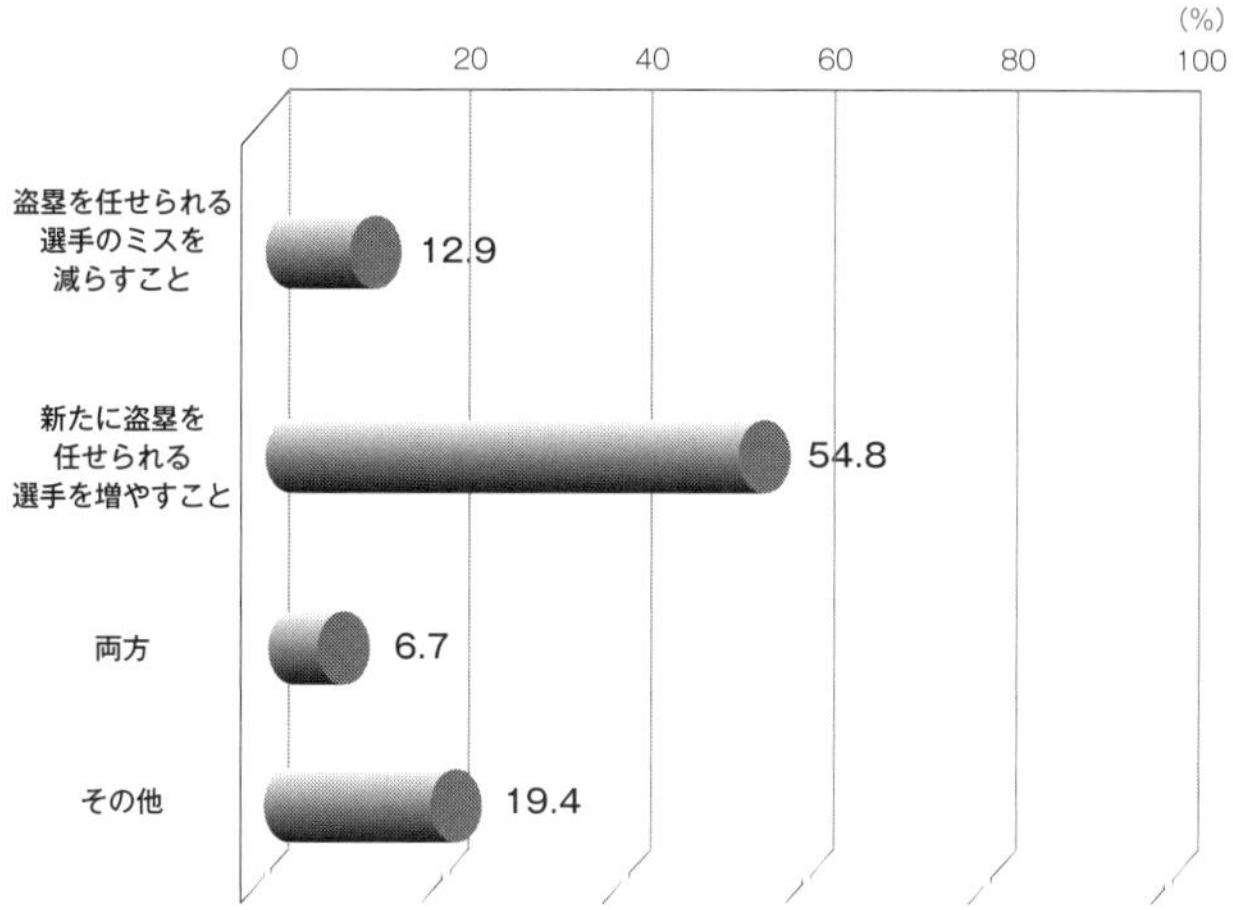

（寺町ら　2008）

図6　盗塁を任せられる選手の平均人数

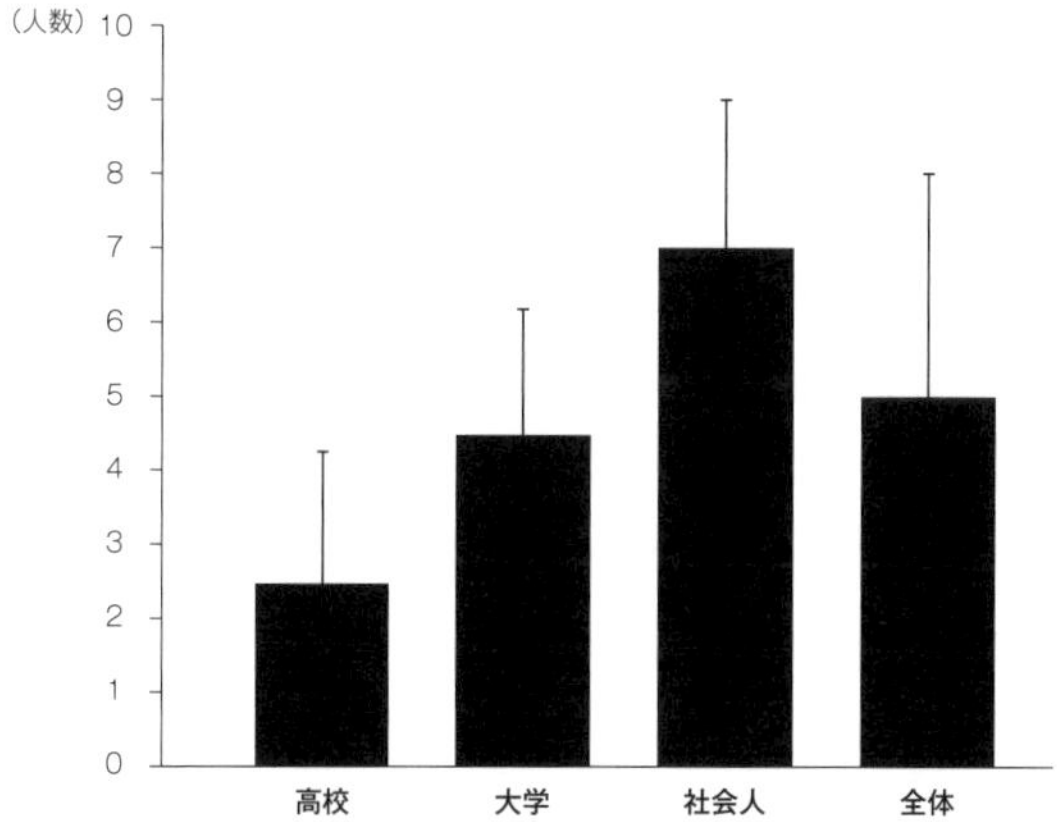

（寺町ら　2008）

要望などを明らかに示しています。この結果から、科学的な知見を活用して盗塁を指導しているチームは、現状ではとても少ないということがわかりました。

本章での「走塁」の科学的検証が、多くのみなさんの役に立つことを願っています。それでは、次項から実際に「走塁」を科学していくことにしましょう。

今の野球界では、盗塁の重要性は認めながらも、科学的な知見を活用して盗塁を指導しているチームはとても少ない。

選手は盗塁指導に関してどう感じているのか?

前項での調査結果によると、指導者の盗塁指導はスタート、予測、リード、スライディング技術に重きが置かれ、走るスピードや加速に関する指導はあまり優先されていないことがわかりました。しかし、これはあくまでも指導者の立場の意見です。実際にプレーする選手たち自身は走塁、盗塁というものをどう捉えているのか。選手の立場から見た盗塁の認識について、調査された研究結果から解明していきたいと思います。

まず、盗塁の得意・不得意の認識に関してとなります。図1のように競技レベルが高くなればなるほど、盗塁を得意とする選手の割合は多くなっています。これは前項の指導者が考える「盗塁を任せられる選手の平均人数」の結果と同様の傾向が表れています。

続いて、盗塁が得意な選手を対象に、盗塁をするにあたりどの要素に自信があるかを聞きました(図2)。各競技レベルで大きな差はありませんが、高校よりも大学、社会人のほうが予測とスライディングのポイントが多くなっています。これは大学や社会人のレベルでは投手の球速が速くなり、なおかつ捕手のスローイング能力も高くなるため、ただ速く走るということだけではなく、予測やスライディング技術にも選手は気を配っているからだと思われます。

図1　競技レベル別に見た盗塁の得意・不得意

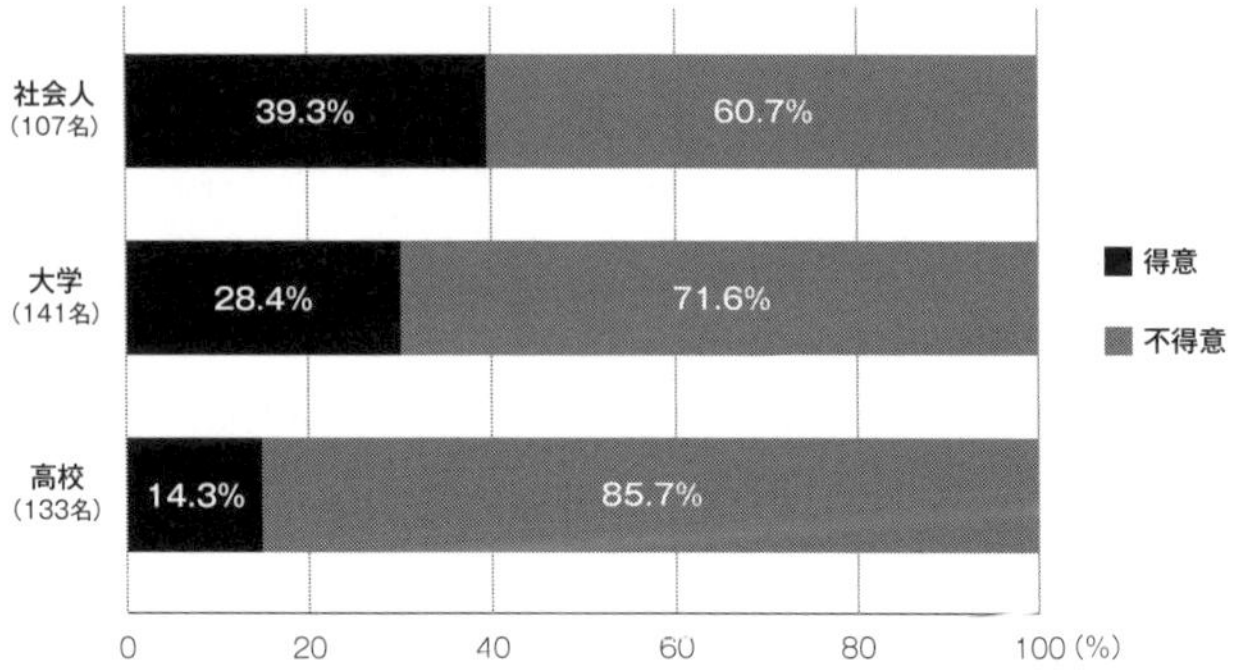

(寺町ら　2008)

図2　盗塁を得意とする選手の“自信がある局面”

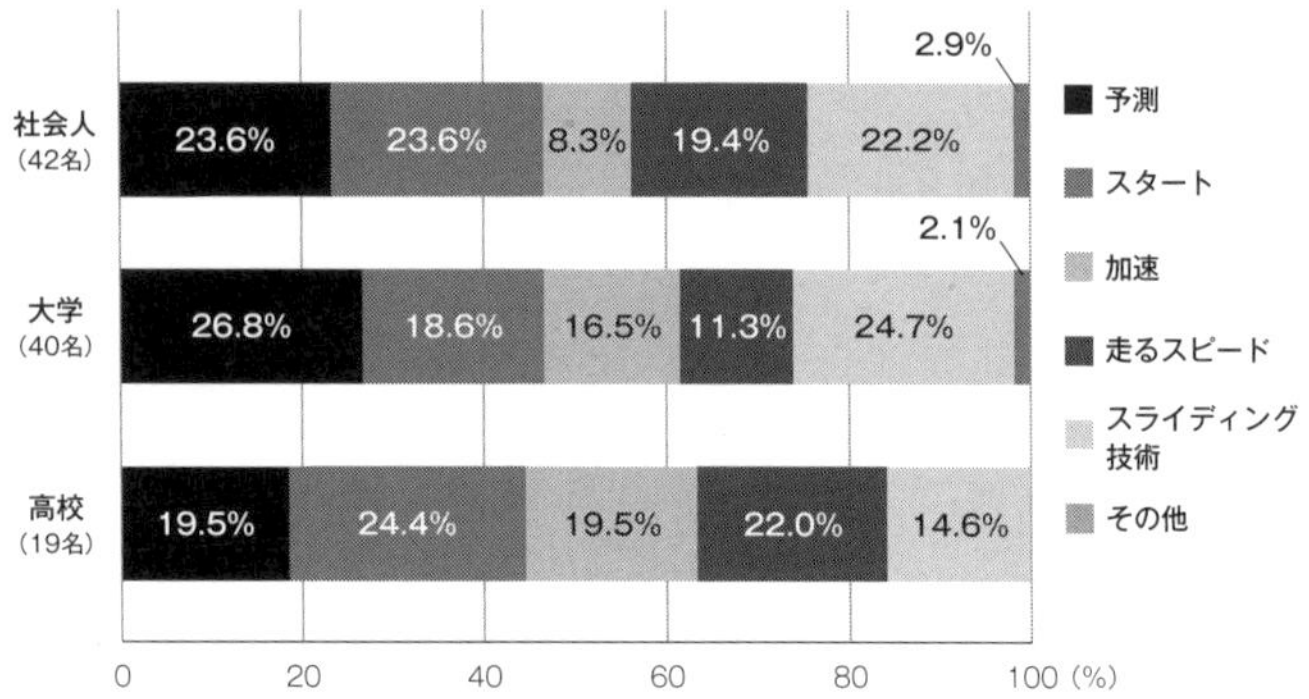

(寺町ら　2008)

一方、盗塁を得意とする選手が考える自信のない局面は、「予測」という回答が多いのに対して、盗塁を不得意とする選手の答えは「走るスピード」となっています（図3、4）。この結果から考えられるのは、盗塁を不得意とする選手は足の速さに自信がないため、予測能力を高めて走る能力を補おうとしていることがわかります。見方を変えると、盗塁を不得意とする選手は、走力が上がれば盗塁が得意になる可能性もあるということです。

では、選手たちは実際に盗塁指導についてどう感じているのでしょうか。図5を見てください。前項で指導者に対して「盗塁技術指導を練習の中に取り入れていますか？」という質問をしたところ97％の指導者が「はい」と答えました。それに対して実際に選手たちは高校・大学で50％前後、社会人で72％しかありません。もしかしたら、指導者のみなさんは盗塁を任せられるような選手にしか指導をしていなかったのかもしれませんし、指導しているにも関わらず選手が理解できていなかったのかもしれません。ただし、この結果を素直に受け止めるとしたら、指導者は盗塁の指導方法について改めて考えて、選手たちに適切な盗塁指導をしていく必要があるかもしれません。

図6では、「指導者からどのような盗塁指導を受けていたか？」を選手たちに質問したものです。結果は、どの競技レベルでもスタート方法とスタート姿勢がほぼ半分を占めていました。特徴的なのは、競技レベルが高くなるほどスタート方法の割合が多くなっている点です。盗塁は、競技レベルが高くなればなるほど、その成否が「スタート」にかかってくるということがこの結

図3　盗塁を得意とする選手の“自信のない局面”

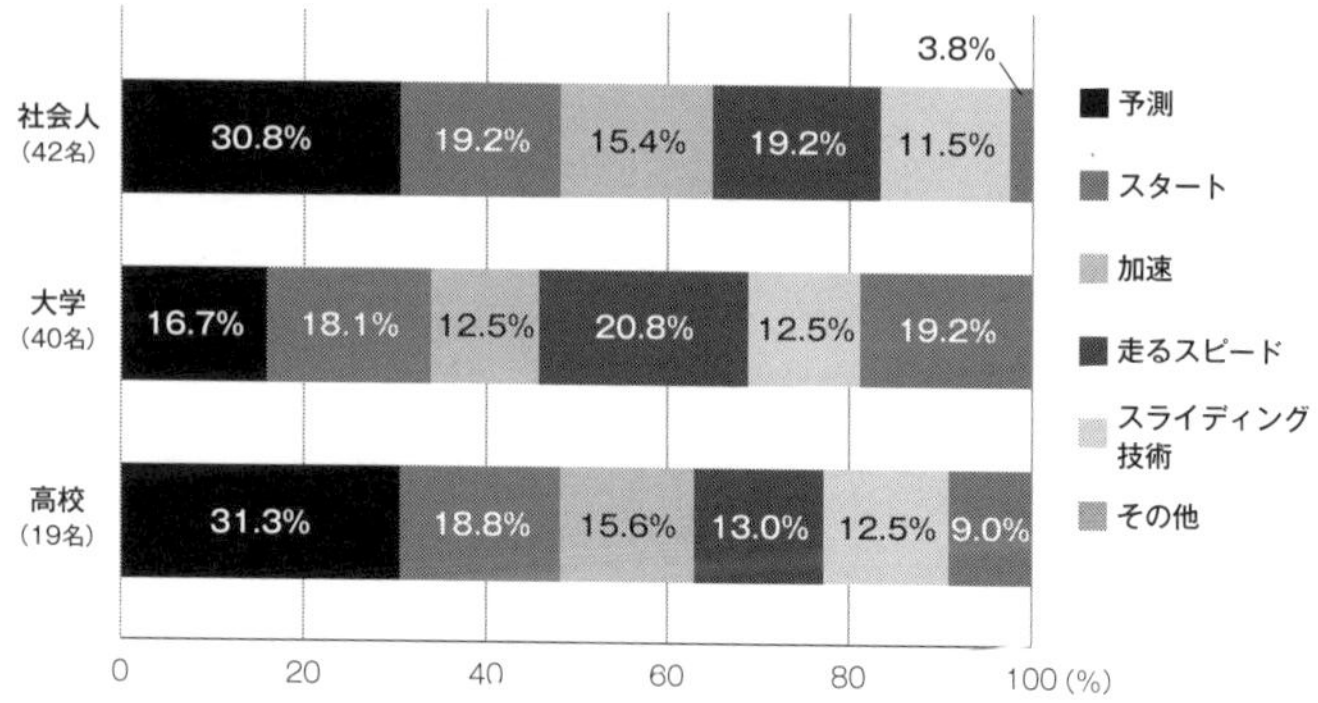

(寺町ら　2008)

図4　盗塁を不得意とする選手の“自信のない局面”

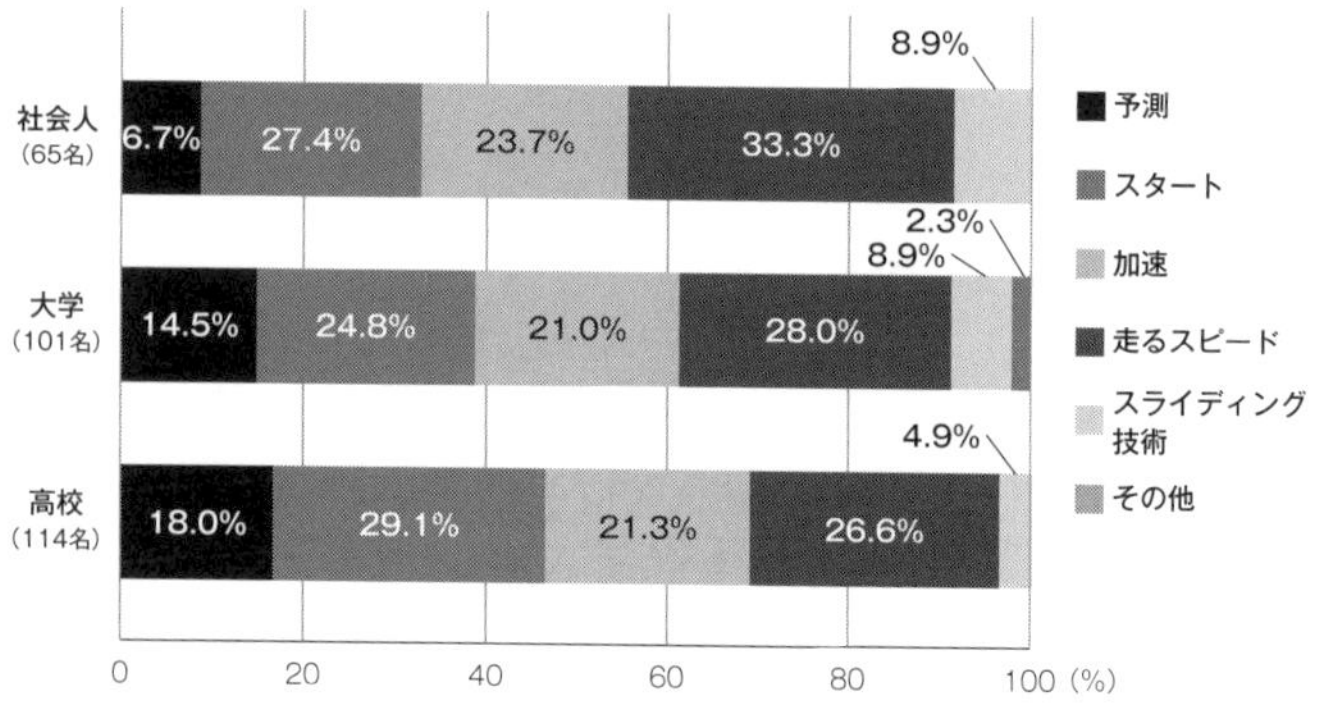

(寺町ら　2008)

図5　過去に指導者から盗塁指導を受けたことの有無

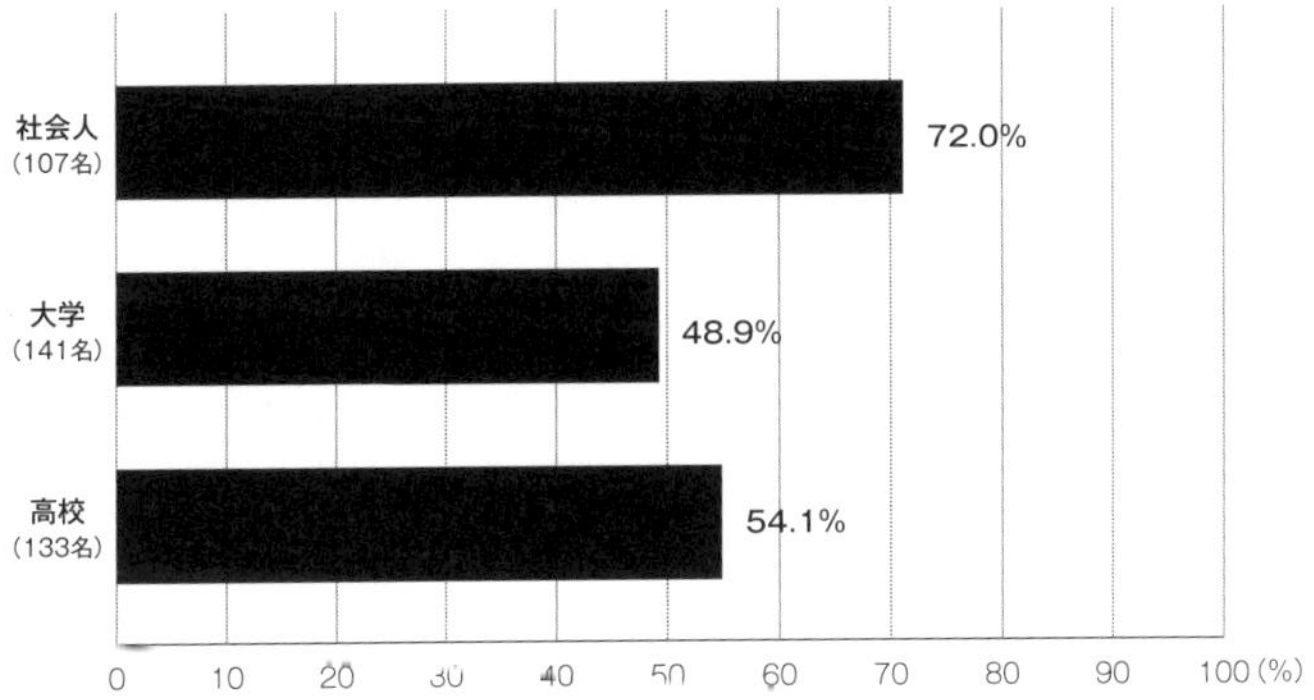

(寺町ら　2008)

図6　盗塁指導内容はどのようなものですか？

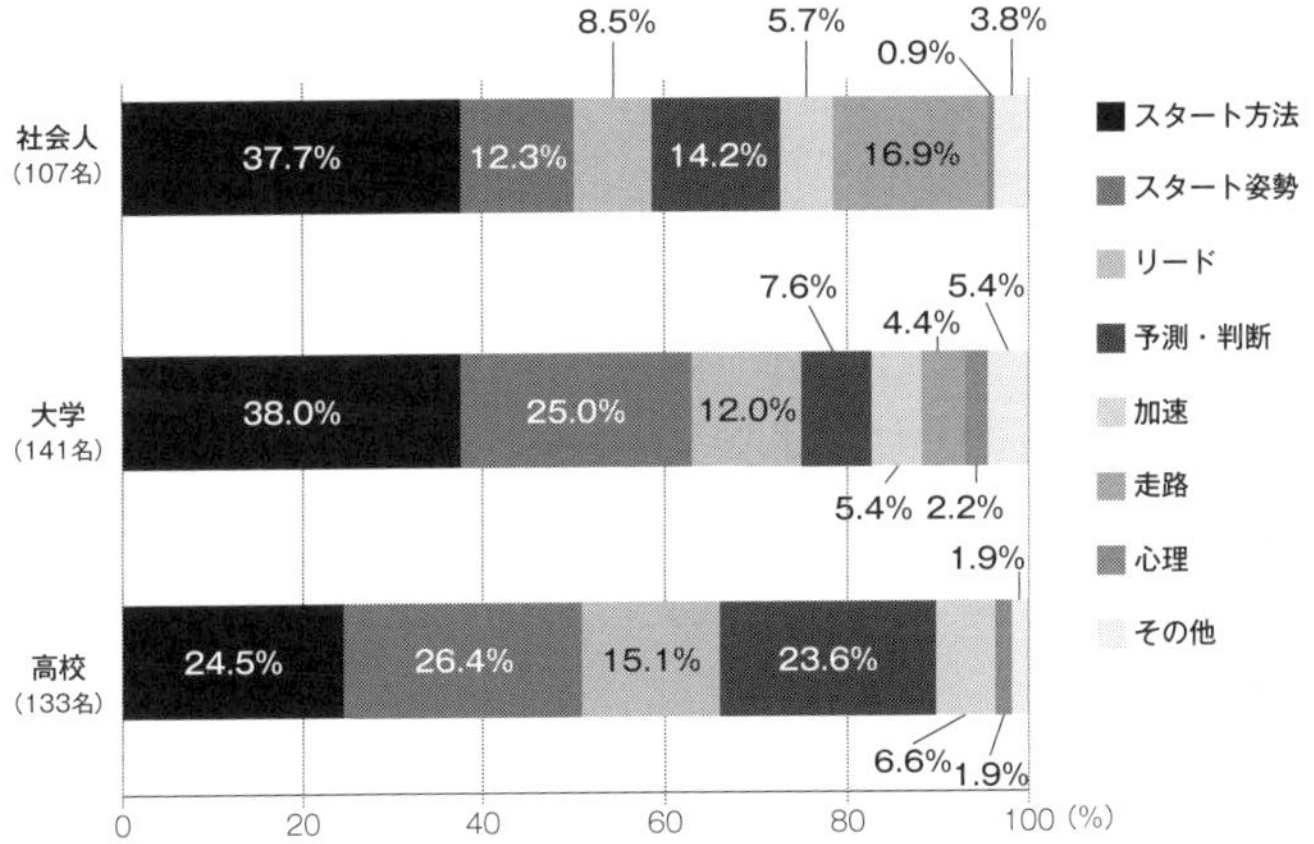

(寺町ら　2008)

果からわかります。

指導者と選手それぞれに盗塁指導に関して質問した、ここまでの調査結果から判明したことをまとめると、

1 盗塁は試合を有利に進めるための重要な戦術のひとつである。
2 指導者は盗塁のできる選手を増やしたい。
3 十分な指導が行き届いていない面はあるが、盗塁に必要な要素はスタートと走るスピードである。
4 選手それぞれに得手・不得手があり、自信の有無、その内容などにも違いがあるため、指導者は選手一人ひとりに応じた盗塁指導をする必要がある。

選手の盗塁能力向上を図るには、これらの内容を踏まえた上でアプローチしていくことが求められるのです。


盗塁は野球の重要な戦術のひとつ。

盗塁に必要な要素であるスタート技術と走るスピード力を上げるために選手に合わせた指導とトレーニングが必要。

盗塁スタート時のもっとも速いステップ方法は？

前項までの盗塁に関する調査結果により、指導者と選手が予測、走るスピード、スタートに重きを置いていることがわかりました。本項ではその中の「スタート」に着目してみます。果たして、理想的なスタートとはどういったものなのでしょうか。

盗塁のスタート時の指導として、「頭を上げるな」「低い姿勢で行け」とよく言われます。しかし、スタート時の動作をさらに細かく見ていくと、姿勢の高低だけではなく、ステップの仕方がスタートの良し悪しに関わっていることがわかります。

そこで今回は、ステップの動作映像を分析した結果を交えながら、どういったステップの仕方がいいのかを考えていきたいと思います。

盗塁スタート時のステップの仕方は、大きく分けてジャブ・ステップとクロスオーバー・ステップのふたつがあります。ジャブ・ステップの「ジャブ」とはボクシングのジャブから連想されるように、「素早く突き出す」という意味です。したがって、ジャブ・ステップとは、進行方向側の右足から始動するスタート方法です（写真1）。

もうひとつのクロスオーバー・ステップは「交差する」という言葉の通り、進行方向側ではな

写真１　ジャブ・ステップ

進行方向の足（右足）が先に地面から離れて進行方向にステップし、
ステップ足が着地してから体の正面が進行方向に向くステップ

写真２　クロスオーバー・ステップ

進行方向の足は浮かず、つま先は進行方向に向き、
一塁側にある足（左足）が先に地面から離れるステップ

写真３　前足を後ろに引くステップ

進行方向の足（右足）が先に地面から離れ、つま先は進行方向へ向くものの、ステップした足はベース方向の後ろへステップ

い左足が右足の前をクロスするようにしてスタートする方法です（写真2）。

また、ジャブ・ステップは、右足を一塁ベース側に少し引く方法（写真3）と、両足を同時に進行方向側に向ける方法とに分けることができます（写真4）。

これらのステップ動作の中でも、実際はどのステップが多いのでしょうか。90名の高校生を対象にステップ動作を解析した報告によると、ジャブ・ステップ4名、クロスオーバー・ステップ36名、その他50名であり、さまざまであったという結果となっています。

また、走力別に分類をしてみたところ、走力のある選手（足の速い選手）に多い特徴的なステップはないようです。つまり、この報告からは「このステップがもっとも速い」という結論を導き出すことはできませんでした。ただし、どのステップにおいても、右足は進行方向を向いていることは共通しています。

選手によって、リードをしている際の姿勢（つま先の向き

写真4　両足を動かすステップ

両足がツインスティングするように、
左右両方の足が同時に進行方向に向くステップ

や重心方向）は違います。今回の結果から、選手たちはリード時の姿勢に則って、ごく自然に自分の「スタートを切りやすいステップ」をしているのだろうと推測できます。練習で盗塁のタイムなどを計りながら、選手それぞれに最善の組み合わせを見つけ出すことが必要かもしれません。

盗塁において「このステップがもっとも速い」というスタート方法はない。ただし、どのステップにおいても、右足は進行方向を向いていなければならない。

素早いスタートダッシュに必要な要素は？

走力を計測する一般的な方法は、50m走のタイムです。これはドラフト候補選手や野球選手のプロフィールでもよく目にする情報です。しかし、この50m走のタイムが速ければ盗塁の成功率もいいのでしょうか？

前項でご説明したように、盗塁の速さとステップ動作にはとくに目立った特徴はありませんでした。そこで本項では、スタートダッシュ時の速さの分析をしている研究報告をご紹介します。

50m走のタイムが速い（6・25±0・29秒）野球選手12名に、盗塁姿勢からスタートダッシュをして、2mの地点までの到達時間を計測しました（スタート時には床反力計を用い、体が反応する時間も計測）。

その結果、測定者の出す合図から体が反応するまでの時間と、スタートダッシュ2mのタイムとの間に特徴的な関係性は見られていません。つまり、スタートダッシュの良し悪しに、反応時間はあまり影響をおよぼしていないということです。

続いて、図1を見てください。これは50m走のタイムとスタートダッシュ2m到着タイムの関係を示しています。結論として、50m走の速い選手がスタートダッシュも速いという関係は「やや「ある」という程度で、絶対条件ではありませんでした。

では、スタートダッシュの速さには、何がもっとも関係しているのでしょうか？　これについては、図2を見てください。これは、床反力計で計測されたスタートダッシュ時にどれだけの力が地面にかかっているのかと、スタートダッシュ2mのタイムとの関係を示しています。

図2からわかるのは、右足と左足を合わせて地面を強く押している選手ほど、スタートダッシュのタイムが速いということです。つまり、スタートダッシュを速くするのに必要な要素は「いかに地面を強く押すか（蹴るか）」なのです。

また、選手12名の右足と左足の使い方に関して、細かく分類しているのが表1になります。

まず、左足の押す力が強いグループですが、ほんの一瞬強く押す選手と接地時間がわりと長い選手と

図1　50m走のタイムとスタートから2m到着タイムとの関係

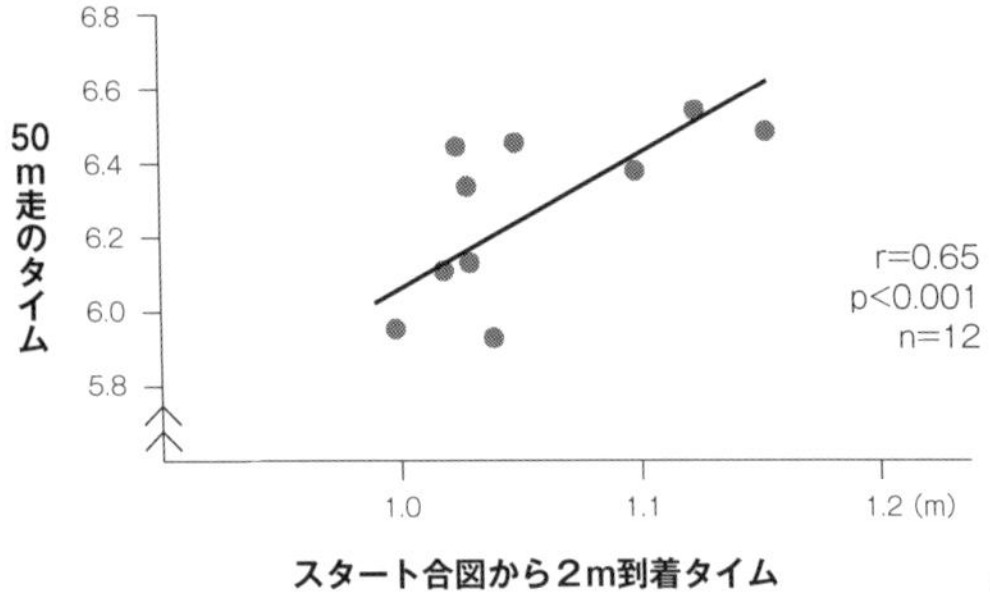

（寺町ら　2008）

に分かれました。一瞬の選手は、2m、50mダッシュタイムに特徴はありませんが、スタート時に膝の力を抜いた後に、その反動を利用して一気に地面を押しています。そして、右膝の力を抜いた後、左足で一気に地面を押しています。

接地時間の長い選手の特徴は、スタートダッシュのタイムが12名の中でも速いということです。50m走のタイムが12名中8位の選手もいましたが、この選手にしてもスタートダッシュのタイムは速いほうに分類される結果が出ています。

一方、右足で地面を押す力が強い選手たちの特徴を細かく分析すると、右足に体重がかかる時に体軸の傾斜角を前傾に保ち、骨盤を進行方向に向けて大きく回転させていました。また、右足の押す力が極端に弱い選手はスタートダッシュが遅く、動作の特徴として極端な踏み替え動作によって地面を強く押すことができず、その結果として上体が起き上がる

図2　スタート時の地面を押す力と
スタートダッシュ2m到着タイムとの関係

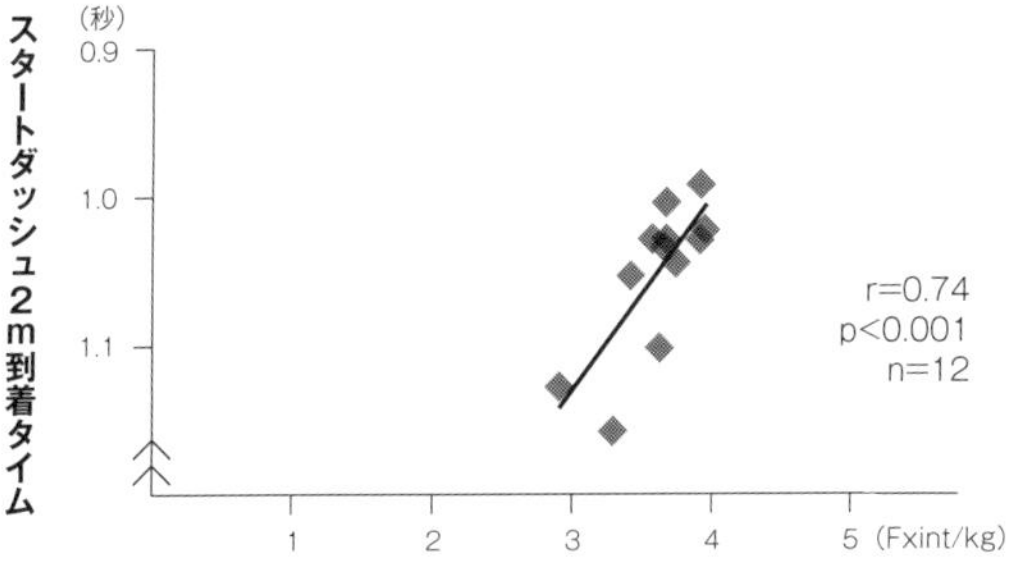

(寺町ら　2008)

傾向を示しています。すなわち、スタートダッシュでは右足も適度に使って地面を押さないと、上体が起き上がってしまうことになり、スタートダッシュは遅くなると考えられます。
　今回の実験結果から、スタートダッシュを速くするには「いかに地面を強く押すか」が大事だということがわかってきました。
　では、どのような姿勢が一番地面を強く押せるスタートとなるのでしょうか。そのことを次項で詳しくご説明したいと思います。

スタートダッシュを速くするには、
反応速度よりも
地面を強く押すことが大切。

表1　盗塁スタート時に足で地面を押す力のタイプとその特徴

カテゴリー	被験者	50mタイム (sec)	2mタイム (sec)	特徴
左足押す力 **"強"** (一瞬)	H	5.93	1.04	一瞬脱力
	J	6.13	1.03	
	K	6.45	1.05	
左足押す力 **"強"** (時間長い)	A	6.11	1.02	2mタイムが最も速い
	D	6.44	1.03	
	G	5.65	0.99	
右足押す力 **"強"**	B	6.33	1.03	体軸の前傾姿勢保持している
	C	5.95	1.00	
	I	6.44	1.03	
右足押す力 **"弱"**	H	5.93	1.04	スタート時上体起き上がる
	K	6.45	1.05	
	L	6.54	1.13	

スタートダッシュをよくするには「地面を強く蹴る」

最近では、スマートフォンのさらなる進化によって、誰もが手軽に映像を活用できるようになりました。野球のさまざまな技術を向上させる上でも、この映像を活用しない手はありません。野球では投球フォーム、バッティングフォームの分析において映像がよく活用されていますが、走塁においては活用されている事例はまだまだ少ないといっていいでしょう。

そこで、今回は盗塁のスタートダッシュの姿勢を映像化することで、より速く走るにはどうしたらいいのかを考えていきましょう。

前項で、いかに地面を強く押せるかどうかが、素早いスタートダッシュのカギとなることを説明しました。

では、どのような姿勢でスタートすれば、強く地面を押すことができるのでしょうか。結論からいえば、前傾姿勢を保ったまま頭から足までが一直線になった姿勢を作ることです（写真1）。なお、よく見られる悪い例を写真2に示しました。

前傾姿勢を保つということは、進行方向（水平方向）に強い力を加えることを意味します。ただ単に地面を強く押すのであれば、ジャンプした時のように地面に対して垂直方向の力を加えればいいのですが、それでは前には進みません。一方、進行方向に前傾しすぎてしまうと、地面を強く押すことができません。したがって、地面を押すことができる範囲での前傾姿勢が重要となり、この時の理想的な前傾角度はさまざまな研究結果から40〜45度という数値が導き出されています。

頭から足までの姿勢を一直線にするということは、力を分散（ロス）することなく、地面に力を加えるために必要なことです。

例えば、真っ直ぐな一本の棒を地面に垂直に落とした場合の跳ね返りは大きいですが、曲がった棒を地面に垂直に落としても跳ね返りはそれほど大きくはありません。またトランポリンで跳ねる際に、体が真っすぐのほうが高く飛べるのに対して、恐怖心などで体が曲がってしまった状態だと高くは飛べません。このように、体が一直線でないと力が分散してしまうため、地面を強く押すことができなくなってしまうのです。

写真１　理想的なスタートダッシュ姿勢

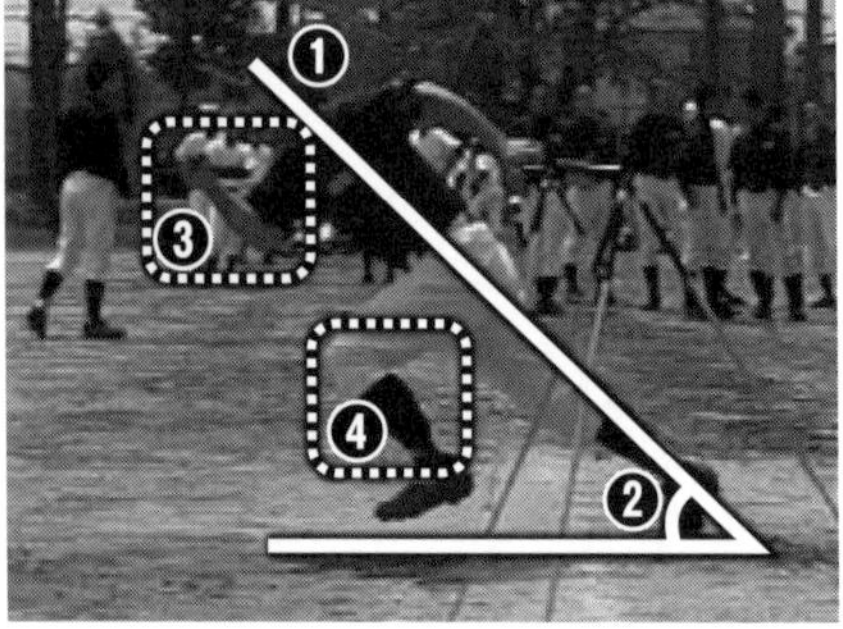

❶ 頭から足まで一直線
❷ 40〜45度の前傾姿勢
❸ 腕の前方への振り
❹ 膝の前方への振り

頭から足まで一直線の姿勢を保ち、前傾姿勢を作ることが重要であることがわかりました。それでは、その前傾角度に差があると走力も違ってくるのでしょうか？

盗塁スタート時の映像から、前傾姿勢角度を計測した結果をご紹介します（写真3）。ここでは50ｍタイムが7秒20の選手と6秒30の選手に登場してもらいます。

7秒20の選手の前傾姿勢が55度であったのに対して、6秒30の選手の前傾姿勢は40度でした。もちろん、前傾姿勢角度の違いだけでタイムに大きな差が出るとは言い切れませんが、前傾姿勢を40～45度に保つということは、より速く走るための要因のひとつではあるようです。

体の動きを科学的に分析していくと、地面を強く押すには、スタートの一瞬に股関節・膝関節・足関節の3つをうまく連動させることが必要なのがわかっています。

それぞれの関節を曲げてエネルギーを蓄えたものを、一気に伸ばして放出するイメージです。したがって、写真2に示したように膝が曲がったままだと、せっかく蓄

写真２　不良な姿勢の例

腕は振れているが、膝が伸び切っていない　　多少膝は伸びているが、顎が上がっている　　低姿勢ではあるが、猫背で膝が曲がっている

えた膝関節のエネルギーを放出することができなくなってしまいます。

このように3つの関節をうまく連動させて地面を押すことを「3つ＝トリプル」「伸ばす＝エクステンション」という言葉を合わせて「トリプルエクステンション」といいます。この「トリプルエクステンション」ができるようになれば、地面を強く押すことができるようになり、結果としていいスタートが切れるようになるのです。

盗塁のスタート時は
頭から足まで一直線の姿勢を保ち、
前傾姿勢を40～45度に保つことが重要。

写真3　前傾姿勢角度の違いと50m走のタイム

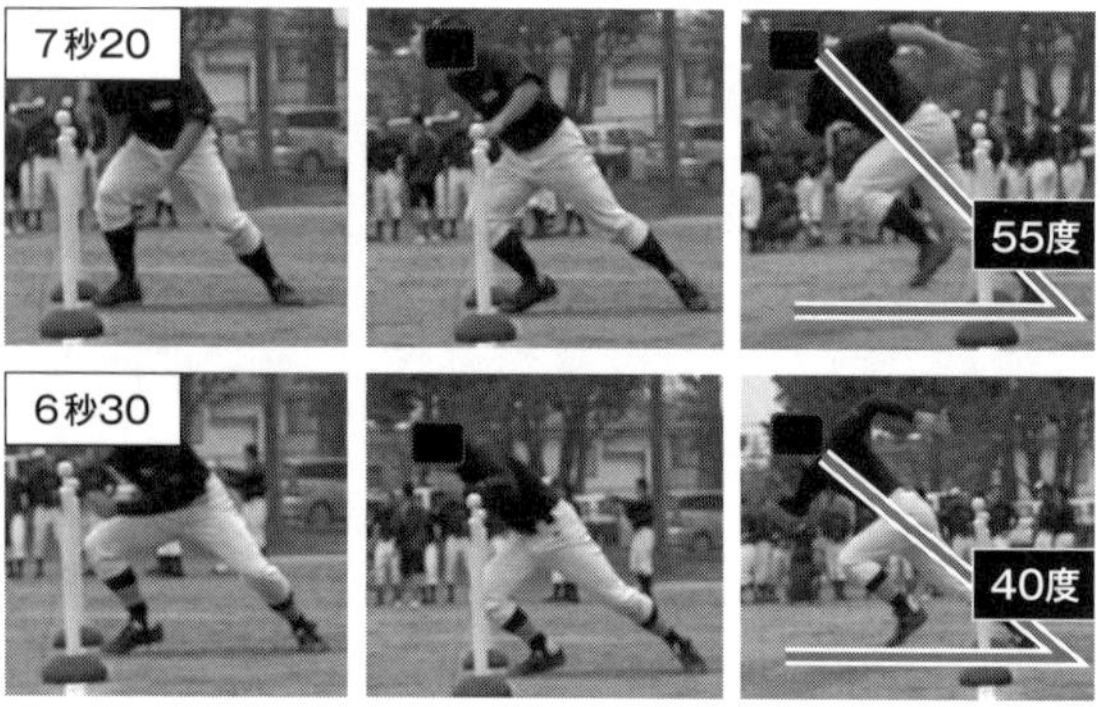

足を速くするにはどのようなトレーニングがいいのか？

盗塁のスタートダッシュをより速くするためには、「地面を強く押すこと」、そして「正しい姿勢を作ること」が必要であることをここまでご説明してきました。次は、走力に影響する要素をフィジカルテストの観点からご紹介したいと思います。

フィジカルテストの方法はさまざまあり、これでなければいけないというものはありません。ただ、現場では「シンプル」「経済的」「わかりやすい」という点が大切になります。それらを考慮したものが立ち幅跳びや、両足連続立ち3段跳びになります。要は地面を強く押すことができれば遠くに跳べるわけなので、その方法が立ち幅跳びや両足連続立ち3段跳びというシンプルな方法になるわけです。

ちなみにそれぞれのやり方ですが、立ち幅跳びは、写真1のように助走せずに止まった状態から大きく飛び跳ねます。もうひとつの両足連続立ち3段跳びは、立ち幅跳びの要領で「ホップ、ステップ、ジャンプ」と3回連続で跳びます。「ホップ、ステップ」までが助走にあたり「ジャンプ」で目一杯の力で跳ぶようにします。

では、ダッシュ力とこれらのジャンプテストが、どの程度関係するのでしょうか。図1を見てください。図1は中学硬式野球選手の両足連続立ち3段跳びと50m走（秒）の関係を示すグラフになります。縦軸が50m走、横軸が両足連続立ち3段跳びになります。そして、グラフには〝r＝0・89〟と記載されています。このrの値が1・00に近いほど横軸と縦軸の関係性が強いというのは、何度も述べている通りです。したがって、〝r＝0・89〟は1・00にかなり近いので「両足連続立ち3段跳びと50m走との間にはかなり深い関係がある」ということになり、両足連続立ち3段跳びが遠くに跳べる者は50m走も速いということになります。

　続いて図2です。こちらは、大学生を対象にした両足連続立ち3段跳びと、50m走との関係を示しています。見方は図1と同様です。こちらも中学硬式野球選手と同じように〝r＝0・70〟と、中学生よりも若干劣りますが、「両足連続立ち3

写真1　ジャンプ動作におけるトリプルエクステンション

腕を後方に降り出す際に足・膝・股関節を曲げてジャンプするための力をためる。なお、正しいスクワット姿勢となるようにする（背中が丸まらない、お尻が落ちない、など）。

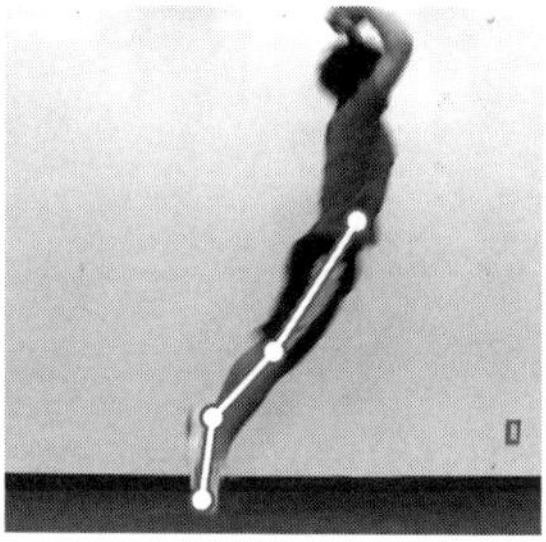

腕を斜め前方に振り出す際に、3つの関節を瞬時に最大限まで伸ばし切ることで、関節を曲げてためた力をすべて出し切る

段跳びと50ｍ走との間には深い関係がある」ということを意味しています。つまり年代に関わらず、50ｍ走をより速く走るためには、両足連続立ち3段跳びをより遠くに跳べるようにすることが重要なのです。

続いて立ち幅跳びです。図3は大学生の立ち幅跳びと5ｍ走（秒）との関係を示しています。縦軸が5ｍ走、横軸が立ち幅跳びになります。グラフの見方は図1・2と同様に横軸と縦軸との関係を見ていきます。グラフには〝r＝0・51〟と記載されており、〝立ち幅跳びと5ｍ走との間にはやや関係性がある〟ということになります。5ｍ走はスタートしてからの距離がかなり短いため、絶対ではありませんが、立ち幅跳びのような地面を強く押す力が短い距離のダッシュ能力においても関係してくると考えられます。

写真1では、ジャンプする際にトリプルエクステンションの動きがどれだけ重要かも説明しています。

腕を後ろに振ってエネルギーを蓄えている時は、足・膝・股関節は曲がっています。そこから、蓄えたエネルギーを放出するために、足・膝・股関節を一気に伸ばしていきます。この時、うまくトリプルエクステンションを使えていない人は姿勢が「背筋が曲がる」「足・膝・股関節のポジションがバラバラ」となったり、動きが「腕の振りとジャンプのタイミングが合っていない」「足・膝・股関節を最後まで伸ばし切っていない」となったりする人が多いので注意してやるようにしてください。

図１　中学硬式野球選手の両足連続立ち３段跳びと50m走との関係

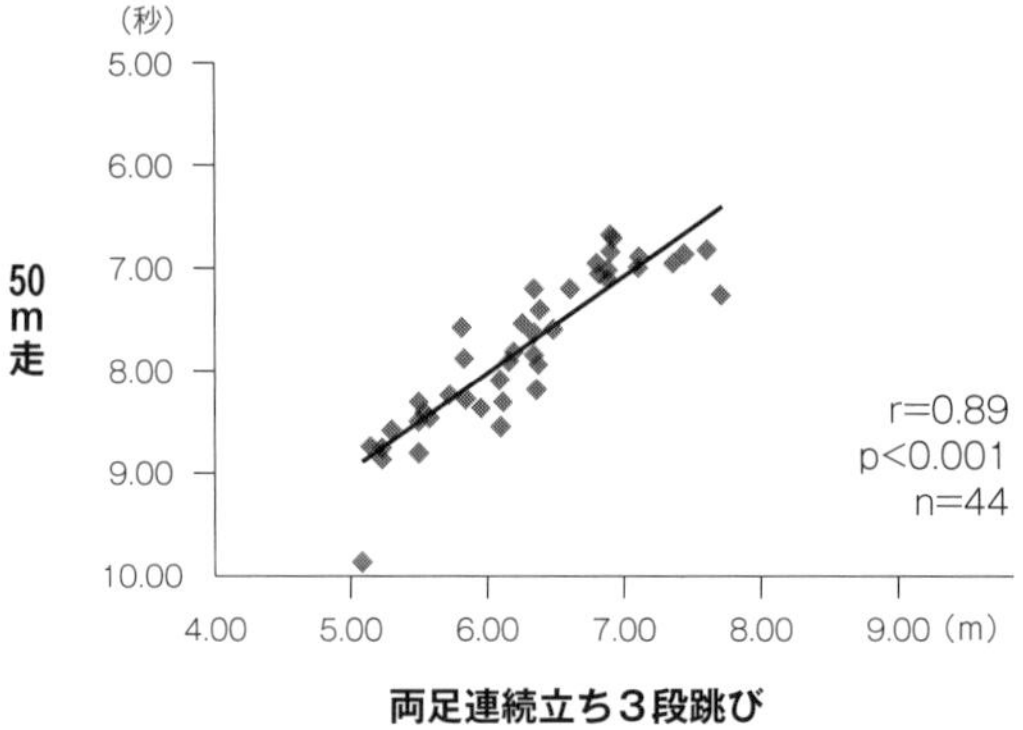

図２　大学生の両足連続立ち３段跳びと50m走との関係

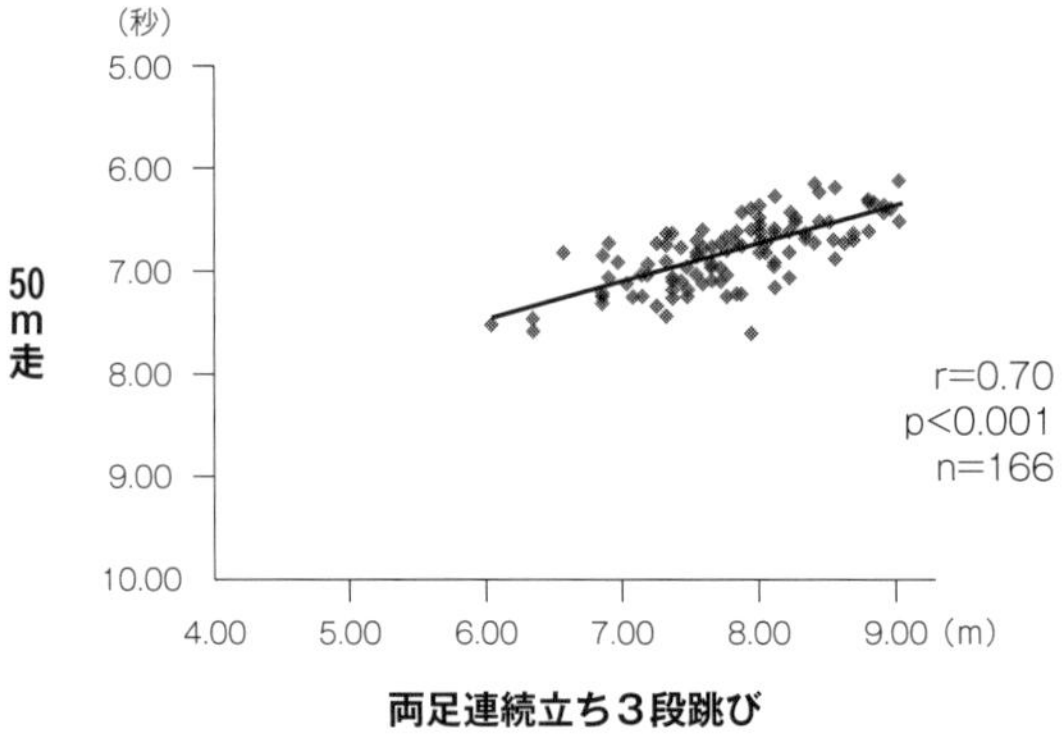

これらの不良姿勢をチェックした上で、ジャンプの練習をすることが重要です。ただ単純に立ち幅跳びや両足連続立ち3段跳びの記録を高めようと、ジャンプの練習をするのではなく、正しい姿勢からトリプルエクステンションできているかどうかを確認した上で、ジャンプの練習をすることが重要になります。

「ジャンプ力のある人は足も速い」というイメージを抱いている方は多いと思いますが、それが科学的に正しいということが今回の調査でわかりました。

とはいえ、一番大事なのはジャンプ力の向上よりも、走力を向上させることです。ただ単純に「ジャンプができる人は足も速いからジャンプの練習をしよう」では下肢のケガにつながりかねません。ジャンプ力の向上が走力の向上にもつながるよう、正しいジャンプの姿勢を確認

図3　大学生の立ち幅跳びと5m走との関係

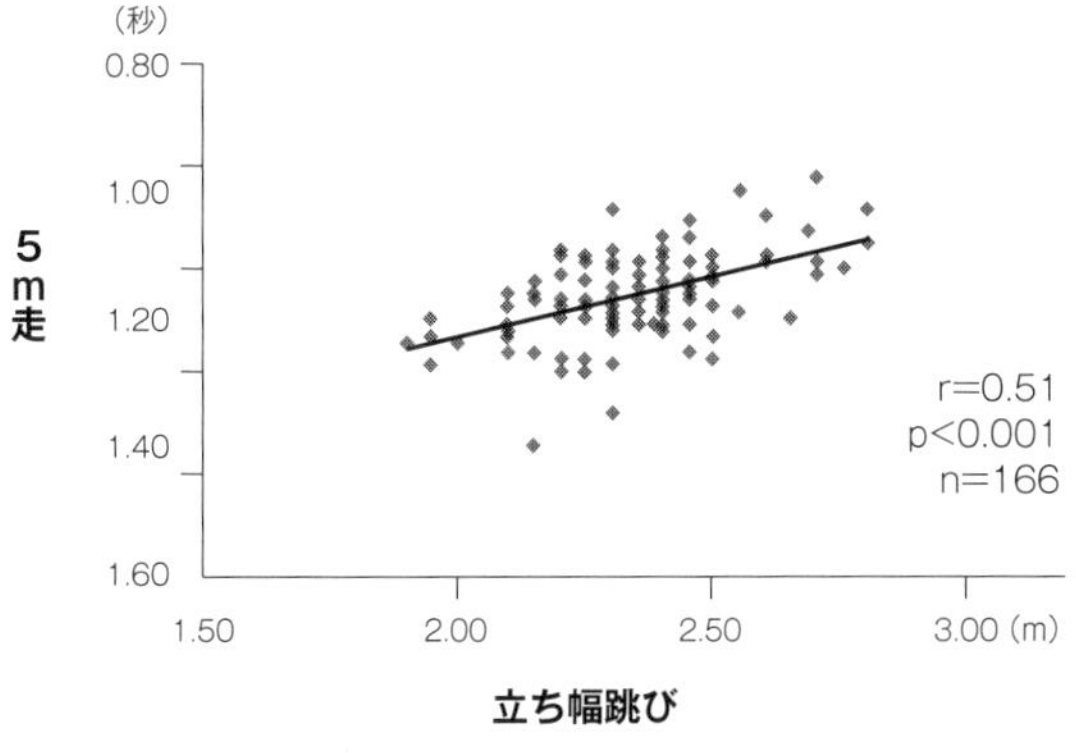

しながら、場合によっては正しいジャンプのやり方を身に付けてから、ジャンプの練習をするといいでしょう。

ジャンプ力のある人は足も速い。走力を向上させるためには、正しい姿勢で立ち幅跳びや両足連続立ち3段跳びをするといい。

守備における敏捷性について

日本では、機敏な選手のことを敏捷性（アジリティー）があると表現します。近年では、アジリティーを高めるために、野球界でもアジリティートレーニングが盛んに行われています。

敏捷性能力は、野球では守備時にとくに発揮されます。本項では、守備力向上に欠かせない敏捷性能力について、フィジカルテストなどを用いながら考えていきたいと思います。

図1を見てください。ご覧のように、アジリティーを構成する要素はたくさんあります。アジリティー能力とは、ただ速く動くためだけの能力ではありません。アジリティー能力を高めるためには、図1にあるようなさまざまな能力を高めなけ

図1　アジリティ（敏捷性）を構成する要素

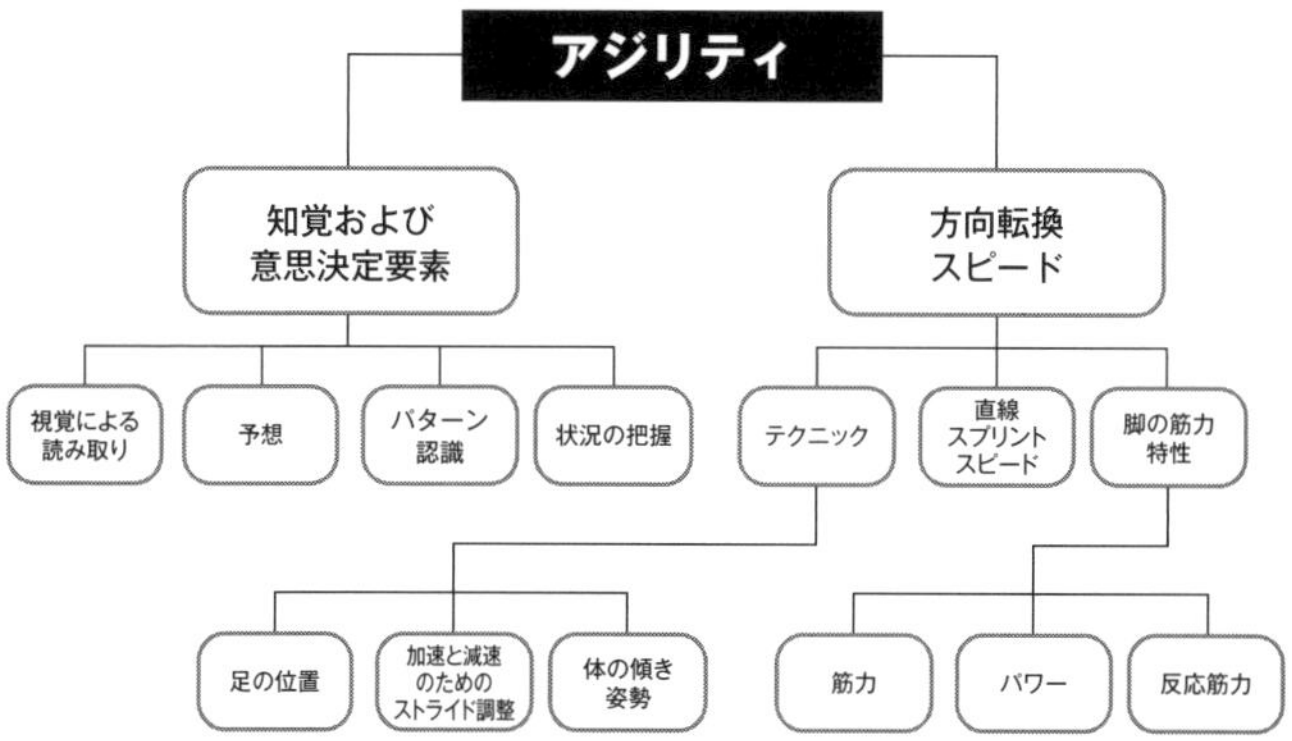

（youngら2007）

ればならないのです。

野球の守備動作では、打球に対する予測・反応から送球まで、流れのすべてがアジリティー要素となります。

守備の流れを細かく表した写真1を見てください。まず打球に対する予測となる「反応局面」、続いて打球に向かって素早く移動する「移動局面」、そして打球に近づいたらボールを捕球して次の動作をしやすくするための「減速局面」、捕球してから送球方向に向かって体を方向転換する「切り返し局面」、最後に送球となります。

守備動作にはこれだけのアジリティー能力が必要とされるため、ただ単に「守備範囲を広くしたい」「守備における敏捷性を高めたい」という漠然とした理由だけでトレーニングをしても、期待したほどの効果はきっと得られないでしょう。

アジリティー能力を高めるには、守備動作を構成する要素の中で何が優れていて、何が劣っているのかを分析し、その結果を踏まえて具体的なトレーニングプログラムを考えていく必要があるのです。

では、選手それぞれのアジリティー能力の優劣をどのように評価していけばいいのかをご説明したいと思います。

図2は高校野球選手に対して行ったふたつの調査を比較検証するためにまとめたものです。ふたつの調査とは、

写真1　守備動作におけるアジリティを構成する各局面

反応 ➡ 素早い移動 ➡ 減速 ➡ 切り返し ➡ 送球

図2　測定結果から見た選手のアジリティの特徴を探る

反応

順位	選手	反応時間（秒）
1	A	0.210
2	B	0.242
3	C	0.262
4	D	0.269
5	E	0.270
6	F	0.279
7	G	0.280
8	H	0.285
9	I	0.285
10	J	0.286
11	K	0.290
12	L	0.296
13	M	0.296
14	N	0.296
15	O	0.299
16	P	0.299
17	Q	0.302
18	R	0.303
19	S	0.303
20	T	0.305
21	U	0.305
22	V	0.307
23	W	0.310
24	X	0.313
25	Y	0.325
26	Z	0.333
27	AA	0.343
28	AB	0.344
29	AC	0.353
平均		0.296

素早い動き

順位	選手	反応時間（秒）
1	V	9.02
2	C	9.37
3	N	9.40
4	G	9.45
5	B	9.48
6	J	9.48
7	D	9.55
8	U	9.56
9	H	9.62
10	T	9.64
11	X	9.66
12	Z	9.66
13	W	9.69
14	AB	9.70
15	R	9.72
16	Q	9.80
17	I	9.81
18	Y	9.95
19	F	10.01
20	L	10.08
21	E	10.08
22	S	10.10
23	A	10.12
24	K	10.25
25	AC	10.26
26	P	10.32
27	M	10.56
28	N	10.67
29	AA	11.77
平均		9.90

反応時間は速いが素早い動きができない選手
守備位置をサードに

反応時間は遅いが素早い動きができる選手
守備位置をショートに

反応時間が速く素早い動きができる選手
監督が守備範囲が最も広いと評価している選手

1　全身反応時間の測定
2　素早い動きを評価するためのTテスト（図3で解説。Tのラインでダッシュ・切り返し・サイドステップ・バックステップを組み合わせた敏捷性評価）

このふたつの調査結果を、順位別に並べて比較してみました。

選手Aの反応時間はチームで1位です（ちなみにプロ野球でも0・250秒以内なら優秀な部類）。しかし、動きの素早さを評価するTテストの結果になると、チームで23位と下位です。

一方、選手VはA選手の逆でTテストは1位ですが、反応時間に

図3　Tテスト（アジリティテスト）

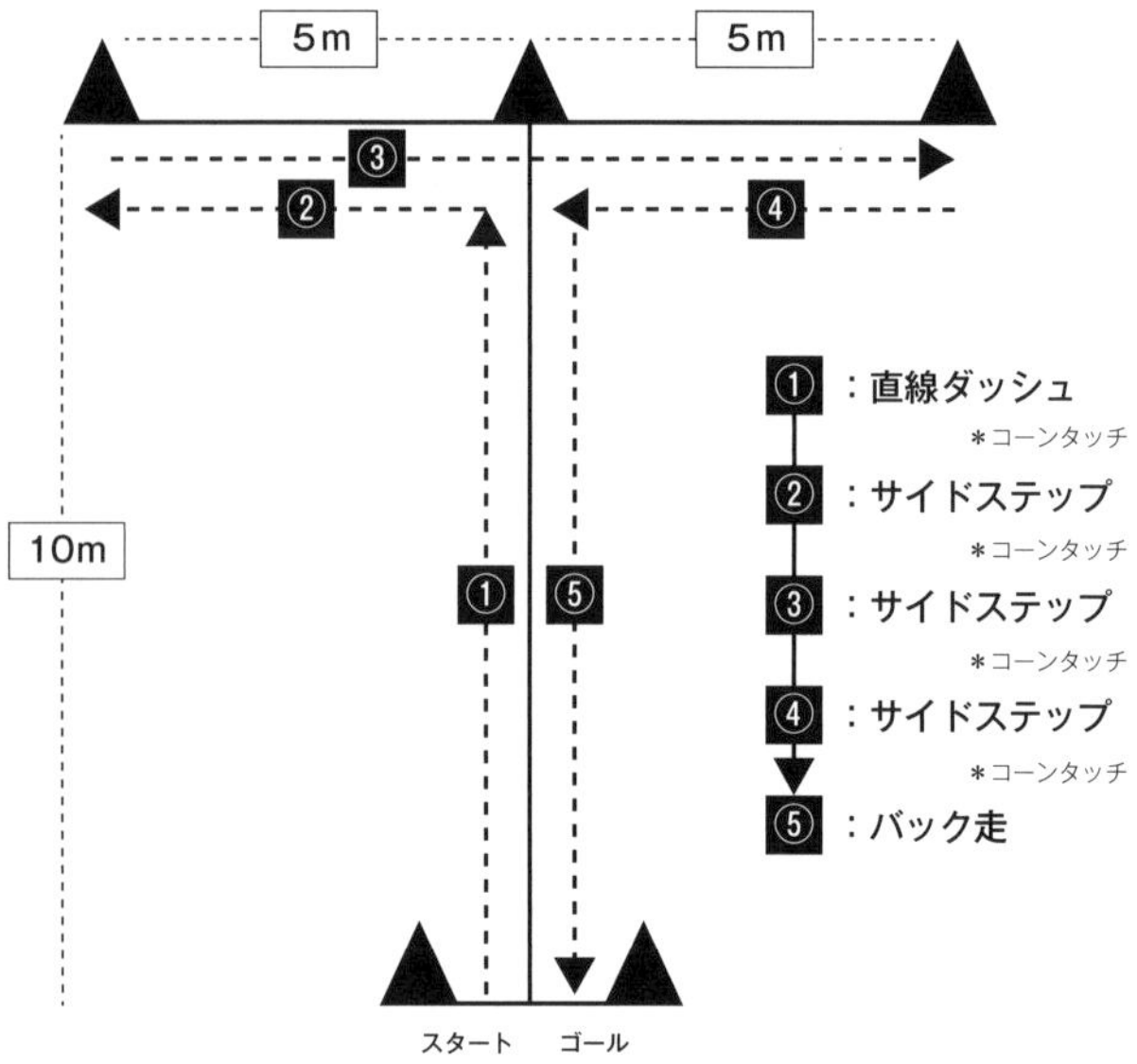

なると22位になっています。

それぞれの選手に対する監督さんの評価はこうです。

A「反応はいいけど動きが遅いのでポジションはサードに」

V「反応はいまいちだけど、動ける範囲は大きいからショートに」

さらに監督さんに「チームの中で守備における敏捷性がもっとも高い選手は誰ですか？」と質問をしたところ、「Cの選手」と答えました。

Cの選手は反応時間、動きの素早さともに上位に入っています。このように、反応時間と素早い動きを評価することで、その選手の長所と短所が見えてくると思います。

ただやみくもにダッシュトレーニングを繰り返すのではなく、そのトレーニングは「反応を意識したトレーニングなのか？」、それとも「素早い動きを意識したトレーニングなのか？」、はたまた「減速を意識したトレーニングなのか？」といった目的を考えてメニューを考えていく。それが守備の敏捷性を高める上でもっとも大切なことなのです。

> **守備における敏捷性を高めたいのなら**
> **それぞれのトレーニングの目的を理解して**
> **取り組んでいくことが大切である。**

第4章

ウォーミングアップと傷害予防を科学する

ウォーミングアップはどのくらいやればいいのか？

本章でコンディションを高めることの重要性やその方法について解説していく前に、まずは「ウォーミングアップとは何か？」をご説明しておきたいと思います。

ウォーミングアップとは、一般的ウォーミングアップと専門的ウォーミングアップのふたつに分けられるのですが、主たる目的が異なります。

【一般的ウォーミングアップ】

・筋肉の温度（筋温）を適正なところまで上げる
・柔軟性を高める
・神経系を高める
・耐乳酸性を上げる

【専門的ウォーミングアップ】

・各競技動作への導入（野球であればキャッチボールやトスバッティングなど）

となります。

本項では一般的ウォーミングアップに関してご説明していきます。

一般的ウォーミングアップでよく質問されるのは、「どのぐらいやればいいんですか?」ということです。それに対するひとつのキーワードが筋温になります。なぜならば、筋温とハイパワー（ジャンプや投げるなど、一瞬で大きなパワーを出す能力）との間には深い関係性があるからです。

図1を見てください。縦軸がハイパワーパフォーマンス、横軸が筋肉の温度（筋温）を示しています。筋温が高くなるとハイパワーパフォーマンスも高くなっています。しかし、ある一定の温度を越えると逆にハイパワーパフォーマンスは低下しています。つまり、筋温をコントロールする（適温にする）ことがハイパワーパフォーマンス発揮には重要な要素であり、その

図1　筋肉の温度とハイパワーパフォーマンス

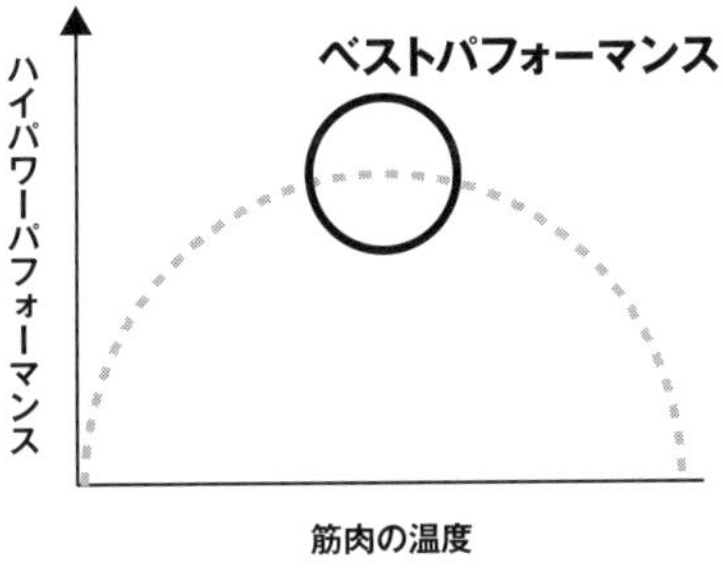

ためには一般的ウォーミングアップをしっかりと理解しておかなければならないのです。

では、筋温が何度以上になると、パフォーマンスは低下してしまうのでしょうか？　これはさまざまな研究により、39〜40℃だということがわかっています。これだけ高温となれば熱中症になるような危険な状態ですので、パフォーマンス発揮どころではないのは当然かもしれません。

では、パフォーマンスを最大限発揮するための筋温の適温とは何度なのか。適温を知るために、筋温を36℃・37℃・38℃にそれぞれ上げていった場合、どのくらいパフォーマンスが変わるのかを調べてみました。なお、筋温を温める方法はジョギングで、測定場所は大腿（ふともも）の温度を計りました。ハイパワー測定はスクワットジャンプでのパワーを計測しています。

図2を見てください。筋温が38℃に上昇した時が、もっともハイパワー能力が発揮されることがわかりました。

ハイパワー能力以外にパフォーマンスに影響し、ウォーミングアップによって高められるものとして神経系の活動があります。そこで筋温の上昇が、神経系の活動にどのくらい影響をおよぼすのかを調べた実験結果をご紹介します。図3を見てください。

神経系活動測定は立位でのステッピングテスト（5秒間にどれだけ足が速く動くか）を採用しています。結果は36℃よりも38℃に上昇させたほうがステッピングテストの結果がよくなっています。つまり、筋温を上昇させたほうが神経系の活性化が図れるということになります。

ふたつの結果から、筋温が高いほうがハイパワーおよび神経系パフォーマンスはよくなること

図2　ジョギングで筋肉(ふともも)を温めた場合のハイパワーの変化

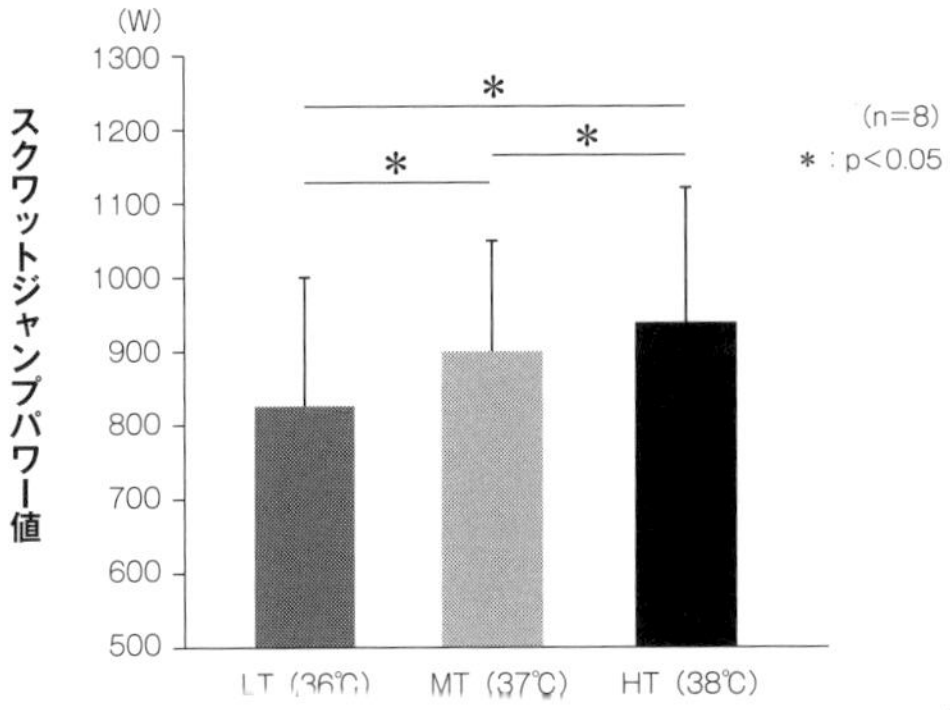

(永井ら2019)

図3　ジョギングで筋肉(ふともも)を温めた場合の神経系変化

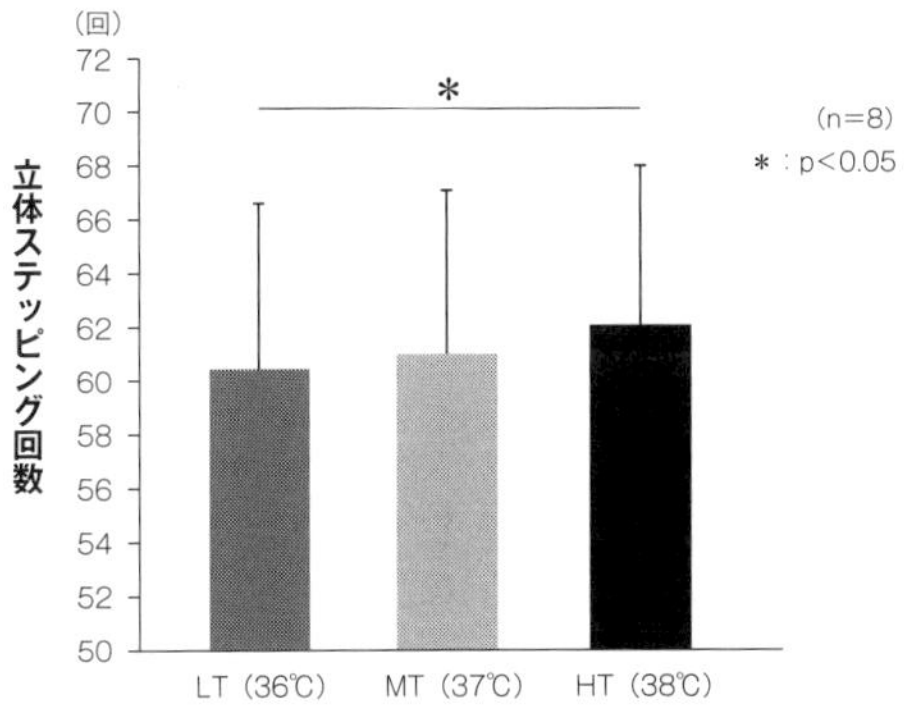

(永井ら2019)

になり、3℃上昇させた場合（本実験時の安静筋温は約35・5℃なので約38・5℃まで上昇）がもっともパフォーマンスが高くなることがわかりました。

しかし、体温であれば体温計などですぐに計測できますが、筋温は現場で簡単に計測するわけにはいきません。では、筋温の上昇を知るにはどうしたらいいのか。それは、「自分はどのくらいの時間、体を動かせば筋温が3℃上昇するのか」を普段の練習時などに計っておくといいと思います。

図4を見てください。今回の実験では筋温が36℃（LT群）になるには約3分30秒、37℃（MT群）になるには約7分、38℃（HT群）になるには約16分かかっていました。これがひとつの目安になると考えられますが、やはり筋温アップにかかる時間は個人差があります。1℃および2℃上昇のバラつきは約1分、3℃上昇については約5分もバラつきがあります。以上を踏まえると、筋温を3℃上昇するためには10～20分ぐらいのウォーミングアップ時間が必要だと推測できます。

なお、ここで考慮しておかなければならないのが「季節」で

図4　筋肉（ふともも）は何分ぐらいで温まるのか？

	走運動時間	
LT群	223.8±57.1（秒）	約3分30秒
MT群	426.3±71.25（秒）	約7分05秒
HT群	971.25±319.4（秒）	約16分10秒

す（ちなみに、今回の実験は秋に行い、気温は約20℃でした）。夏ならば筋温は上昇しやすく、冬であれば筋温上昇に時間がかかります。この「季節によるウォーミングアップの違い」に関しては後で詳しくお話しします。

適度なウォーミングアップとは筋温を約３℃上昇させること。一般的には10～20分の時間が必要である。

筋肉はただ温めればいいのか？

前項で、筋肉を温めたほうがハイパワーおよび神経系のパフォーマンスは高くなることをご説明しましたが、筋温はただ高めればいいというわけではありません。筋温を高めるだけでいいのなら、ジョギングなどをせずに、お風呂やサウナで体を温めればいいということになってしまいます。

そこで本項では、筋肉の温め方の違いが運動パフォーマンスにどう影響するかについて解明していきたいと思います。

ジョギングではなく、熱いお湯に浸してある湿熱式のホットパックを使って、大腿（ふともも）の前側・後ろ側・ふくらはぎの筋温を温めた後、神経系（立位でのステッピング）とハイパワー（垂直跳び）の測定をしました。その結果が図1になります。

図1は左から筋温を36℃に上げた場合、37℃に上げた場合、38℃に上げた場合の立位でのステッピング回数を示したものです。結果は筋温を36℃に上昇させた時よりも38℃に上昇させた場合のほうが明らかにステッピング回数が多くなりました。

さらに、図2を見てください。こちらはハイパワー（垂直跳び）の結果になります。図の見方

図1　ホットパックで筋肉(ふともも)を温めた場合の神経系変化

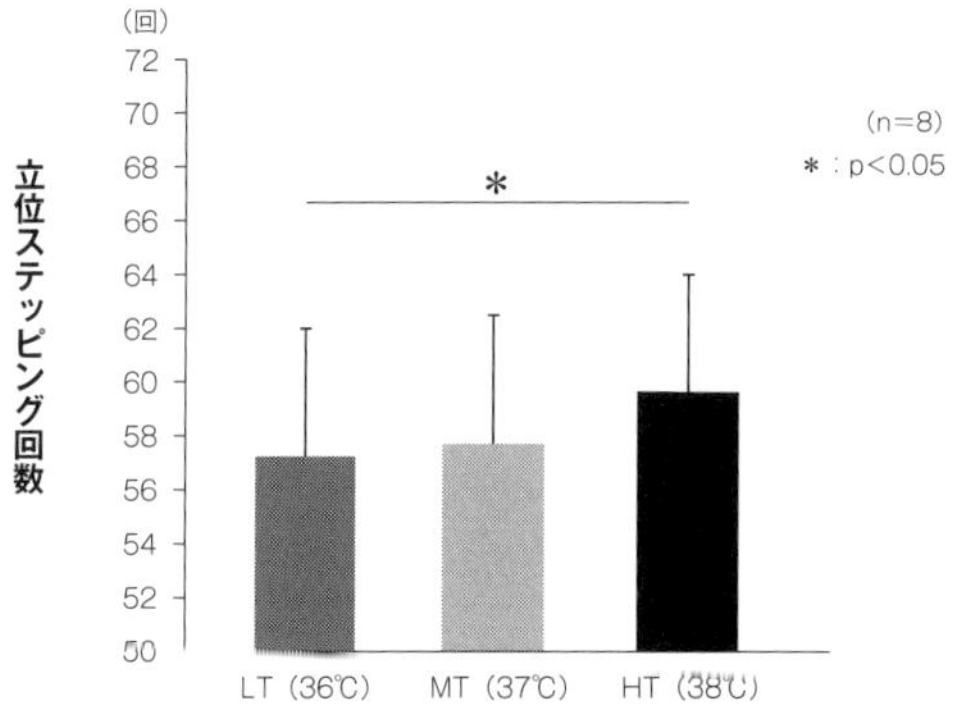

(永井ら2019)

図2　ホットパックで筋肉(ふともも)を温めた場合のハイパワーの変化

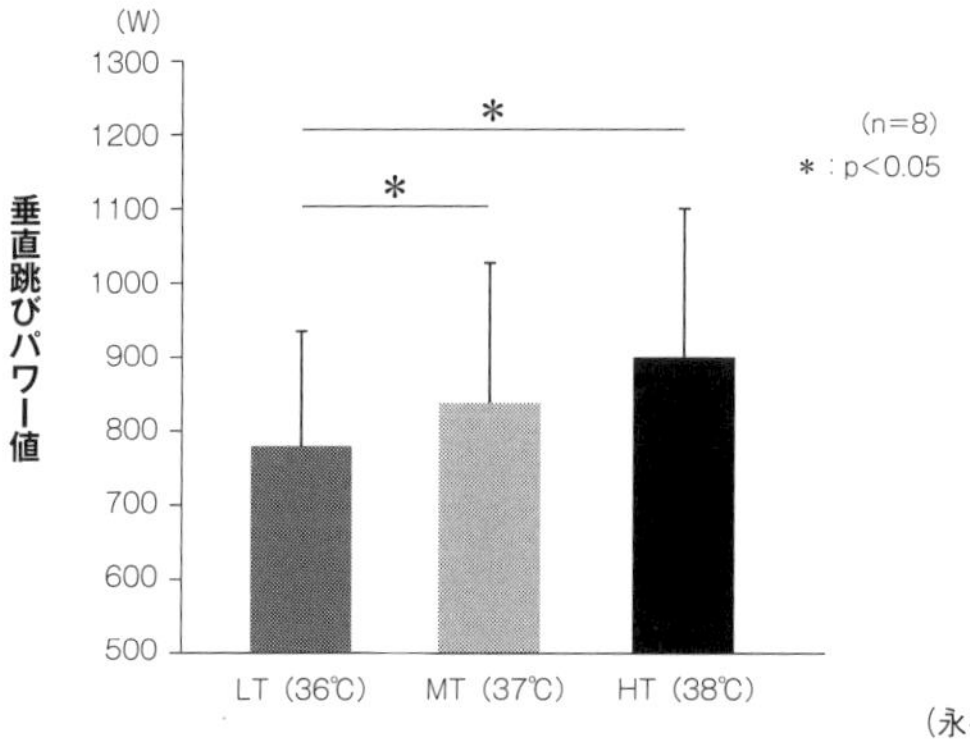

(永井ら2019)

は、神経系変化と同様です。結果は、筋温を36℃に上昇させた時よりも37℃および38℃に上昇させた場合のほうが、明らかにハイパワーパフォーマンスは高くなりました。つまり、ジョギングのような体を動かすウォーミングアップではなくても、神経系パフォーマンスおよびハイパワーパフォーマンスともに高くなるのです。

この結果だけを見ると「だったらジョギングのように、体を動かして筋温を上げる必要はないのでは？」という疑問が浮かびます。

そこで、ホットパックのように受動的に筋温を高めた場合と、ジョギングのように能動的に筋温を高めた場合で違いがあるのかどうかを調べてみました。

図3は、受動的に筋温を高めた場合と能動的に高めた場合での、立位ステッピングの回数を表したものになります。ホットパックとジョギングそれぞれで36℃に筋温を高めた場合、同じく37℃に筋温を高めた場合、38℃に筋温を高めた場合で比較をしました。結果は、ホットパックよりもジョギングのほうが、36℃・37℃・38℃のすべてで明らかに立位ステッピング回数が多くなっています。

また、図4では同様に垂直跳びでの比較をしました。結果はホットパックよりもジョギングのほうが、36℃・37℃・38℃のすべてで高い値を示しています。つまり、ホットパックのように受動的に筋温を向上させるよりも、ジョギングのように能動的に筋温を高めたほうが、運動パフォーマンスはより高くなることを示す結果となりました。

図3　神経系の変化（ジョギング VS ホットパック）

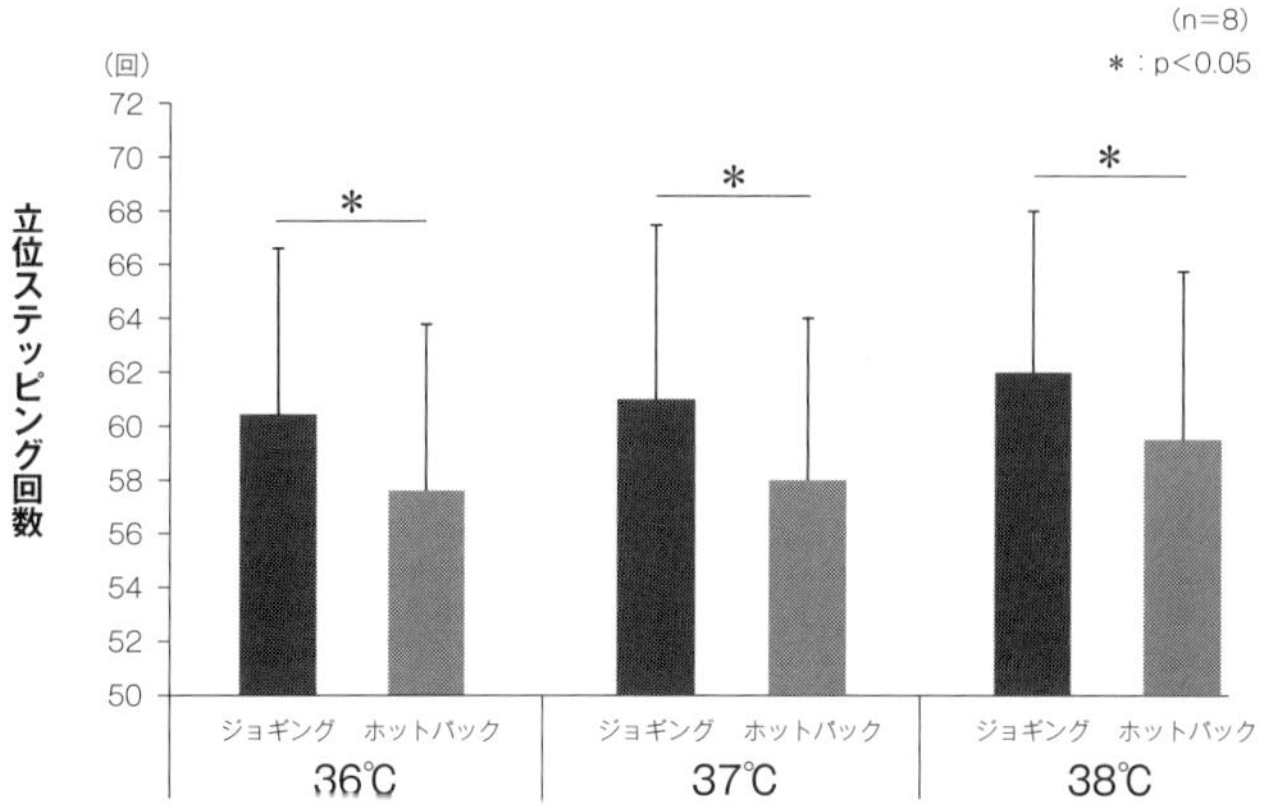

（永井ら2019）

図4　ハイパワーの変化（ジョギング VS ホットパック）

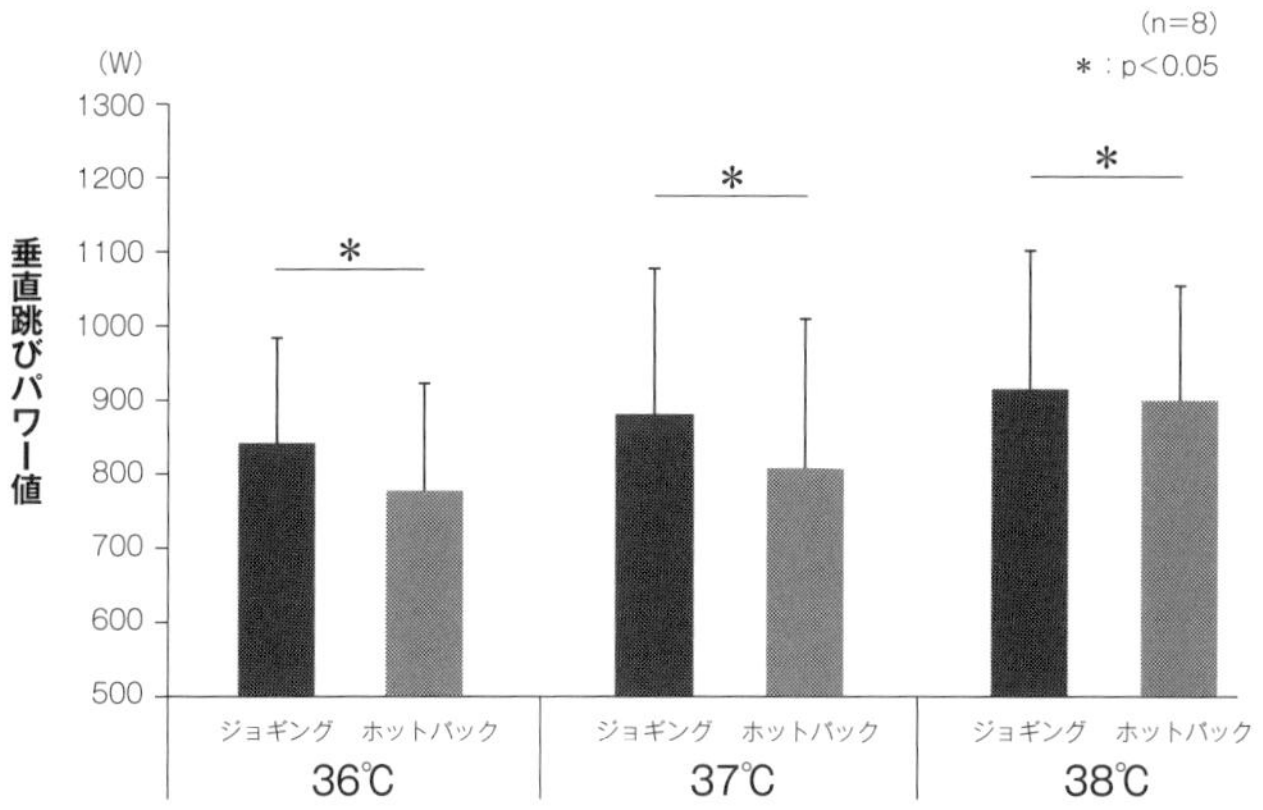

（永井ら2019）

筋温はただ高めるだけでも運動パフォーマンスは上がりますが、やはりウォーミングアップで体を動かしながら能動的に筋温を高めて、その後競技関連動作に移行していくほうがより効果的であると考えられます。

さらに、これらの結果を踏まえると、とくに寒くなる冬場は、ホットパックなどで筋肉を温めてからウォーミングアップすることも一案です。

また、ケガをしていて体を動かすウォーミングアップが長くできない選手については、体への負担を少なくするために、ホットパックなど受動的なウォーミングアップのみで対応するというのもひとつの方法だと思います。

受動的に筋温を上げても運動パフォーマンスは高まるが、ジョギングなどのウォーミングアップで能動的に筋温を上げたほうがより効果的。

夏と冬ではウォーミングアップも変化する

前項で少し触れましたが、夏と冬では筋温上昇にかかる時間が違ってくるため、ジョギングなどの能動的なウォーミングアップ（※図表などでは「W-up」と記します）時間も変えていく必要があります。

運動部に所属している大学1年生たちに「ウォーミングアップで理想的なジョギング時間はどれぐらいか」というアンケートを取ってみました。その結果、季節によって時間を変えると回答したのは61・1％、逆に季節関係なくウォーミングアップ時間が同じと回答したのは約40％になりました（図1）。

そこで本項では、夏と冬でウォーミングアップにかける時間と、それがパワーやパフォーマンスにどう影響するのかを調べた結果をご紹介します。

まずは、実験の条件設定についてご説明します。対象は健康な体育大生8名、暑熱環境下（気温31・8±2・1℃、湿度64・9±19・2％）と寒冷環境下（気温12・1±2・6℃、湿度38・3±30・6％）で行いました。

ウォーミングアップ方法は、最大酸素摂取量の65〜70％の負荷でトレッドミル（ランニングマシン）でのジョギングを10分の場合、20分の場合、30分の場合で行っています。測定項目は最大パワーの指標としてスクワットジャンプ（自重）、敏捷性の指標として立位ステッピングテスト（回数）をそれぞれのウォーミングアップ後に行っています（図2・3）。いずれも薄い灰色の◆が暑熱環境下、濃い灰色の■が寒冷環境下での結果を表しています。

まず、最大パワーを計るためのスクワットジャンプの結果です（図2）。暑熱環境下では10分よりも20分のほうが最大パワーの結果は高くなっていますが、30分になると逆に低下してしまっています。一方、寒冷環境下では10分よりも20分、20分よりも30分のほうがスクワットジャンプの値が高くなっています。つまり、暑熱環境下では30分以上だと筋温が上昇しすぎてしまい、ハイパワー能力が低下してしまうことを

図1　大学1年生のW-upにおける認識

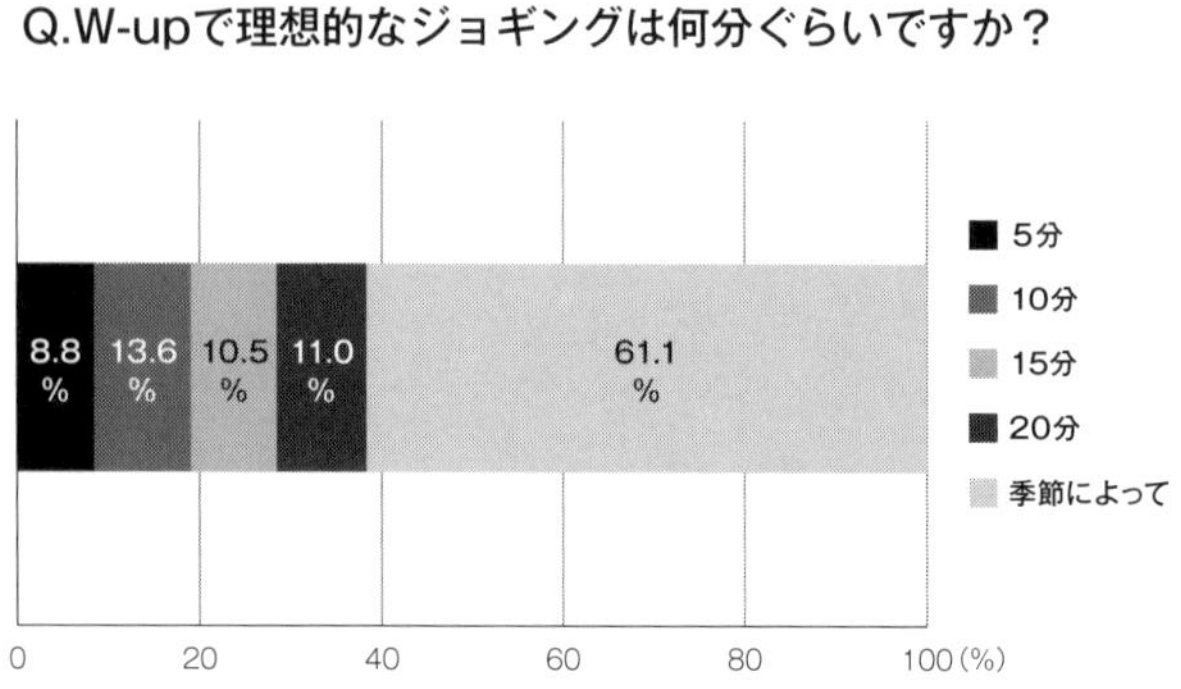

図２　夏季と冬季の各W-up時間が最大パワーに与える影響

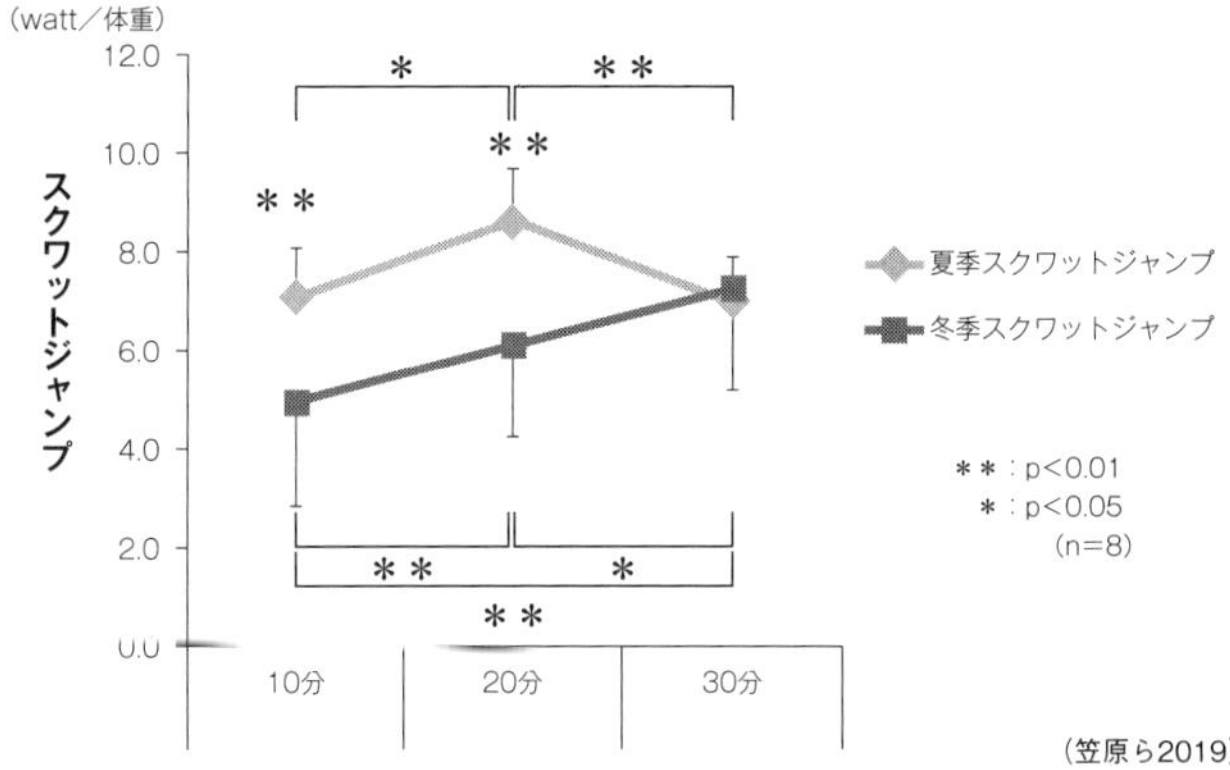

（笠原ら2019）

図３　夏季と冬季の各W-up時間が敏捷性に与える影響

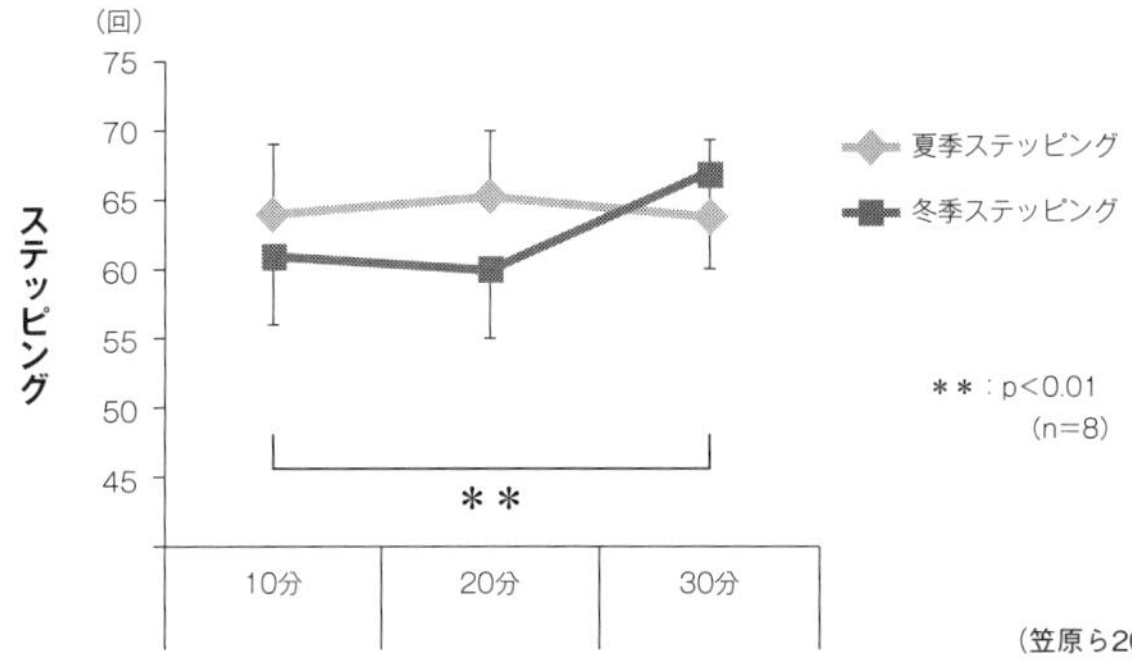

（笠原ら2019）

意味しています。先述したように、筋温と最大パワー発揮には最適な温度があり、それより低すぎても高すぎてもパフォーマンスは低下してしまうのです。

続いて敏捷性能力についてのステッピングテストの結果です（図3）。寒冷環境下で10分よりも30分のジョギングのほうが明らかに敏捷性の能力は高くなりますが、暑熱環境下だと10分と30分を比べた時、30分のほうが若干結果は低くなっています（統計学的有意差はありません）。

これらの結果から最大パワー、敏捷性ともに、パフォーマンスを高めるには、寒冷環境下であれば30分、暑熱環境下であれば20分以内のウォーミングアップが適しているということがわかりました。

夏場における一般的ウォーミングアップは20分以内を目安にし、その後専門的ウォーミングアップ（キャッチボールやトスバッティングなど）に移るやり方が望ましいといえそうです。

最大パワー、敏捷性のパフォーマンスを高めるには、冬なら30分、夏なら20分以内のウォーミングアップが最適。

実戦的なウォーミングアップ、それがスピードリハーサル

毎日同じようなウォーミングアップを繰り返していくと、どうしても手を抜いてしまったり、いい加減になったりしてしまいがちです。

ウォーミングアップで大切なことは、決まったメニューをただこなすのではなく、その「質」にこだわることです。

手抜きをせずに、実際の練習や試合と同等の強度でウォーミングアップを実施する。このような実戦を意識したウォーミングアップのことを「スピードリハーサル」といい、近年注目されているやり方でもあります。

このスピードリハーサルは、練習や試合の準備に限らず、ケガの予防にも十分な効果を発揮してくれます。本項では、このスピードリハーサルがどのような効果をもたらしてくれるのかを解説していきましょう。

最近はGPS（グローバル・ポジショニング・システム）という計測機器の進歩により、練習中や試合中の選手の走行距離や走行スピード、位置取りなどが手軽に計測できるようになりました（ラグビーやサッカーなど）。これにより、選手のコンディショニングをよりよくするための

情報収集が可能となり、スポーツ科学がチーム力の向上に大きな影響を与えるようになってきました。

図1はラグビー選手を対象とした研究報告で、練習時の最大ランニングスピードを100％とした場合の、個人アップ時とチームアップ時とのランニングスピードのギャップについて示したものになります。チームアップでは練習中の最大ランニングスピードに対して79％のスピードとなっており、練習中に比べて21％不足しています。一方、個人アップになると、最大ランニングスピードに対して61％のスピードであり、練習中に比べて39％も不足している結果となっています。つまり、個人アップだと練習中の最大ランニングスピードに比べて、かなり手抜きをしたウォーミングアップになってしまっているのです。

図1　練習中の最大ランニングスピードに対する各W-up時のギャップ

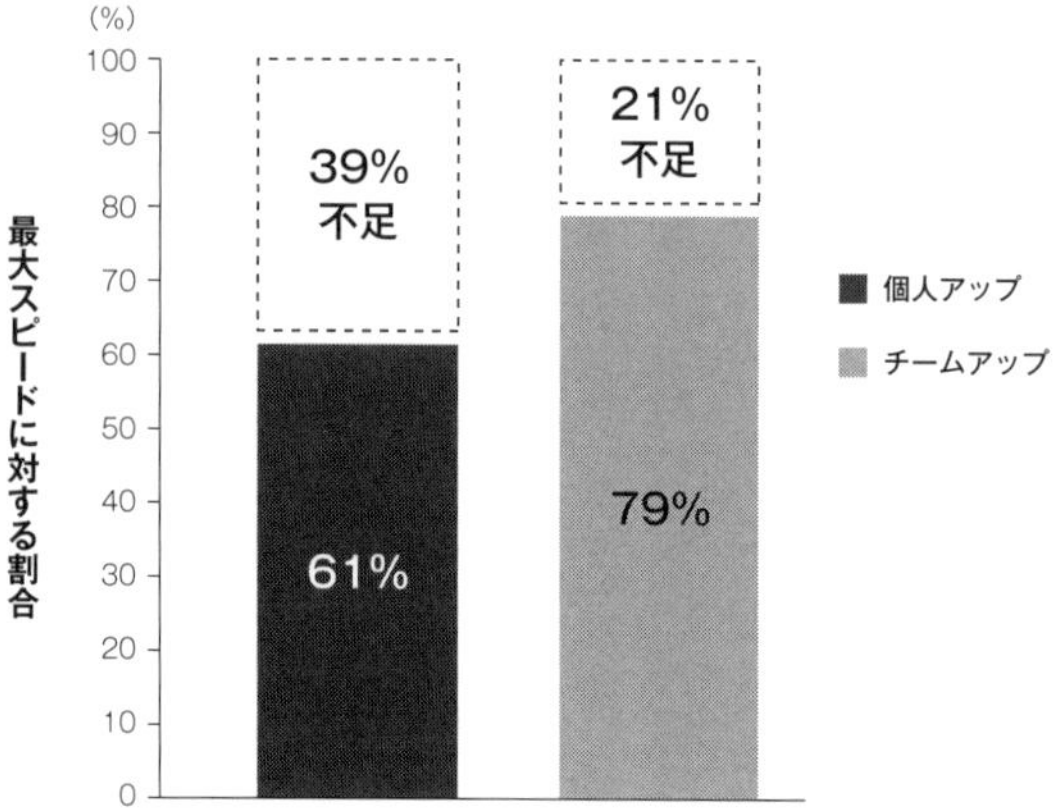

（太田・山本　2013一部改変）

この結果を踏まえて、図2を見てください。これは練習中にハムストリングス肉離れを起こした選手の、その日の練習中の最高スピードとウォーミングアップ時のスピードのギャップについて示したものになります。一例ではありますが、ケガをしてしまった日のウォーミングアップ時のランニングスピードは、練習中の最大スピードに比べて35%も低かったことがわかりました。

体が経験（リハーサル）していない状態で、未知の領域の強度や速度が筋肉などにかかると、肉離れを起こした選手のように体を故障する可能性が高まります。そういったケガを防ぐ上でもスピードドリハーサルは有効なのです。

続いて、スピードドリハーサルをすることが、実動作の動きやすさにどう影響するかを調べたものがあります。

ウォーミングアップ時に全力を出してしまうと、その疲労などで「試合で全力を出せなくなってしまうのでは？」をお思いの方もいらっしゃるかもしれません。

図3を見てください。これはサッカー選手を対象に、ウォーミングアップを全力でした場合と手抜きをした場合における、試合中（前半・中盤・後半）のランニングスピードの出しやすさについてアンケートした結果です。

試合の前半では10人中8人が全力ウォーミングアップをしたほうが手抜きの場合よりも動きやすいと回答し、中盤になると10人中7人が同様に全力ウォーミングアップのほうがいいと回答しました。そして、後半についてですが全力のほうが手抜きよりも動きやすいと回答したのは10人

図2　練習中に肉離れした選手のスピードのギャップ

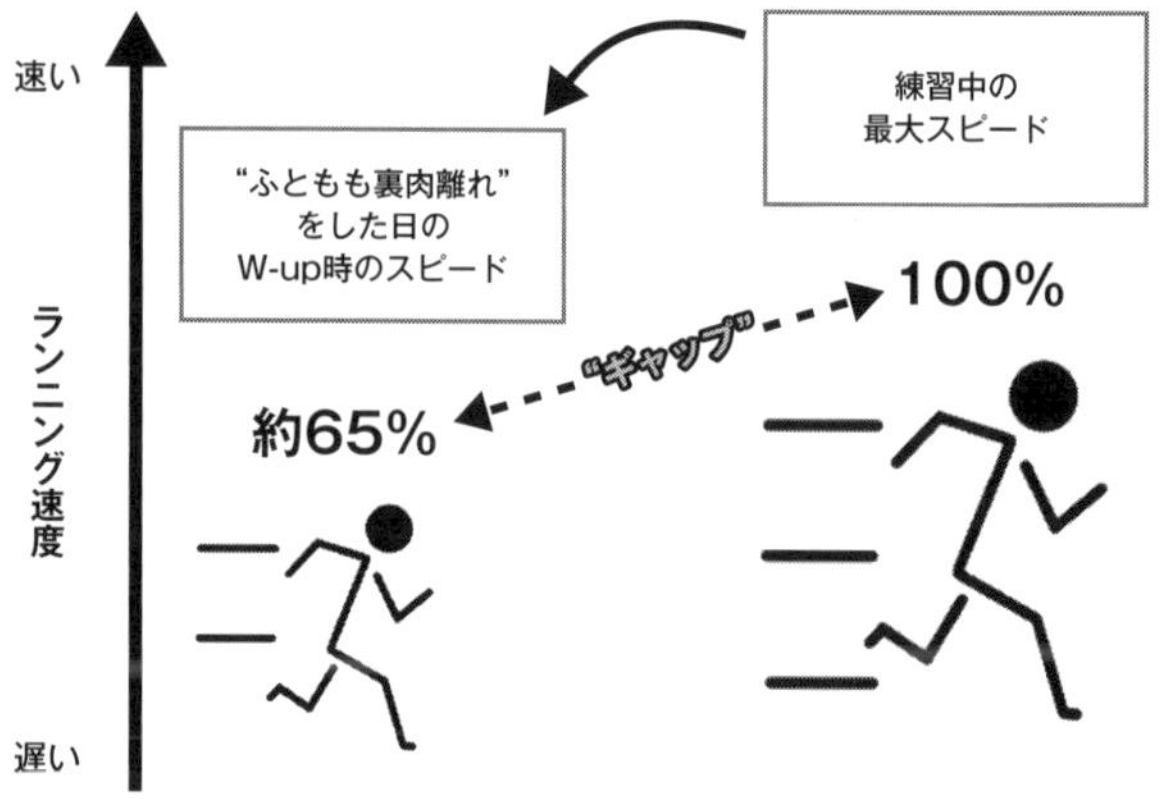

（太田・山本　2013一部改変）

図3　全力W-upと手抜きW-upの主観的なスピードの出やすさ

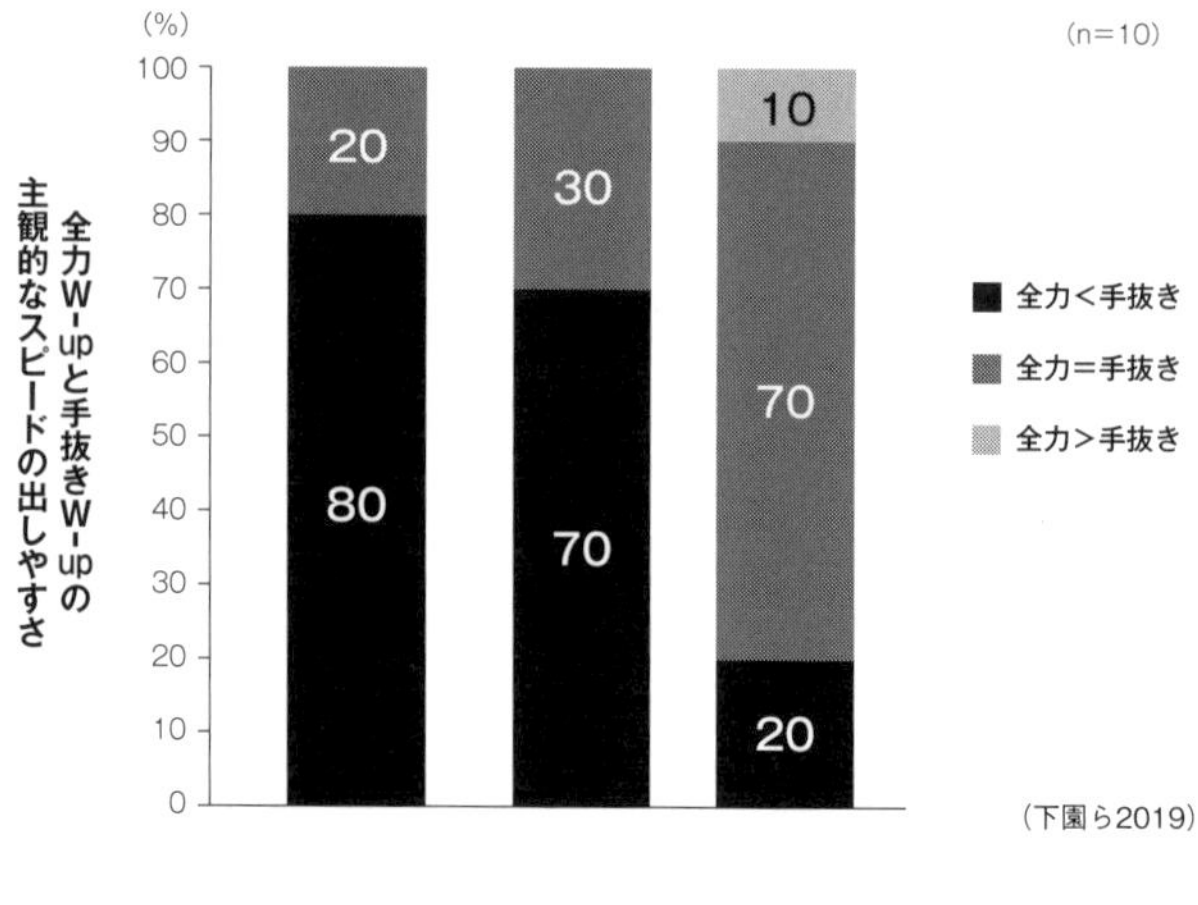

（下園ら2019）

中2人、逆に手抜きのほうが動きやすいと回答したのは10人中1人、残りは変わらないという結果が出ました。

なお、全力と手抜きのウォーミングアップと、その後の運動パフォーマンスを分析した結果、ランニングスピードや敏捷性において全力ウォーミングアップをしたほうが体は動かしやすい（とくに前半において）という結果も出ています。つまり、スピードリハーサルをしたほうが主観的にも客観的にも動きやすいため、野球に例えれば初回から選手が持っている力を最大限に発揮しやすくなるのです。

スピードリハーサルの効果に関しては、ご理解いただけたと思います。ただ、ウォーミングアップのメニューすべてを全力でやれという意味では決してありません。例えばダッシュを数本するならば、そのうちの1本でもいいのでトップスピードでやってみる。そうやって体に最大のスピードを経験させておくことが大切なのです。

全力でウォーミングアップをしたほうが試合で体が動かしやすい（とくに試合の前半）。

脳のウォーミングアップでパフォーマンス向上

ウォーミングアップといえば、試合や練習に向けて体をよりよい状態にすることだと、多くの方が認識されていると思います。代表的なウォーミングアップとして考えられるのは、筋肉の温度を高めること、柔軟性を高めること、心肺機能の循環を高めることではないでしょうか。

しかし、実はもうひとつ大切なものがあります。それは脳のウォーミングアップです。体を動かす指令を出すのが脳だと考えれば、脳から体への指令がスムースに行くために脳が活性化されなければなりません。そこで、本項では脳のウォーミングアップに着目して、その内容をご紹介していきます。

脳のウォーミングアップとは、ずばり適度な覚醒状態を保つことです。この「適度」というのが大切です。交感神経が強く働きすぎると、脳も覚醒しすぎて、それが過度の緊張につながってしまいます。一方、緊張していない状態を極端に表せば、副交感神経が強く働いている、つまりリラックスしている状態であり、これも最大限のパフォーマンスを発揮するのにいい状態とはいえません。したがって、交感神経と副交感神経のどちらも極端に強すぎない、適度な覚醒状態を保つことが脳のウォーミングアップとして考えるべきことなのです。ある脳生理学者は、適度な覚醒状態がいわゆる〝ゾーン〟と呼ばれるものではないかと発言しています（図1）。

この適度な覚醒状態に影響しているものは何かというと、セロトニンというホルモン物質の一種になります。これは別名「幸せのホルモン」と呼ばれ、適度な分泌が適度な覚醒を生み、心身のバランスを維持するために必要なものであると考えられています（図2）。つまり、脳が活動をしていない状態とは、セロトニンが分泌不足の状態であり、逆に脳が活動しすぎている状態とは、セロトニンが枯渇した状態にあるといえます（図3）。したがって、セロトニンを適度に分泌させることが、興奮しすぎでもリラックスしすぎでもない、適度な覚醒状態を作るキーワードになるのです。

セロトニンの分泌を促す方法はいくつか

図１　適度な覚醒状態を保つ

図2　心身のバランスを維持するセロトニン

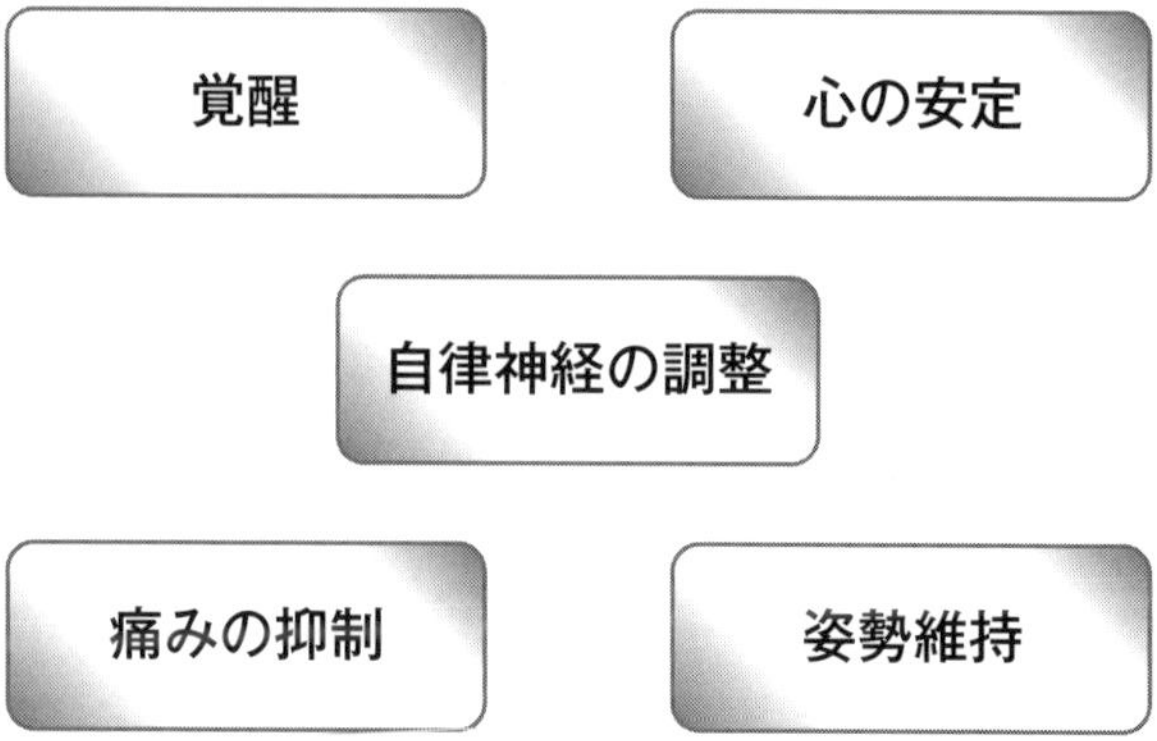

図3　脳のウォーミングアップ

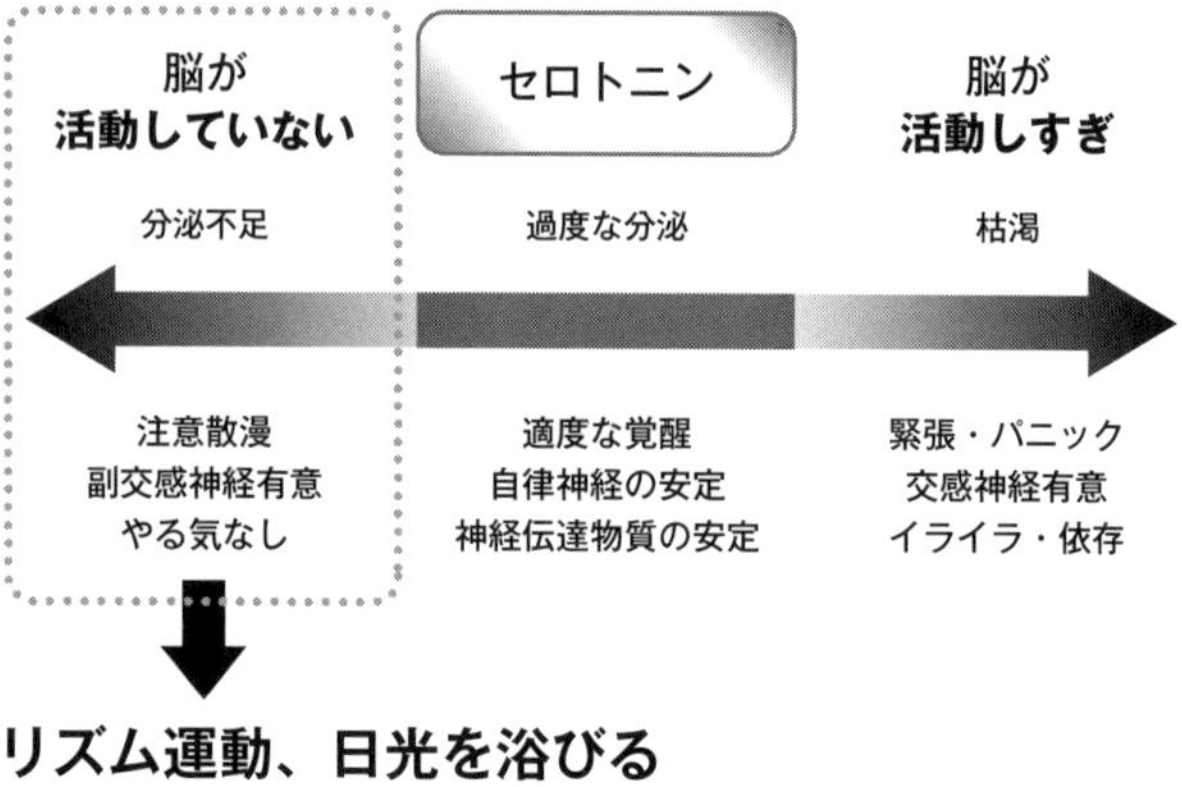

ありますが、ウォーミングアップとしておすすめなのは適度な日光浴とリズム運動です。日光浴とは、いわゆる太陽の光を浴びることですが、浴びすぎると逆に疲れてしまうので、朝の光ぐらいが望ましいと考えられています。

次にリズム運動とは、低強度のリズミカルな運動です。例えば、ラジオ体操やウォーキングもそれに該当します。いくらリズミカルな運動だとしても、あまりに激しい運動をしてしまうとセロトニンは適度に分泌されません。だからといって、低強度な運動をダラダラと実施することもよくありません。低強度な運動をリズミカルに、集中して短時間実施するのがポイントであることを忘れないでください(図4)。

近年では、プロ野球の数球団が試合前のウォーミングアップとして音楽に合わせたリズム運動を実施しています。まさしくこれは、脳のウォーミングア

図4　適度なセロトニンを分泌させるリズム運動

1．ルーティンな運動であること
2．高強度レベルの運動を長くやらないこと
3．複雑でないこと

集中・継続・適度

ップとしてセロトニンを分泌させる望ましい準備運動なのです。

低強度でのリズム運動は、継続して実施することが肝心です。なぜならば、リズム運動に慣れていないと、それがやったことのない動作であるため考えながらの運動となり、結果的に脳にとってはストレスになってしまいます。このような脳の状態では、適度なセロトニンの分泌にはなりません。したがって、低強度のリズム運動は、頭で考えなくても自然と体が動くようルーティン化して行うのがいいと思います。実際、セロトニンの分泌が適度に行われるようになるのに3カ月ぐらいを要するといわれていますから、試合直前に新たなリズム運動を実施するのではなく、先を見据えてある程度の期間、継続してリズム運動を実施することを心がけましょう。

野球は一球で局面が大きく変わるスポーツであり、だからこそ緊張感のある中で一つひとつのプレーに集中していかなければなりません。だからこそ、極度な覚醒状態よりも、冷静な判断のできる適度な覚醒状態を作ることが必要不可欠です。そのための手段のひとつとして、脳のウォーミングアップがあることを忘れないでください。

体のウォーミングアップだけでなく、脳のウォーミングアップも大切。脳のウォーミングアップとは、適度な覚醒状態を保つことであり、そのためには適度な日光浴とリズム運動が有効である。

ウォーミングアップ中のストレッチングのやりすぎに要注意

野球選手にとって、柔軟性の欠如は投球障害につながるため、ストレッチングをして最大限に可動域を広げることが、ウォーミングアップには求められます。

しかし近年、可動域を広げるために行われてきたスタティックストレッチング（静的ストレッチング）をウォーミングアップ中に行うことは、その後の運動パフォーマンスに悪影響をおよぼすという研究報告も一部でなされています。

そこで本項では、ウォーミングアップ中に行うべきスタティックストレッチングについて解説をします。

スタティックストレッチングとは、反動をつけずにゆっくりと対象部位を伸ばすストレッチング方法で、一般的には30〜60秒のストレッチングが推奨されています。

先述したように、ウォーミングアップ中のスタティックストレッチングは、その後の運動パフォーマンスを低下させるという研究報告が近年なされています。その理由は、筋肉をゆっくりと伸ばすことで緩みすぎてしまい、ジャンプなどのハイパワーな運動をする際に素早い筋収縮を妨げてしまうからだと考えられています。

しかし、実際の現場ではスタティックストレッチングをした直後にジャンプや全力疾走などをする機会はほとんどありません。したがって、こういった研究結果が必ずしも実際の現場に当てはまるとはいえません。

また、スタティックストレッチングと運動パフォーマンスとの関係について分析してみると、運動パフォーマンスが低下しているという報告ではストレッチング時間が1部位30秒以上行っているのに対して、運動パフォーマンスが低下していない報告の場合は1部位30秒未満となっています。

さらに、図1のようにストレッチング時間を変えた研究結果を見ると、ストレッチング時間が30秒未満であれば筋力発

図1　スタティックストレッチの伸張時間の違いが筋力におよぼす影響

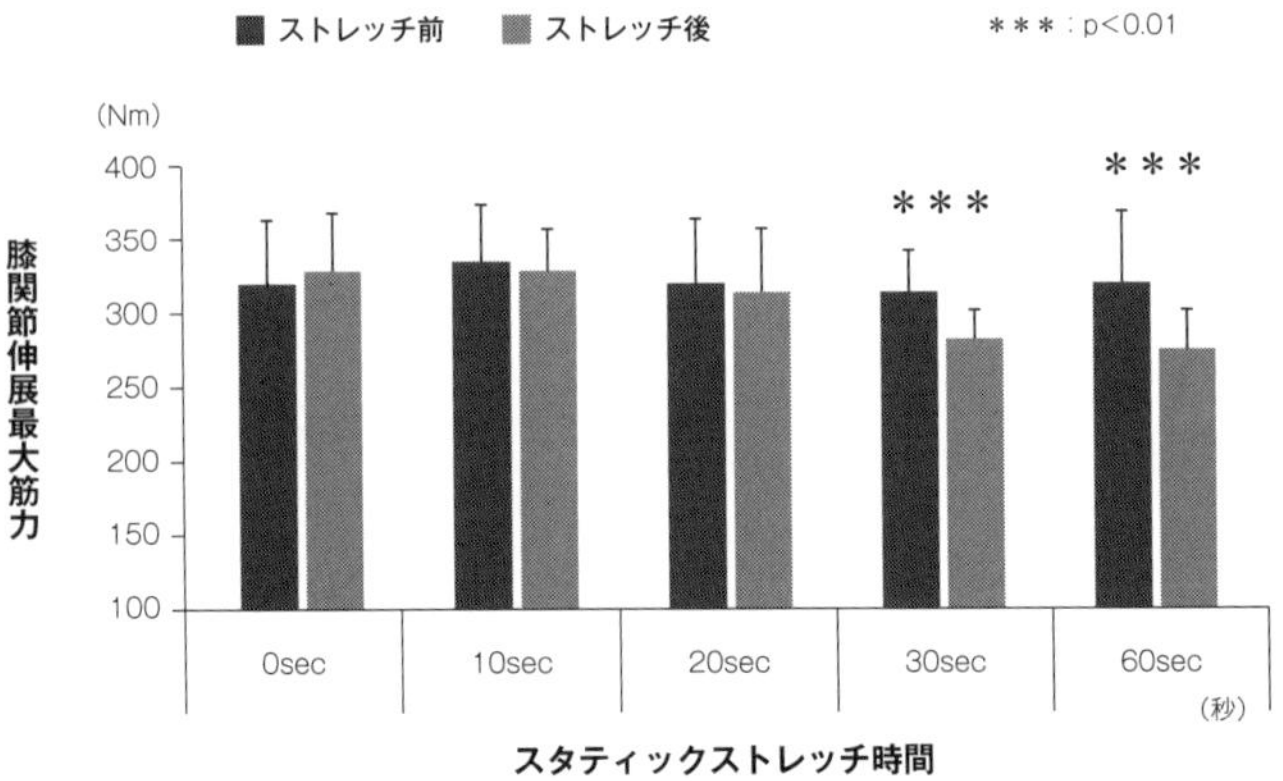

（SiatrasTA et al. 2008より引用一部改変）

揮に差はありませんが、30秒以上になるとストレッチング後に筋力が低下してしまっていることがわかります。

これらの研究結果から、ウォーミングアップ中に行うスタティックストレッチングは、1部位に対して30秒以下で行うことが、運動パフォーマンスを向上させる上では望ましいといえるでしょう。

以上を踏まえて、ウォーミングアップ中にストレッチングを実施する場合には、「スタティックストレッチングを用いて可動域を広げる→広げた可動域で十分な筋収縮ができるようダイナミックストレッチング（動的ストレッチング※次項で詳述）をして動きやすい体を作る→投球動作やバッティングをイメージしたような専門的なウォーミングアップや競技関連動作への導入を行う」というのが、現時点での理想的な方法のひとつだと思います。

スタティックストレッチングをウォーミングアップ中に行うなら1部位に対して30秒以下がおすすめ。

各種ストレッチを活用し、パフォーマンスアップ！

ストレッチングは、誰でも簡単に行えるコンディショニング方法ですが、各ストレッチングの効果およびその目的について、みなさんは正しく認識して実施していますか？　本項では、知っているようで知らなかった各種ストレッチングの基本と活用法についてご説明していきます。ストレッチングを実施するにあたり、まずは知っておかなければならない基礎知識。それは、それぞれの効果です。

ストレッチングの効果には一次効果と二次効果があり、そのふたつが合わさることで障害の予防になったり、柔軟性を向上させたりします。

ストレッチングの一次効果とは、筋が伸ばされることによって生じる体反応のことです。この一次効果は、血流促進、筋の緊張緩和、神経・筋の調整がよくなることなどが挙げられます。そしてこれらの効果に続く二次効果が、傷害予防、柔軟性向上、ウォーミングアップの補助、クーリングダウン（疲労回復）となるのです（図1）。

ただし、ストレッチングにはさまざまな種類があります。前項で述べた「スタティックストレッチング」は、自分自身で行うセルフストレッチと2人組で行うパートナーストレッチとに分けられます。このストレッチングは、反動を付けずに行う方法になります。具体的には、筋が最大限に伸ばされる位置（気持ちいい範囲）で一定時間保持する方法になります。長所は安全に柔軟性を向上させられることですが、その一方、短所として前項で触れたように、長時間のストレッチングは最大筋力やパワー発揮の妨げになってしまう可能性もあることが挙げられます。

　関節を曲げたり伸ばしたりしながら、筋を伸ばすストレッチングを「ダイナミックストレッチング」と呼び、これは動きを伴う柔軟体操といってもいいでしょう。このダイナミックストレッチングは、伸ばしたい筋の裏側（反対側）に該当する筋を意識的に縮めることで、伸ばした

図1　筋を伸ばすこと（ストレッチング）による一次効果と二次効果

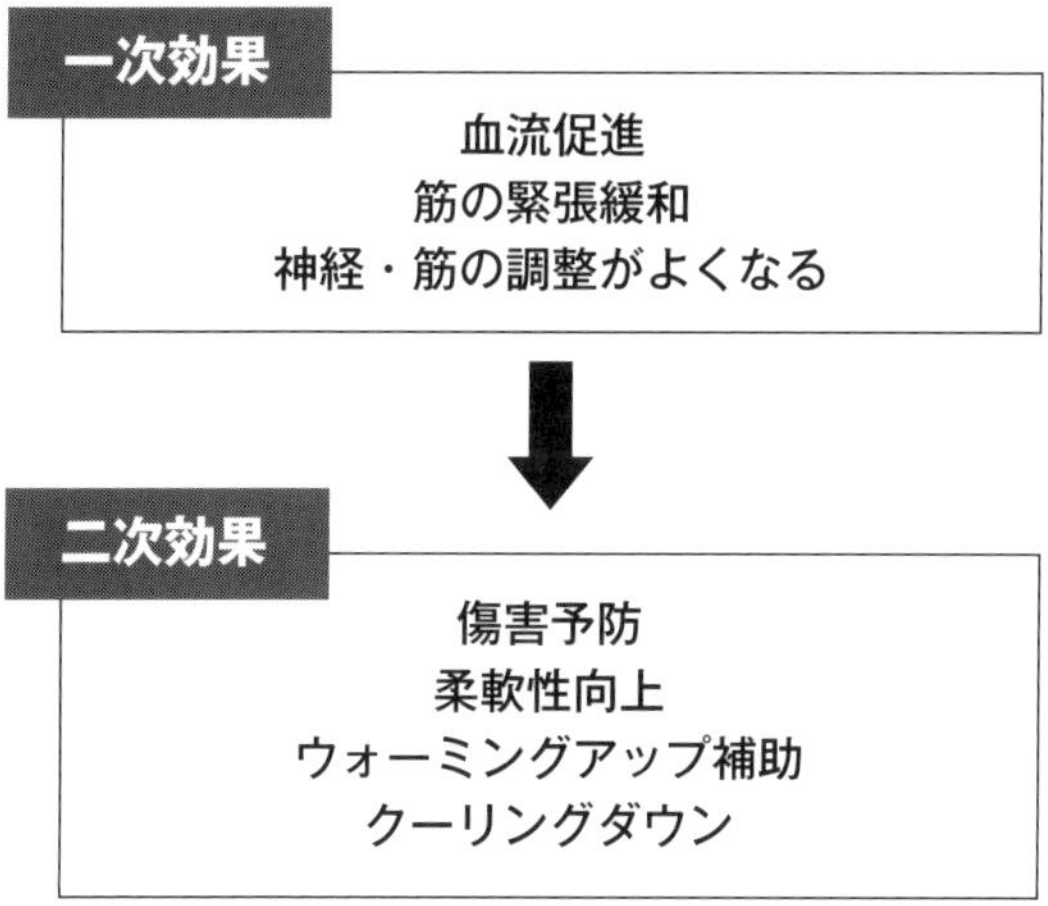

い筋を緩めるというメカニズム（相反性神経支配）を利用したストレッチングです（最近では、アクティブストレッチとも呼ばれています）。

　また、ダイナミックストレッチングの一種に、反動を付けて動きながら素早く最大可動範囲まで動かす「バリスティックストレッチ」といわれるものもあります。これらのダイナミックストレッチングは主運動に近いため、ウォーミングアップで実施することが望ましいと考えられています。一方、正しいやり方をしなければ十分な効果が期待できず、また、やり方を間違えればケガにつながってしまう恐れもあるため、正しい知識がとても重要となるストレッチングです。

図2　ストレッチングの分類

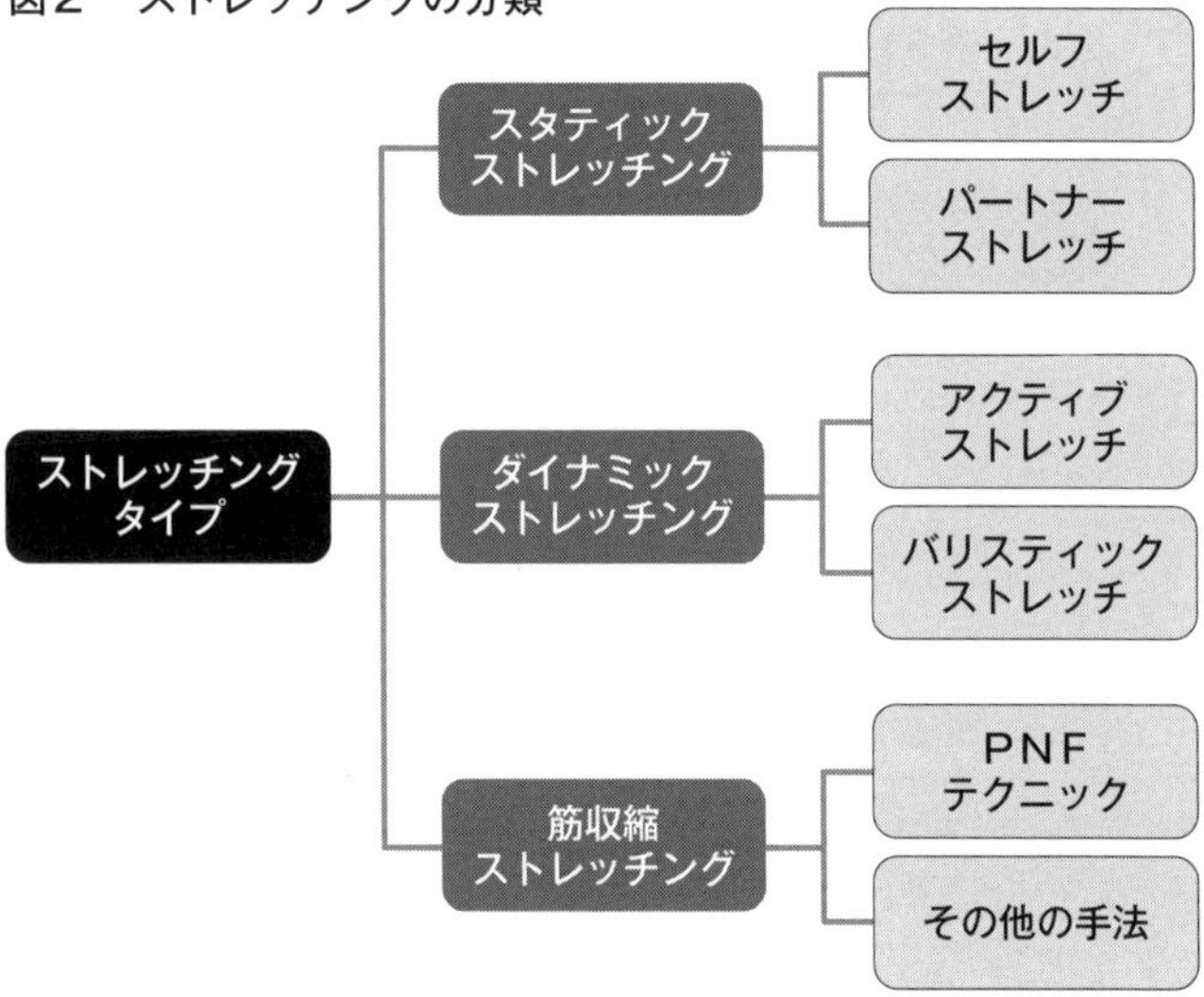

（page 2012より一部改変）

そしてもうひとつ、パートナーの協力を得て筋を収縮しながら行う「筋収縮ストレッチング（PNFストレッチング）」があります。これには関節の角度を変えずに行う「アイソメトリック法」と、関節の角度を変えながら行う「アイソトニック法」があります（図2・3）。この方法は2人組の両者に知識と技術が必要であるため、むやみにやるのは危険です。

ここまで説明してきたように、各ストレッチングにはそれぞれに特徴があります。ですから、目的に応じて各種ストレッチングを使い分けることが重要です。

では、具体的にどのような場面でそれぞれのストレッチングを実施するの

図3　各種ストレッチング

表1　各種ストレッチングの長所と短所

ストレッチング種類	具体的なストレッチング	長所	短所
スタティックストレッチング	セルフストレッチ	安全に効果的な柔軟性改善が期待できる	ウォーミングアップにおいてひとつの部位に対して長時間のストレッチング（30秒以上）をすると筋力やパワー発揮低下につながる
	パートナーストレッチ	2人組で行うことで、1人では伸ばし切れない場所や範囲まで筋を伸ばすことが可能であり、大きな柔軟性改善が期待できる	ウォーミングアップにおいてひとつの部位に対して長時間のストレッチング（30秒以上）をすると筋力やパワー発揮低下につながる
ダイナミックストレッチング	アクティブストレッチ	スタティックストレッチングでは伸ばしにくい筋に対する柔軟性改善が可能であり、大きな柔軟性改善が期待できる	筋を縮める場所と伸ばす場所の正しい理解と適した方法を実施しないと十分な効果が期待できない
	バリスティックストレッチ	反動を付けたストレッチングをウォーミングアップで実施することで、筋が素早く動きやすくなり、円滑な主運動実施の補助となる	反動を付けすぎてしまうと、筋が逆に緊張（硬く）してしまい、柔軟性が低下する。最悪は筋を痛めてしまう
筋収縮を加えたストレッチング	アイソトニック法	柔軟性改善とともに、筋が素早く動きやすくするためのサポートになるので、ウォーミングアップとして期待できる	熟練したパートナーによる抵抗を加えたストレッチングではない場合、逆に筋が硬くなったり、痛めたりしてしまう
	アイソメトリック法	大幅な柔軟性改善が期待できる	柔軟性改善が主目的であるため、ウォーミングアップにはあまり適していない。また熟練したパートナーによる抵抗を加えたストレッチングではない場合、逆に筋が硬くなったり、痛めたりしてしまう

表2　各場面における各種ストレッチング実施場面

ストレッチング種類	具体的なストレッチング	ウォーミングアップ	クーリングダウン	傷害予防	柔軟性向上
スタティックストレッチング	セルフストレッチ	○ ＊1部位30秒以内	◎	○	○
	パートナーストレッチ		◎	○	◎
ダイナミックストレッチング	アクティブストレッチ	◎		○	○
	バリスティックストレッチ	◎ ＊いきなりやらない			
筋収縮を加えたストレッチング	アイソトニック法	◎ ＊いきなりやらない		○	
	アイソメトリック法	○			◎

がいいのでしょうか。表1に、各種ストレッチングの長所、短所について記しました。具体的なストレッチング実施場面については表2をご参照ください。

ここまでの情報を参考に、どのストレッチングをどの場面で活用するかを考えながら実施していきましょう。もちろん、各場面でひとつのストレッチングしかやってはいけないわけではありません。スタティックストレッチングをしてから、ダイナミックストレッチやバリスティックストレッチをしていくやり方でも構いません。それぞれのストレッチングの長所、短所を理解して活用すれば、それが大きなパフォーマンス力につながっていくのです。

ストレッチングにはいろいろな種類があり、それぞれに特徴がある。目的に応じて各種ストレッチングを使い分けることが重要である。

柔軟性を高めるためのひと工夫

「体を柔らかくするにはお風呂上がりがいい」という話をよく耳にします。みなさんも筋を温めたほうが、体が柔らかくなることを実感されていることと思います。では、どの程度筋肉を温めてからストレッチングをするのがいいのでしょうか。この点について、筋温を計測しながら、ストレッチングを実施した結果をご紹介します。

筋肉を温めてからストレッチングを行った実験内容を図1に示しています。対象は、健常な体育大生のふくらはぎとし、その対象者にストレッチングのみの場合（何もなし）、1℃筋温を上昇させてからストレッチングをした場合（H1）、2℃筋温を上昇させてから行った場合（H2）、3℃筋温を上昇させてから行った場合（H3）の4パターンでの実験を行いました。ふくらはぎの温め方は、治療院で腰などを温める際によく使用されるホットパックを用いました。なお、ストレッチングは30秒です。柔軟性測定は足関節（足首）がどれだけ曲がるか（荷重位背屈角度）を計測しています。

結果は図2になります。何もなしよりもH2、H3のほうが明らかに柔軟性の改善幅は大きくなりました。この結果から、筋温を安静時よりも3℃上昇させてからストレッチングをしたほう

図１　筋を温めてから行うストレッチの実験内容

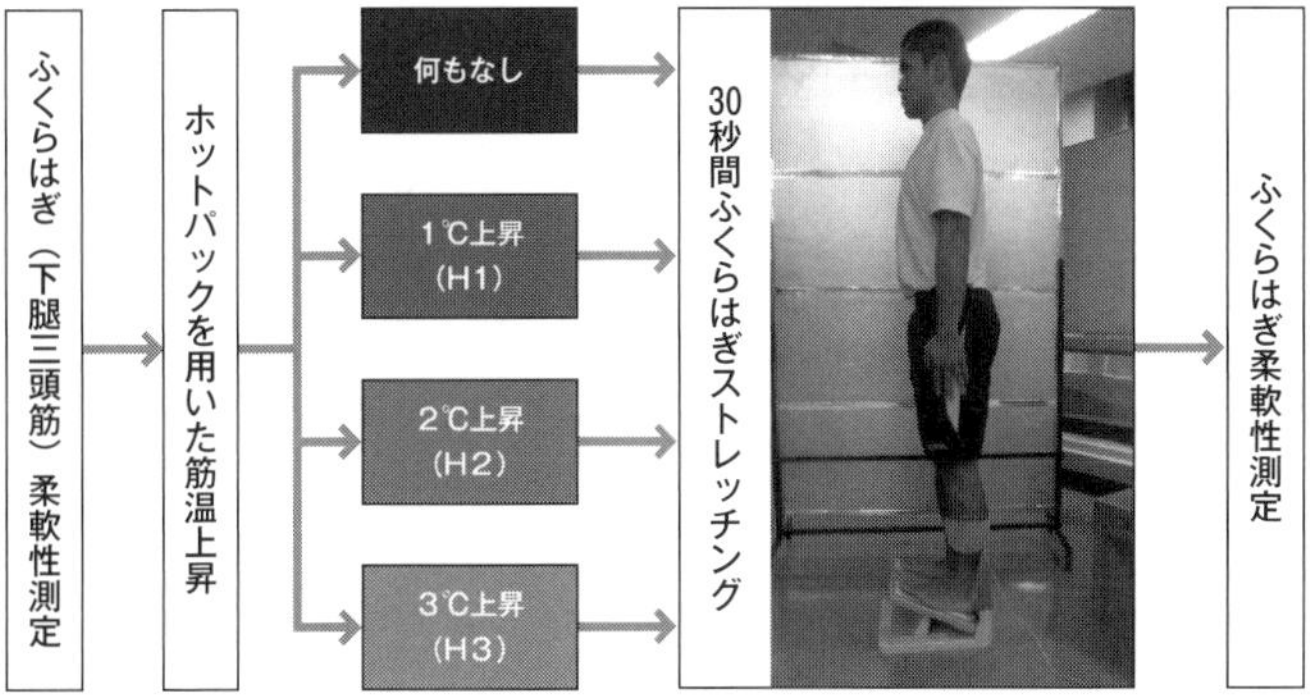

図２　筋肉を何度温めてからスタティックストレッチングをすると効果的なのか？

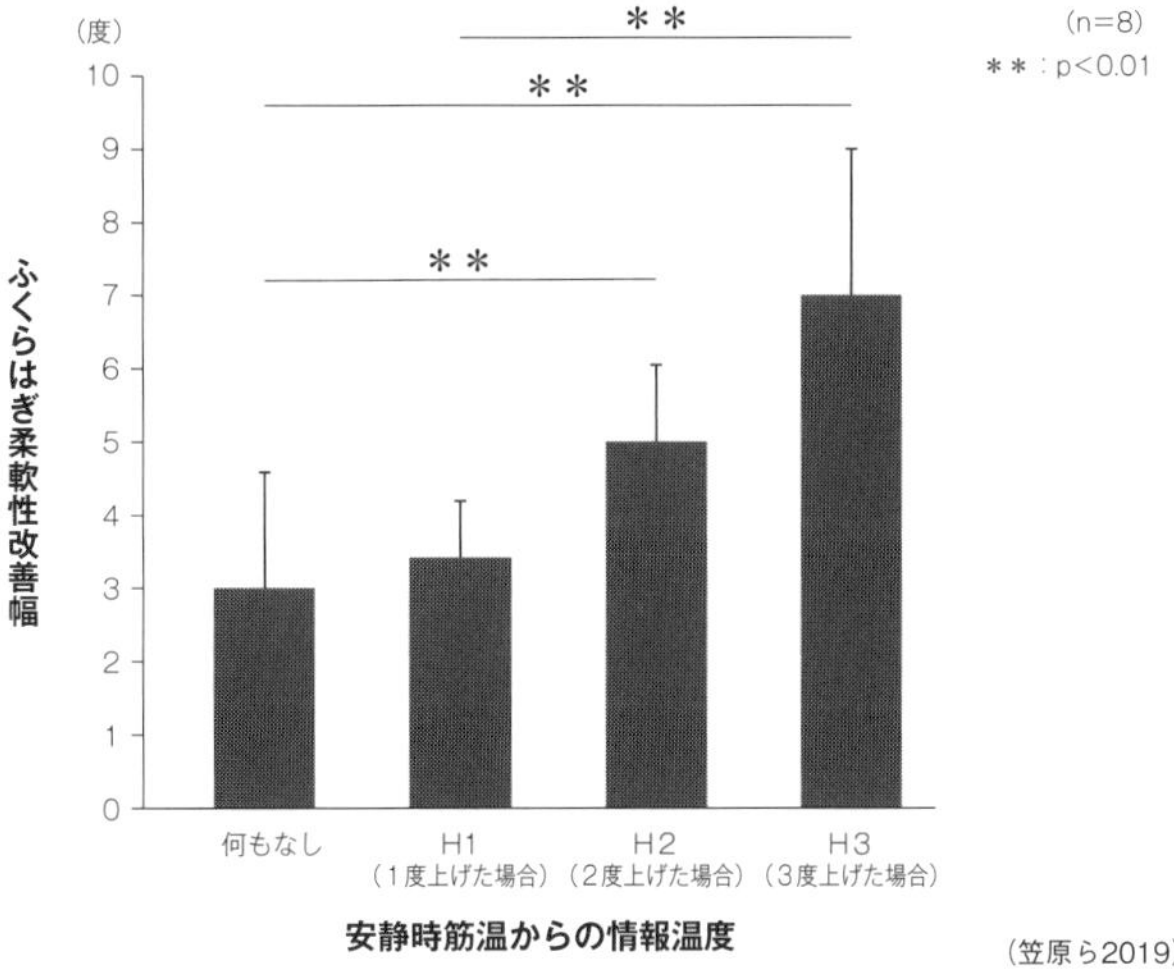

（笠原ら2019）

が柔軟性は改善しやすいということがわかります。ただし、何もなしとH1では差がありません。つまり、1℃上昇させたぐらいでストレッチングを実施したとしても、温めた効果はあまり期待できないということです。

ちなみに、筋温を2℃上昇させるためには約10分、3℃上昇させるためには約15分かかっています。ここまでの結果から、柔軟性を上げるには筋温を上昇させるために何らかの方法（入浴やジョギング）を用い、10〜15分かけて体を温めてからストレッチングを行うのがいいようです。

また、野球選手にとって股関節の柔軟性は重要なポイントです。そこで、水の特性を利用した水中での股関節のストレッチング方法、並びにその効果について、実験結果をもとに解説します。

実験内容は図3に示してありますが、対象は野球投手の股関節としています。この対象者が水中運動+水中ダイナミックストレッチングを実施した前後での、股関節の柔軟性と主観的な股関節の動きやすさを調べました。

水中でのダイナミックストレッチングでは、水の粘性抵抗が体の動きに影響します。みなさんも経験があると思いますが、水の中で速く体を動かそうと思ってもできず、一定の速度で動くことしかできません。

水中で行うダイナミックストレッチングでは、この水の粘性抵抗を利用します。例えば、足を前に振り上げる動作をした場合には、地上で行うよりもふとももの前側に力が入り、その反対側のふとももの後ろ側は弛緩します。こういった水の抵抗力を逆に利用して、股関節の柔軟性を上

図3　水中でのストレッチング実験内容

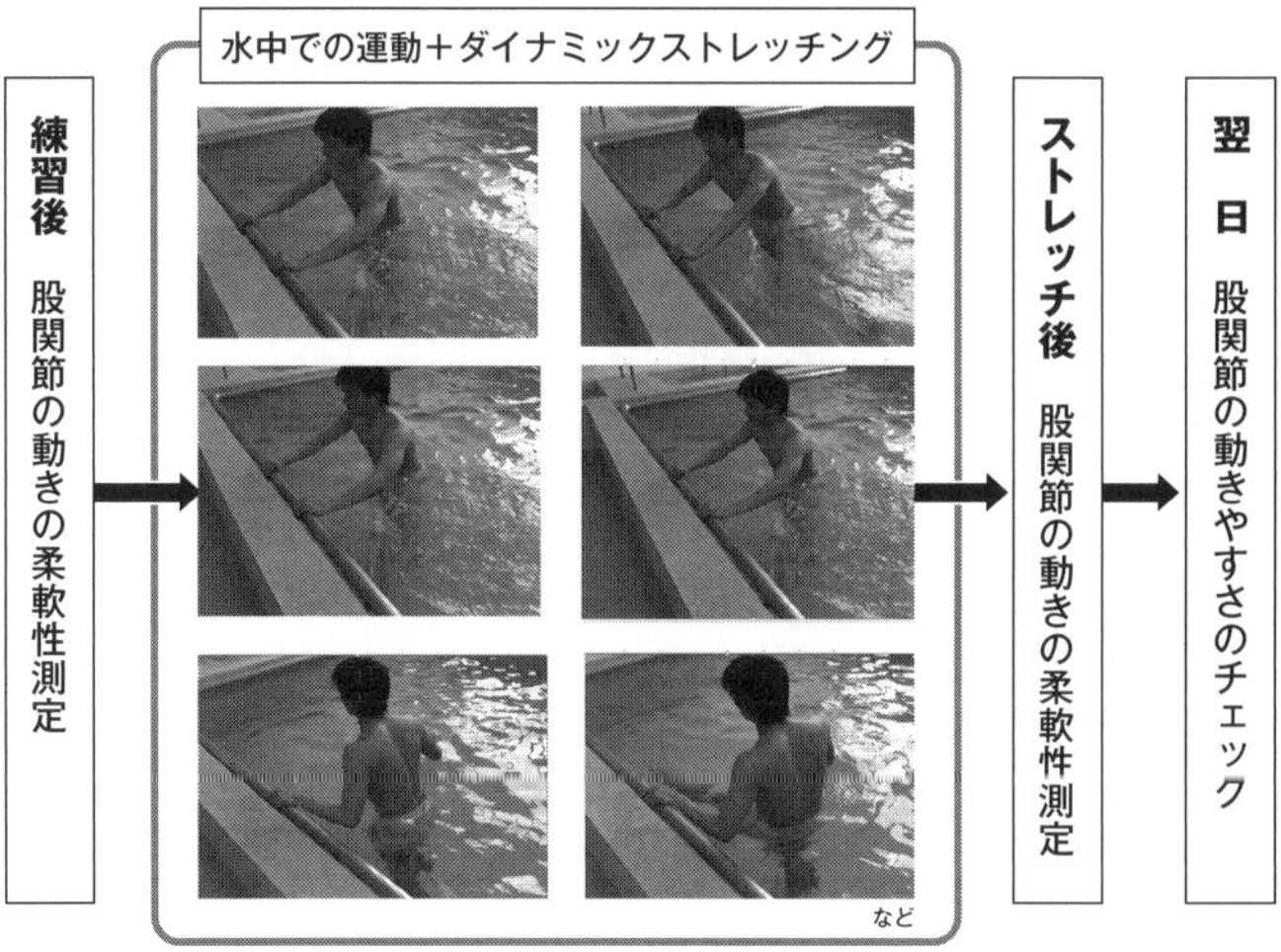

図4　投手を対象とした水中でのストレッチング前後の違い

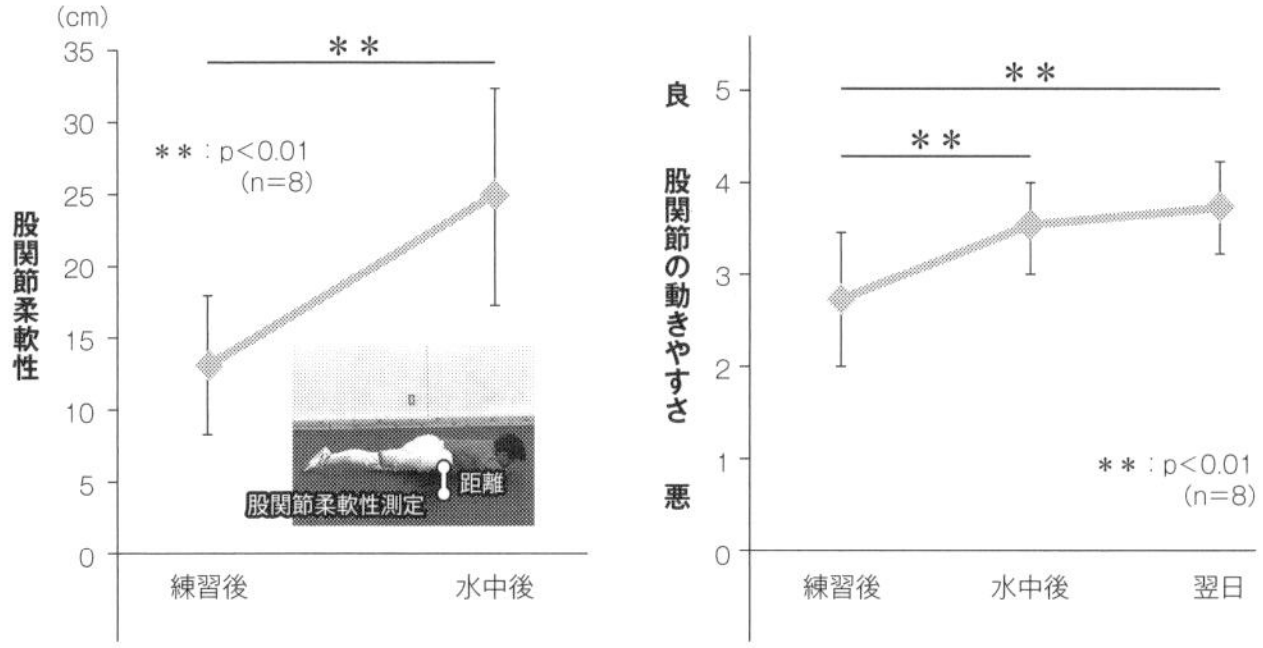

げていくわけです。

結果は図4になります。水中でのストレッチング前より後のほうが股関節の柔軟性改善があり、主観的にも改善された感覚が翌日まで維持されている結果になりました。

股関節は球関節ですから、いろいろな方向に動き、その分さまざまな筋に影響します。しかし、野球選手は股関節のストレッチングというと、座った状態で両足の裏を合わせて股関節を開くようなストレッチングしかしないのをよく目にします。そこで、水中であらゆる方向に動かすストレッチングを行えば、股関節まわりすべての筋の柔軟性を高めることが可能になります。具体的には、プールなどを使って水中でのストレッチングを実施するのがポイントです。

入浴やジョギングで筋温を上昇させてからストレッチングを行うと効果が高まる。股関節まわりの柔軟性を高めるには水中ストレッチング。

向上した柔軟性を維持するために必要なこと

「柔軟性を高めるためにはどうするか?」といった情報は数多くありますが、ストレッチングによって改善した柔軟性を長く維持するためには、どのぐらいの頻度でストレッチングを続ければいいのかという点についてはあまり明らかになっていません。

そこで、ストレッチングで得た柔軟性改善効果を維持するためには、どの程度の頻度でストレッチングを実施していくべきなのか。それを実験して調べたことがあります。

健常な体育大生24名(年齢20・2±1・0歳、身長167・0±7・7㎝、体重67・4±17・0㎏)を対象に、ふくらはぎに2種類のストレッチングを4週間、毎日20秒間実施しました。その後、週3回ふくらはぎをストレッチングする群(週3回群)、週1回ストレッチングする群(週1回群)、ストレッチングしない群(コントロール群)の3群に分けて、4週間後の柔軟性の変化について調査しました(図1)。なお、評価項目は足関節背屈角度(ふくらはぎの柔軟性)としました。

まず、20秒間のストレッチングを毎日、それを4週間続けることで、明らかに足首の角度の改善が見られました。それがその後、ストレッチング頻度の違いによってどう変化したのかを示したのが図2になります。週1回群とコントロール群は、ストレッチング後に比べて明らかな柔軟性の低下が見られました。一方、週3回群においては、4週間を経過しても明らかな足首の角度の低下は見られませんでした。得られた柔軟性は、週1回ぐらいのストレッチングでは維持されず、柔軟性を維持するためには週3回はストレッチングを実施することが望ましいということがわかりました。

　柔軟性維持に関する唯一の先行研究では、「6週間のストレッチングにより柔軟性は向上したが、4週間のストレッチング中止によって柔軟性は元のレベルまで戻っ

図1　実験デザイン

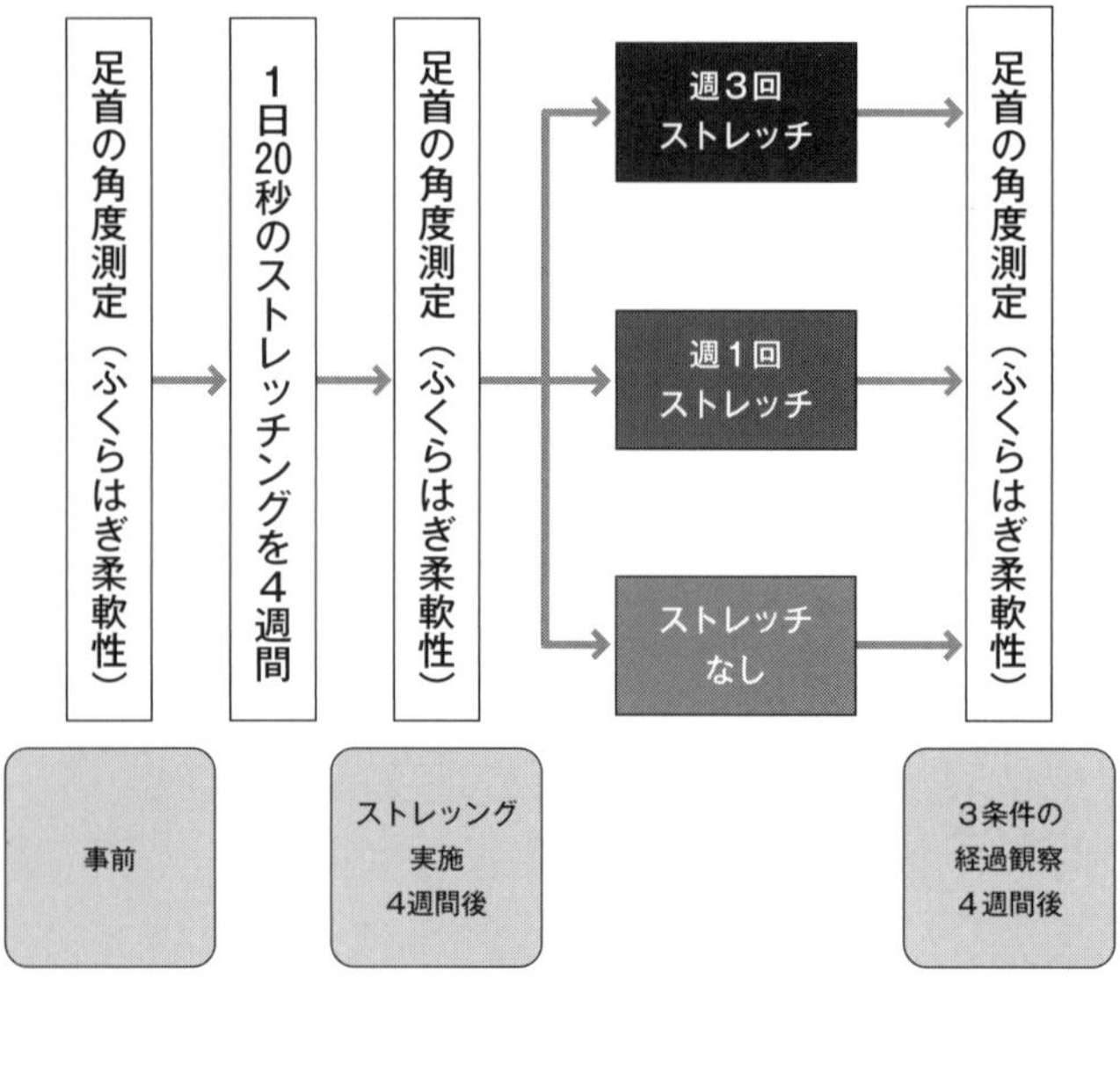

た」という結果になっています。

私たちの調査では、ストレッチング前の状態にまではいたっていませんが、週1回群とコントロール群はある程度、元の状態に近づいてしまっています。トレーニングで得られたものが元の状態に戻ることを「ディトレーニング」といいます。このディトレーニングについては筋力トレーニングや持久力トレーニングだと多くの研究がされており、その研究結果を整理してみると、おおよそトレーニングをした期間と同程度のトレーニング中止期間があると、せっかく鍛えた体力が元の状態に戻ることがわかっています。

図2　柔軟性維持のために必要なストレッチング頻度は？

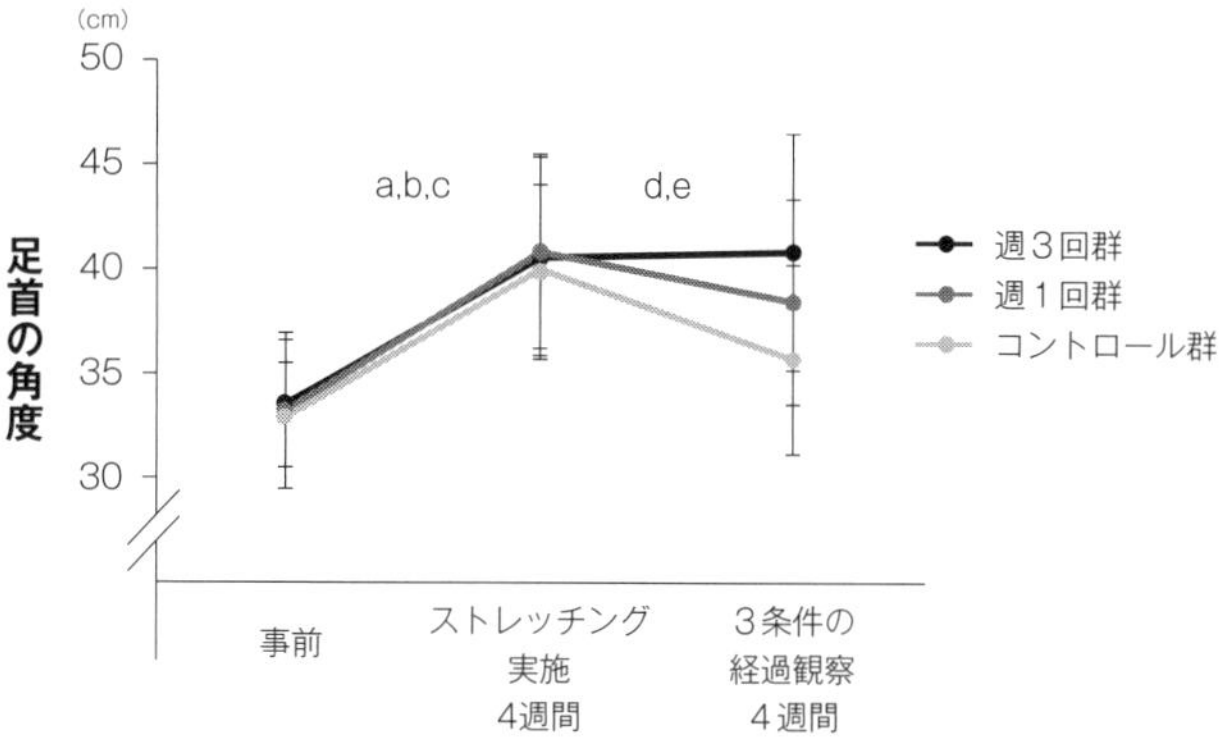

a　週3回群の事前からストレッチング4週間後に有意な向上あり（p＜0.01）
b　週1回群の事前からストレッチング4週間後に有意な向上あり（p＜0.01）
c　コントロール群の事前からストレッチング4週間後に有意な向上あり（p＜0.01）
d　週1回群の4週間後からディストレッチング4週間後に有意な低下あり（p＜0.01）
e　週2回群の4週間後からディストレッチング4週間後に有意な低下あり（p＜0.01）

これらの結果から、得られた柔軟性を維持するためには、ある程度の頻度でストレッチングを実施していかなければならないことはおわかりいただけたと思います。

筋力と同様、柔軟性も骨格筋の変化を示すものなので、それを維持するためにはそれなりの時間や取り組みを継続していかなければなりません。コンディショニングを保つためには、日々の地道な積み重ねが大切なのです。

柔軟性を維持するためには、
週3回はストレッチングを実施することが望ましい。

投球障害肩予防を目的とした肩関節柔軟性測定方法

野球選手、とくに投手は肩に投球障害を負ってしまう選手が少なくありません。そこで本項では肩の投球障害予防および改善を目的とした、肩関節の柔軟性チェック方法についてご紹介していきます。

私たちになじみの肩の柔軟性測定方法として、関節可動域測定（肩がどのくらい動くか）があります。さまざまな研究などから、肩の動く範囲が低下すると投球障害になりやすいことが明らかになっています。しかし、肩の動く範囲を見る可動域測定は、限られた時間で多くの選手を評価するのが難しく、測定者の熟練度も求められます。

そこで本項では、誰にでもできる簡単な肩の柔軟性簡易テスト「指椎間距離測定（Finger vertebral distance　※以下ＦＶＤ）」をご紹介します。

図１で示したのがＦＶＤによる測定方法です。この測定は熟練者でも未熟練者でもできる測定で、信頼性と客観性のある測定方法であることを確認しています。

測定方法はまず、選手が首を前に曲げ、測定者は選手の首の骨を頭側から背中に沿って触っていきます。すると、ポコッと隆起した骨（隆椎）に触れることができます。これが測定のランドマーク（起点）となる第7頸椎です。ここを基準（0cm）として、測定する肩関節を外から挙上（外転）させていき、肘を曲げて母指を背骨に合わせます。最大限まで下に動かした時のランドマークから母指までの距離を計測します。これをFVD（上）とし、数字が大きいほうが柔軟性に優れていると判断します。

次は計測する腕を背中側に回します。背中側に回した手の母指を背骨に沿わせて、できる限り首のほうへ動かしていきます。その際のランドマークから母指までの距離を計測します。これをFVD（下）とし、数字が小さいほうが柔軟性は優れていると判断されます。

高校野球選手95人を対象に、肩に痛みを有する場合（軽度と重度）とそうでない場合（健常者）で比較検討した結果、健常者より

図1　指椎間距離（Finger Vertebral Distance）（FVD）測定

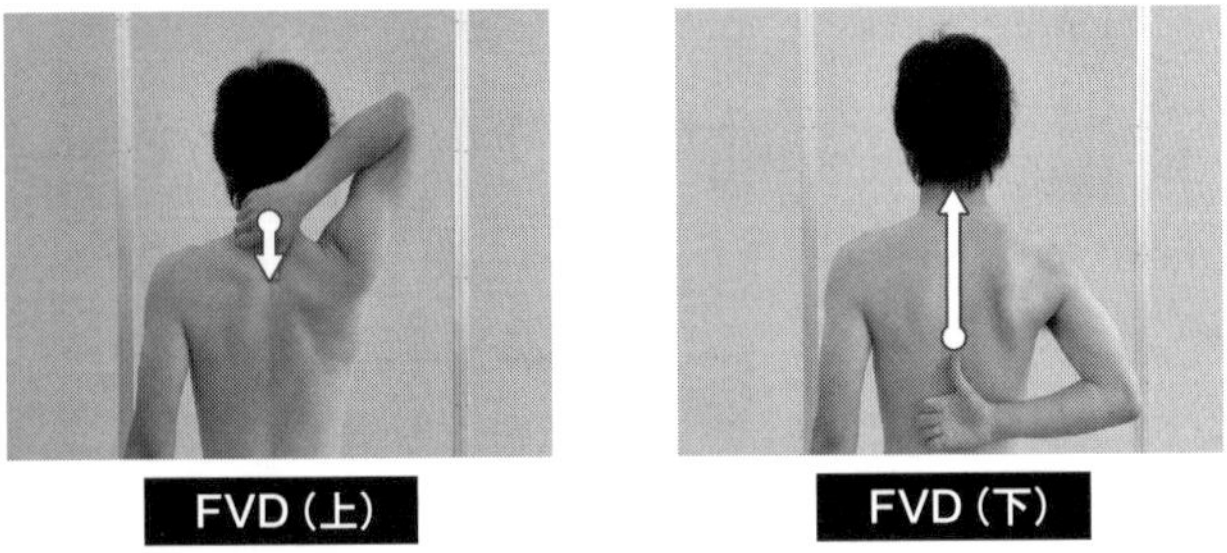

FVD（上）は、肩関節を外転、外旋し、肘関節を屈曲させ、母指を背骨に沿わせた際の、第7頸椎から母指までの距離（矢印：cm）とした。
FVD（下）は、肩関節を伸展、内旋し、肘関節を屈曲させ、母指を背骨に沿わせた際の、第7頸椎から母指までの距離（点線矢印：cm）とした。

＊第7頸椎（首で最も隆起している骨）
→頭から背中に沿って背骨を触っていった時に最初に触る大きな出っ張った骨

も軽度な痛み・重度な痛みを有する選手のほうが明らかにＦＶＤ（上）は数値が小さくなり、ＦＶＤ（下）は数値が大きくなりました。つまり、このＦＶＤ測定値が劣ると、ケガを引き起こす可能性が高いということになります（図2）。

なお、ＦＶＤ（上）は肩甲骨の位置や肩を挙上することに関係するため、広背筋、上腕三頭筋の柔軟性が影響し、ＦＶＤ（下）は肩を内旋することに関係するため、小円筋、大円筋、棘下筋など肩の後ろ側の柔軟性に影響してきます。したがって、ＦＶＤ（上）の柔軟性低下がある場合には体側から二の腕の部位、ＦＶＤ（下）の柔軟性低下がある場合には、胸まわりと肩の後ろ側のストレッチング（図3）をすることが有用になります。

ＦＶＤ値の基準値を決めることは容易では

図2　肩のスポーツ障害の有無における肩関節の柔軟性

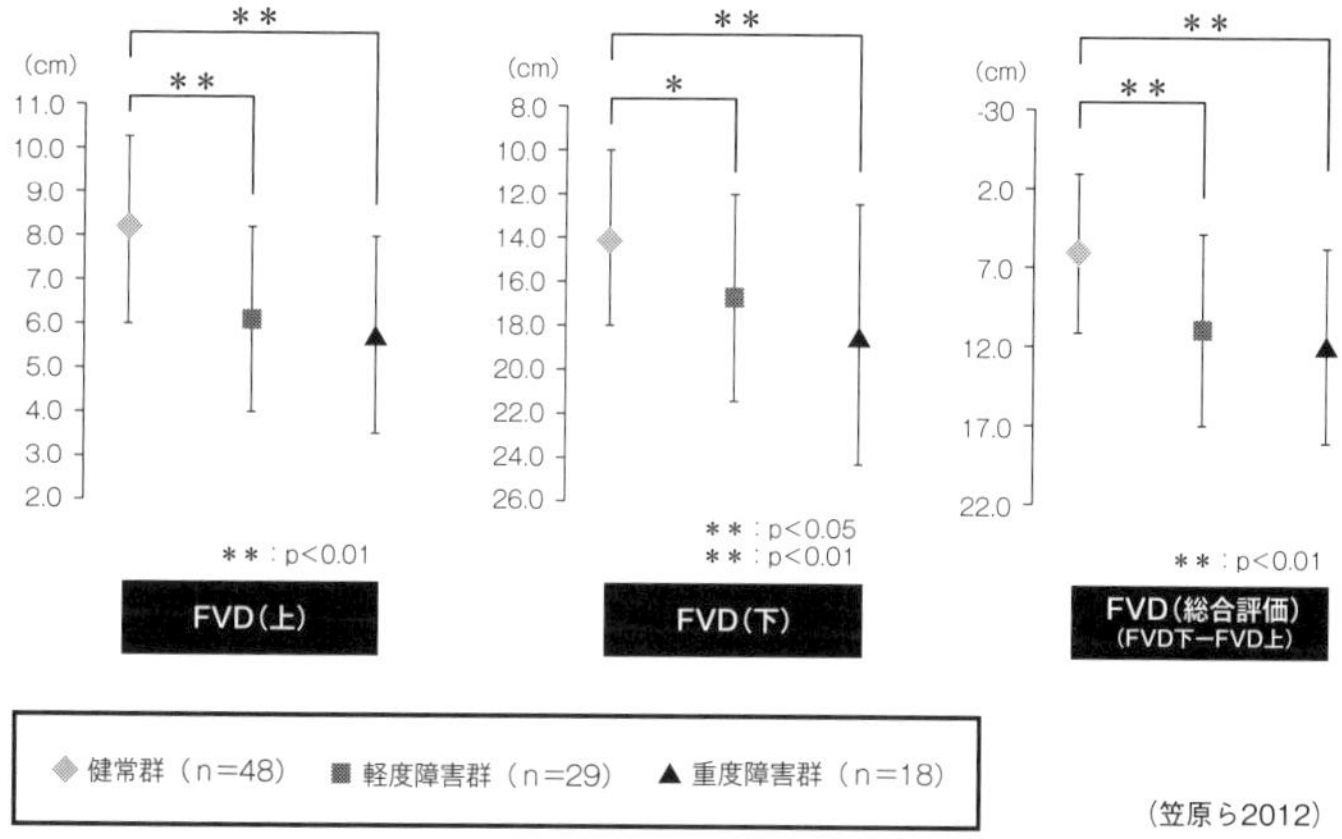

（笠原ら2012）

図3　FVD（上・下）が劣る者へのストレッチング方法

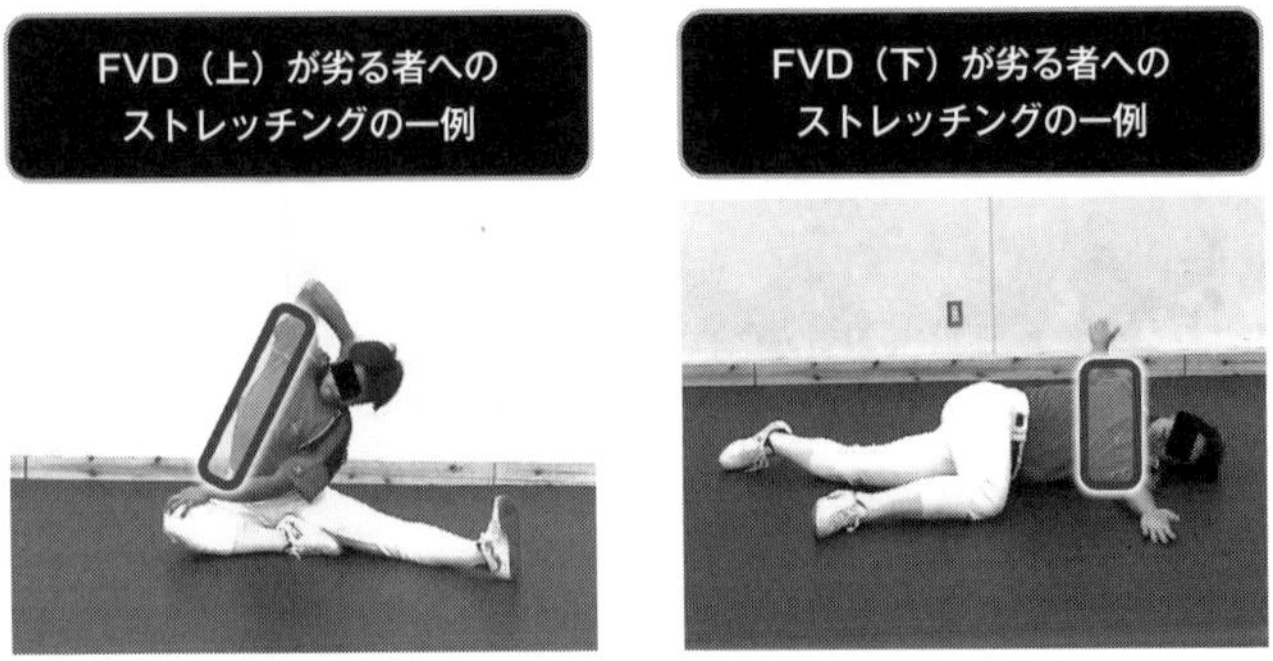

図4　重度の投球障害肩にならないＦＶＤ測定値の目安

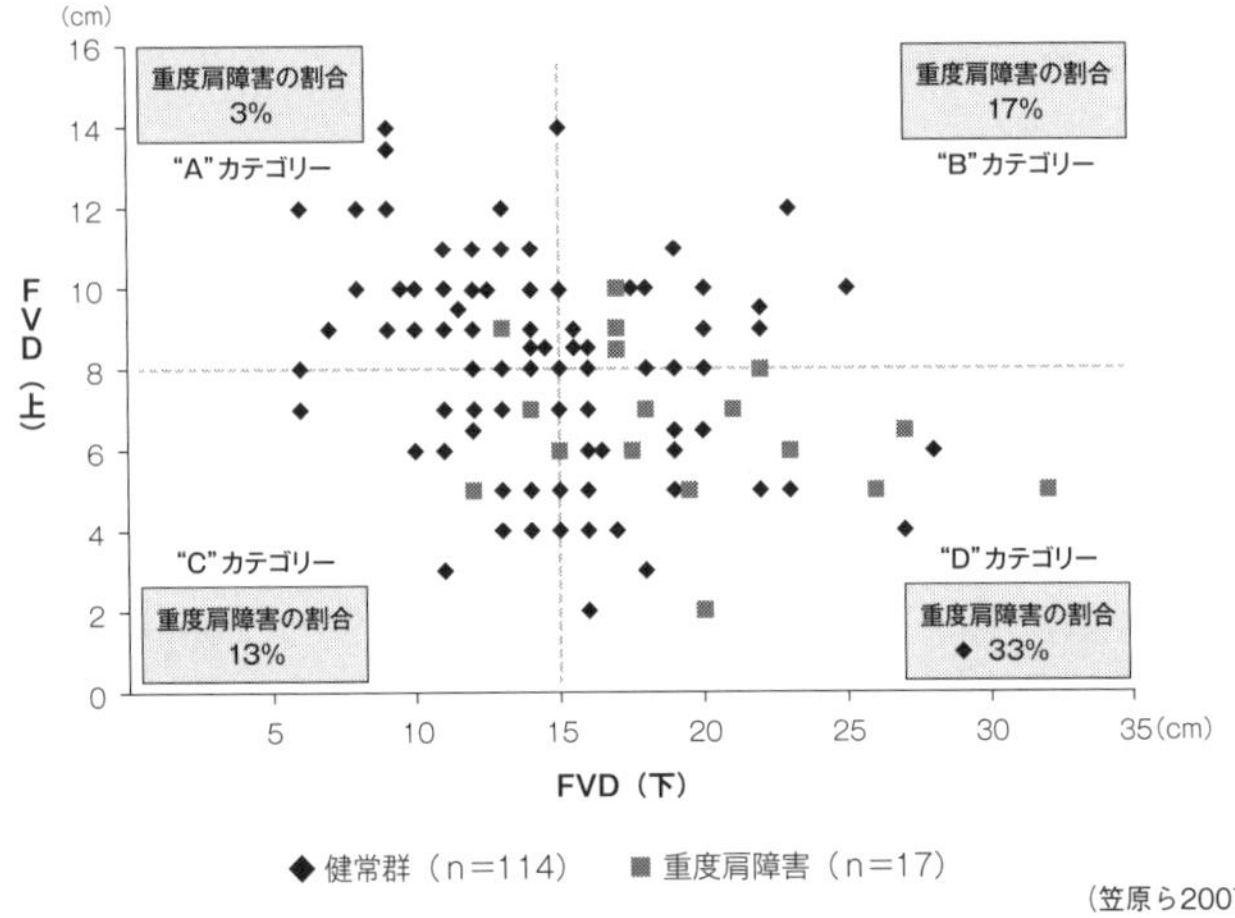

（笠原ら2007）

なく、まだまだ検討課題はありますが、高校生131人を計測した結果をもとに、ひとつの目安を定めました。図4をご覧ください。

縦軸がFVD（上）、横軸がFVD（下）の計測を示しています。また、◆が健常者を示し、灰色の■が重度肩障害を有する者の結果となります。FVD（上・下）ともに良好な結果を示す〝A〟カテゴリーに該当する重度肩障害の割合は3％、FVD（下）のみ良好な結果を示す〝C〟カテゴリーに該当する重度肩障害の割合は13％、FVD（上）のみ良好な結果を示す〝B〟カテゴリーに該当する重度肩障害の割合は17％、最後に双方とも柔軟性が低下している〝D〟カテゴリーに該当する重度肩障害の割合は33％となりました。

この集計から、もっとも肩関節の柔軟性が優れている〝A〟カテゴリーに比べて、もっとも柔軟性が劣っている〝D〟カテゴリーで重度肩障害発生が10倍近く増えていることがわかりました。結果、重度肩障害にならないようにするためのひとつの目安として、FVD（上）が8㎝以上、FVD（下）が15㎝未満と定めています。

次項では、この測定結果をもとにした柔軟性改善プログラムをご説明したいと思います。

肩関節の柔軟性チェック方法は、自分の柔軟性がわかるだけでなく、肩の投球障害予防および改善にも役立つ。

肩の故障を防止するためのチェックとエクササイズ

投球による障害を予防するためには、肩以外に胸や肩甲骨まわりの柔軟性も重要です。本項では胸や肩甲骨まわりの柔軟性をチェックする上部体幹回旋テスト方法と、その改善方法をご紹介します。

肩周辺は、実は5つもの関節で構成されており、それぞれの関節が複合的に関わることで、肘や手よりも複雑で細かい動きを可能にしています。その中でもとくに肩甲骨の動きが投球には重要なのですが、その肩甲骨の動きをよりなめらかかつ大きくするために上部体幹（胸や肩甲骨まわり）の柔軟性は欠かせません。

円滑な投球動作には、上部体幹（胸や肩甲骨まわり）の柔軟性が重要なキーワードとなります。投球動作中に踏み出した足が地面に着地した際、写真1のように肘を後方に引いている姿勢をよく見かけます。これは、投球障害を引き起こす不良姿勢のひとつです。このような姿勢になると肘が上がってこず（いわゆる肘下がり）、体の開きが早くなることにつながってきます。写真1のような不良姿勢は、上部体幹の柔軟性が低下したことがひとつの要因としてより引き起こされます。柔軟性が低いためテイクバック時に上部体幹の回旋を使うことができず、肘を無理やり後方に引くようになり、結果として肩・肘に負担がかかって投球障害を引き起こしてしまうのです。

　私は、テイクバック時の上部体幹の柔軟性が円滑な肩関節動作に大きく影響すると考え、上部体幹回旋テストを実施しました。

　上部体幹回旋の柔軟性が優れている場合と劣っている場合で、違いはあるのか。投手39名を対象に、投球障害有り群と投球障害無し群に分け、上部体幹回旋テストの結果を比較検討しています。

　写真2をご覧ください。選手が四つんばい姿勢になり、非投球側の手の中指を鼻の真下に位置するように置き、投球側の手は後頭部に置きます。補助者は選手の骨盤を足で固定し、選手のお尻が動かないようにします。そして、選手は目線を非投球側の

写真1　肘の過度な後方へのテイクバック

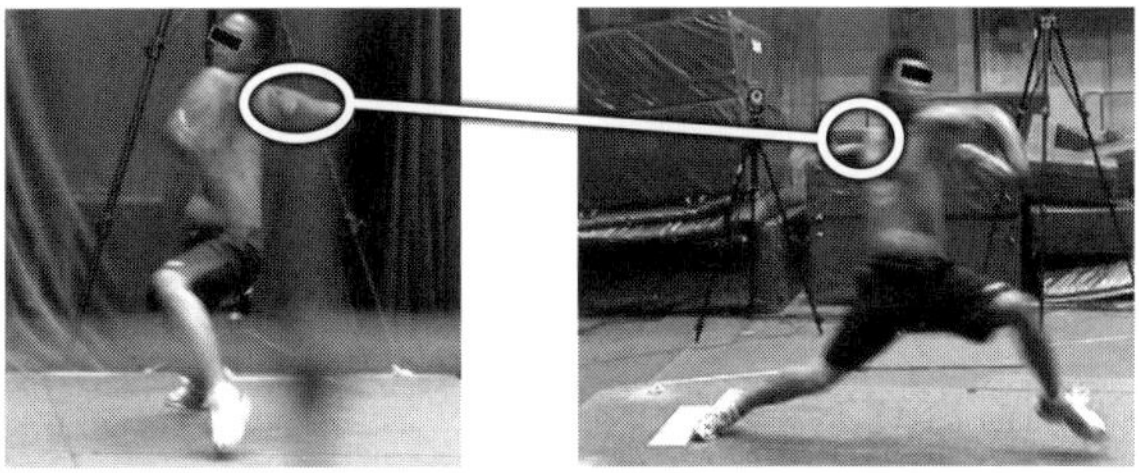

胸まわりの柔軟性がなく、肘のみでテイクバックをしてしまうことで投球障害を引き起こす可能性あり！

⬇

上部体幹回旋の柔軟性をチェックする必要がある

写真2　上部体幹回旋テスト方法

陰性：肘が白線を越える
陽性：肘が白線を越えない

図1　投球障害の有無における“上部体幹テスト”陽性率の比較

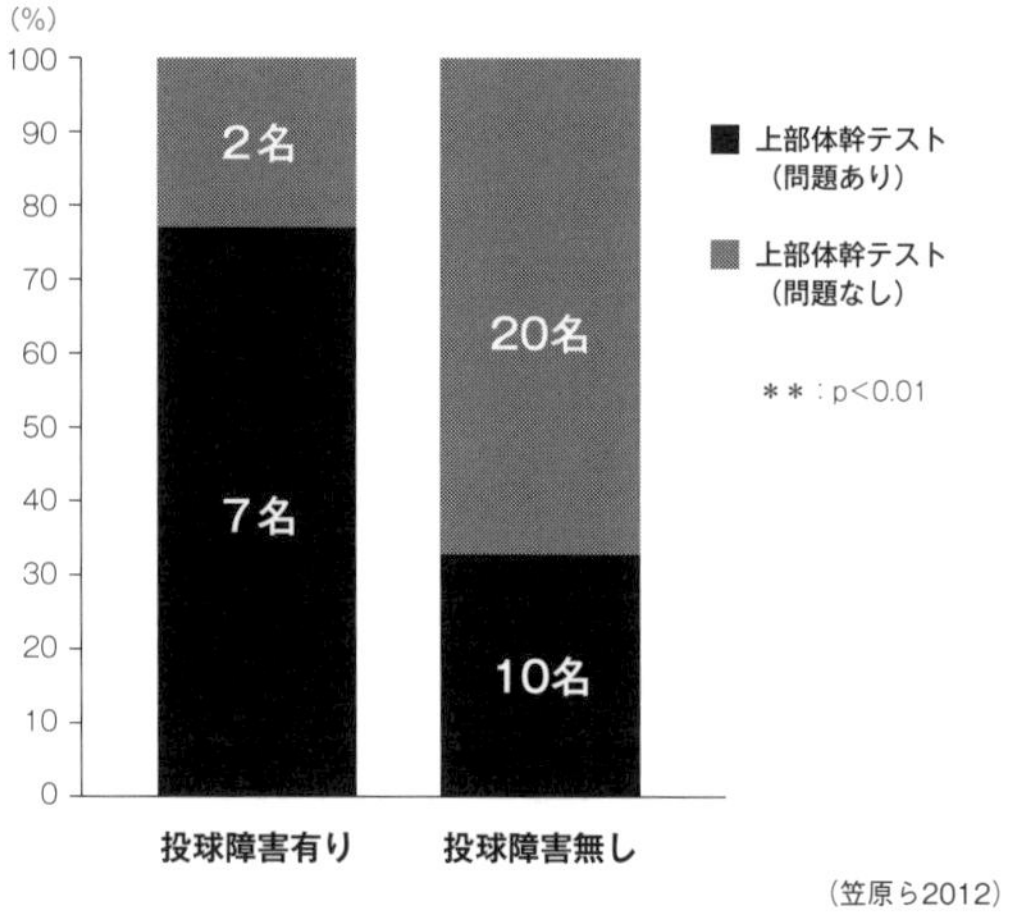

（笠原ら2012）

手の中指に固定し、投球側の肘が天井に向くように上部体幹を回旋させます。

評価方法は選手自らの動きで代償運動（ごまかす動作）が起こらず、肘が地面に対して90度を越えていれば陰性（問題なし）です。また、補助者が選手の肘をサポートしながら、肘が地面に対して90度を越えても陰性とします。一方、補助者が選手の肘をサポートしても肘が地面に対して90度を越えなければ、陽性（問題あり）となります。なお、写真2の「投球動作につながる上部体幹柔軟性チェック」を見てみると、このテスト姿勢が良好であれば、胸を張った投球動作になるのに対し、このテストが不良姿勢であれば上部体幹の回旋が起こらないので、いわゆる手投げになってしまいます。

この上部体幹柔軟性テストを実施した結果、投球障害有り群のほうが、投球障害無し群よりも上部体幹回旋テストの陽性率は明らかに高くなりました（図1）。また、投球障害有り群は投球障害無し群に比べて、7倍も投球障害肩になりやすいという結果になりました。つまり、投球障害を起こす選手は、上部体幹回旋動作不良により、テイクバックの際に肘だけで動作を行っている可能性が高いということです。

胸まわりや肩甲骨まわりの柔軟性を改善するにはさまざまな方法がありますが、簡単なのはこの上部体幹回旋テストを毎日やることです。つまりこの測定方法はエクササイズでもあるのです。

写真2のテスト方法をエクササイズとして捉え、最初は2人組でひとりが骨盤を固定しながら代償運動が起こらないように実施してください。慣れてきたら、骨盤が逃げないように自分でコ

ントロールしながら、ひとりで行っても十分エクササイズ効果は得られます。
なお、このエクササイズはただ実施すればいいわけではなく、その狙いを理解した上で正しい姿勢で実施するようにしてください。

投球による障害を予防するためには、上部体幹回旋テストを毎日行い胸や肩甲骨まわりの柔軟性を改善するといい。

股関節の柔軟性がなぜ重要なのか？

「野球選手にとって、股関節の柔軟性は重要である」とよく耳にします。写真1を見てください。これは右投手の理想的なフォームですが、左足は真っ直ぐに踏み込まれており、膝が開いていません。このように、投げる際の踏み込み足が開かないようにするためのひとつとして、股関節の柔軟性が必要になります。

昔から、野球選手にとって股関節の柔軟性は大切だと考えられており、そのためによく行われていたのが、座った状態で両足の裏と裏を合わせて膝が地面に着くように股関節をグイグイ動かすようなストレッチです（写真2左側）。現在でもこれを〝股関節のストレッチ〟として実施している光景をよく目にします。確かに、このストレッチング（動き）も大切ではありますが、股関節が開かないようにするためのストレッチであれば、写真2の右側にあるような、従来とは股関節を逆方向に動かすストレッチも必要になります。

具体的な股関節柔軟性チェック方法を示します。先ほど示した股関節を従来とは逆方向に動かすことを「股関節の内旋」といいます。本項では、この股関節の内旋に関わる柔軟性のチェック方法2種をお伝えします。

写真１　踏み込み足に必要な股関節の柔軟性

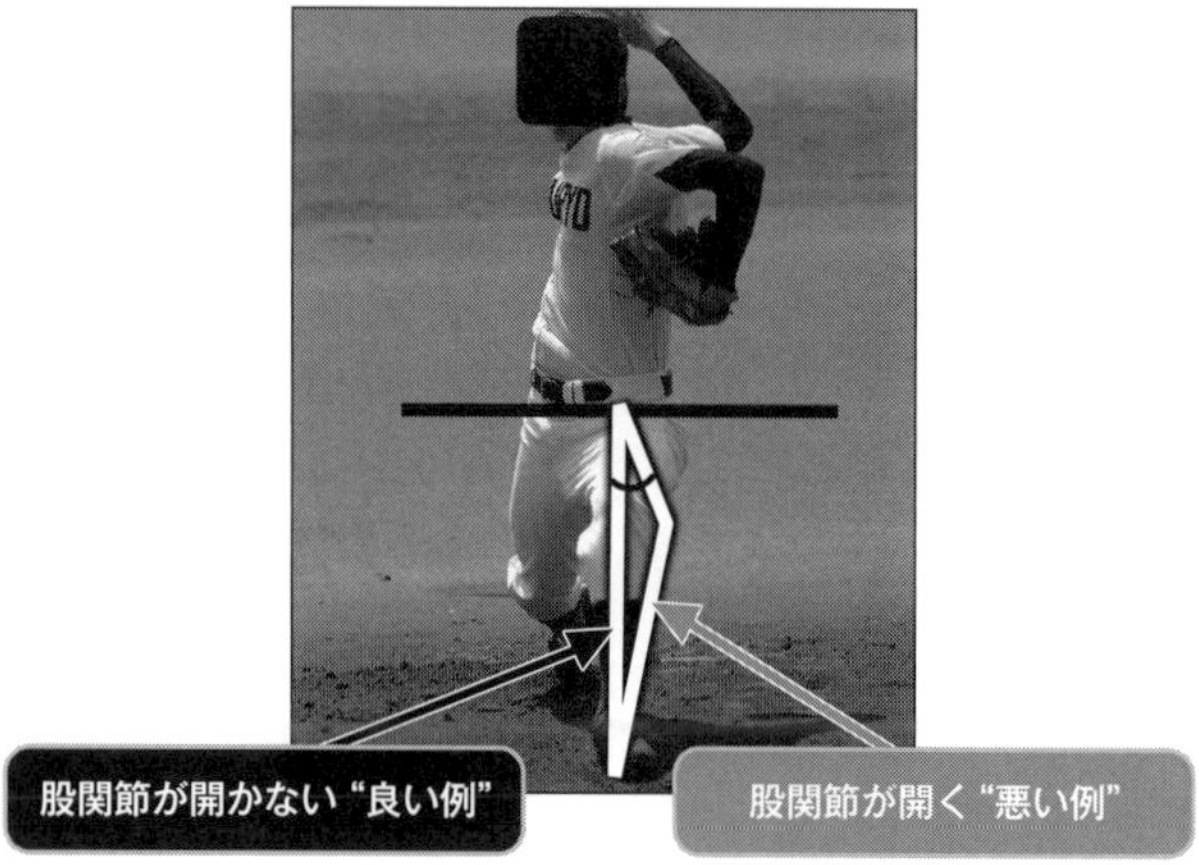

股関節周囲の筋力“有”
股関節周囲の柔軟性“有”

股関節周囲の筋力“↓”
股関節周囲の柔軟性“↓”

写真２　股関節のストレッチはひとつではない

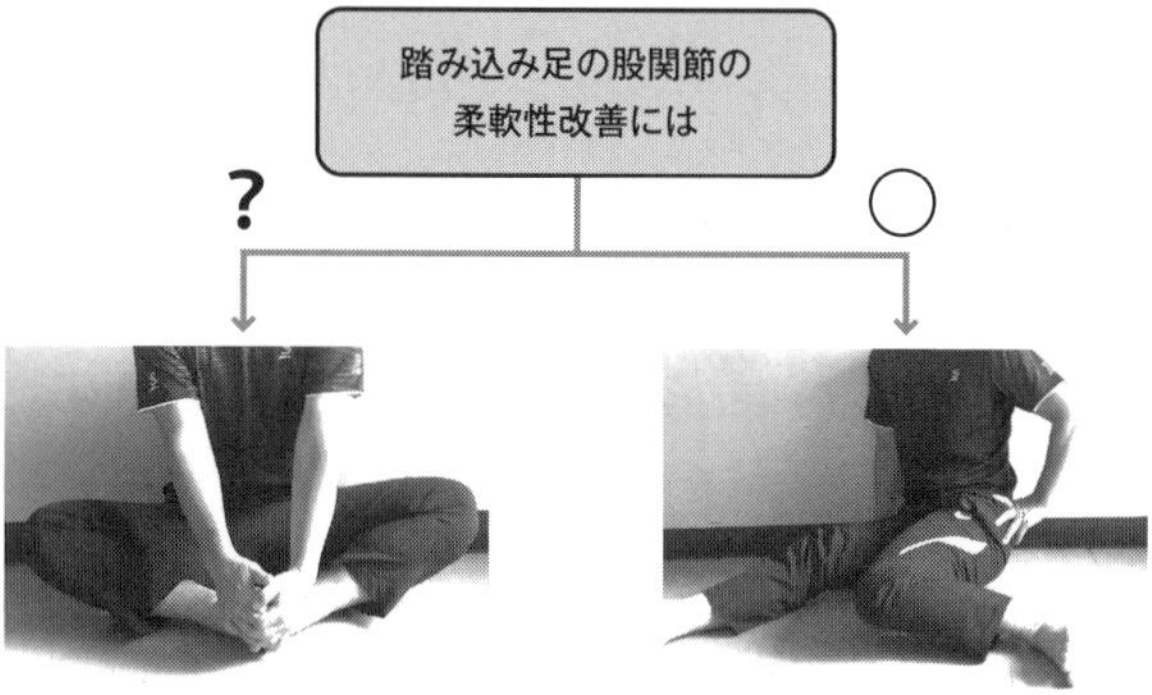

股関節の柔軟性を改善するためによく行うストレッチングだが、踏み込み足に必要な柔軟性改善の方法にはなっていない

踏み越し足の股関節は内側に絞るような柔軟性（股関節の内旋）が必要

1つ目の股関節の柔軟性チェック方法は、まず腹臥位（腹ばい）になり、両方の膝関節を90度曲げます。その後両膝が接した状態で、足を両側に開きます。両膝が接した点を基準として、膝の皿から脛にかけた線を結ぶ角度を股関節の内旋角度とします（図1）。この内旋が25〜50度以内に収まることが基準値となります。これは、分度器の0度の部分に穴をあけ、そこにゴムひもを通したもので計測することができます（ゴム分度器）。これにより股関節の内旋の角度を測りやすくなります。

2つ目の股関節の柔軟性チェック方法は、股関節の絞りに関わる動きに着目した方法です。まず腹臥位になり両手を合わせて顎の下に置きます。片方の足を地面から拳（こぶし）ひとつ分上げた状態にし、そこから膝と股関節を曲げて大腿（ふともも）を骨盤のラインまで動かします。その際に、足が地面に触れずに動かすことができればスムースに動作できる柔軟性があるということになり、逆に動かしている最中に足や膝が地面に触れてしまったら柔軟性が劣っているという判断になります（写真3）。

柔軟性というとどこまで動くか、あるいは可動域がどのぐらいあるかという観点で判断することが多いですが、柔軟性は「意図した動きができるか」ということも含まれます。ましてや、股関節を絞る動作は可動範囲が大きいということだけではなく、必要な動作ができるかどうかという観点がより求められます。そこで、今回のようなあえて必要な動きができるかどうかについて便宜的に見るチェック方法が大切になるのです。

図1　股関節内旋柔軟性チェック

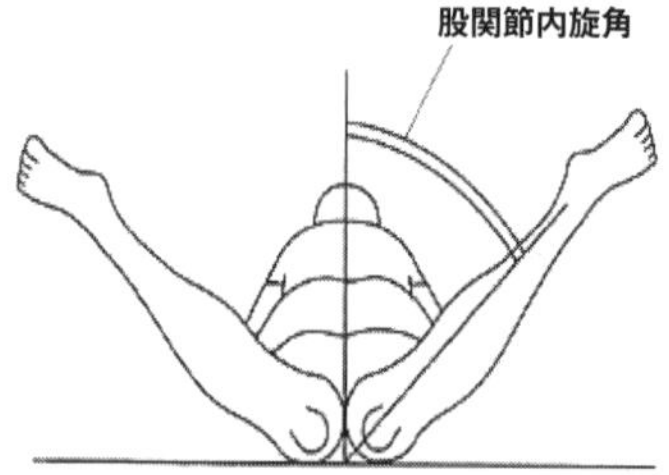

腹臥位にて膝を90°屈曲して両膝を接した状態で下腿を両側に開き、足の内旋可動域を測定する。25~50°以内が望ましい。25°未満は硬いとなる

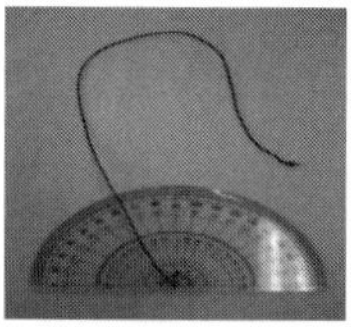

分度器の0度の部分に穴をあけ、そこにゴムひもを通すことで、簡易的な角度測定ができる道具となる

（山本　測定と評価2000から引用）

写真3　股関節の絞りに関わるアクティブな柔軟性チェック

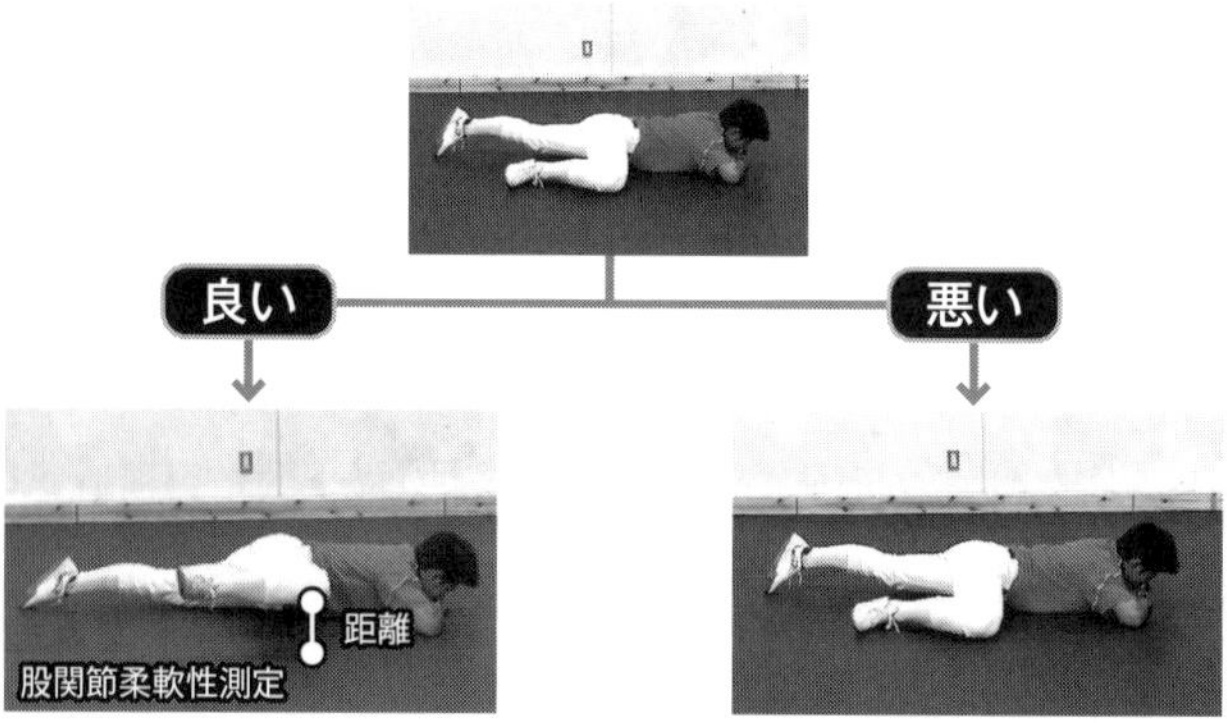

股関節が良好に動かせているため、地面と膝との間に"拳(こぶし)ひとつ"入る空間ができている

＊腰が浮かないようスタートポジションを維持しながら動かせるどうか

股関節が良好に動かせていないため、足を動かした際に地面と膝との間に空間ができない

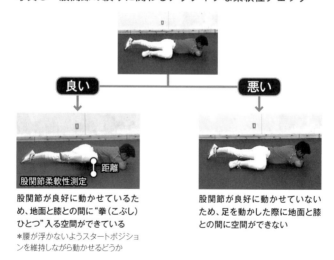

本項では、並進運動から回転運動への移行、とくに股関節を絞る動作に関わる柔軟性チェック方法の例について示しました。なお、写真3に示した股関節の絞りに着目した柔軟性チェック方法は、エクササイズにもなります。これを代償運動が出ないように日々行うことで、股関節の動きを改善することができるのでぜひお試しください。

股関節の柔軟性チェック方法をうまく活用すれば股関節の内旋の柔軟性を高めることができる。

投球障害予防に必要なインナーマッスルトレーニング

投手がもっとも気を配らなければならないのは、投球障害予防です。投球障害を予防するためのアプローチはたくさんありますが、近年長く実施されているのが肩のインナーマッスルトレーニングです。そこで本項では、より効果的な投球障害予防へとつながるインナーマッスルトレーニングのポイントについてご説明します。

肩のインナーマッスルは、肩関節の深部にある筋肉のことで、この筋力が十分にあることで肩関節は安定し、投球障害予防および改善ができると考えられています。では、この肩のインナーマッスルを強化することによって、選手自身は本当に投球障害予防に役立っていると実感しているのでしょうか。

図1をご覧ください。社会人野球選手を対象に、「肩のインナーマッスルトレーニング（以下、インナーTr）は投球障害予防のために効果があるか？」について調査をしました。結果としては、約70%は効果があると実感しており、一方、約30%が効果を実感していないということでした。数値的に考えればある程度効果があるといえそうですが、効果を実感していない選手も30%程度いるわけです。では、この違いは一体何なのでしょうか？　これがわかれば、インナーTr効果を

高めるためのポイントを整理することができます。

　肩のインナーマッスルと称されるものは、図2にあるように骨と肩甲骨をつなぐ筋肉で、肩関節が安定して動くために必要不可欠なものです。このインナーマッスルは前側・後ろ側・横側からなる筋肉で構成されており、肩の骨を覆うように筋がつながることで肩関節を安定させています。したがって、この3方向のインナーマッスルを強化するためには、ひとつの方法を漠然と行うだけでは十分な効果を得ることが難しいといえます。

　では、どのようにインナーTrを実施すれば、その効果を実感できるのでしょうか？　この点について、野球歴が長い社会人野球選手を対象にアンケート調査をしたので、その結果をご紹介します。

　先に述べたように、約70％の「インナーTr効果がある」と感じている選手たちに、必要な留意点について調査した結果が図3になります。なお、この調査は社会人野球選手約200名を対象としたものです。

図1　インナーマッスルトレーニングが肩関節障害予防に対する効果はありますか？

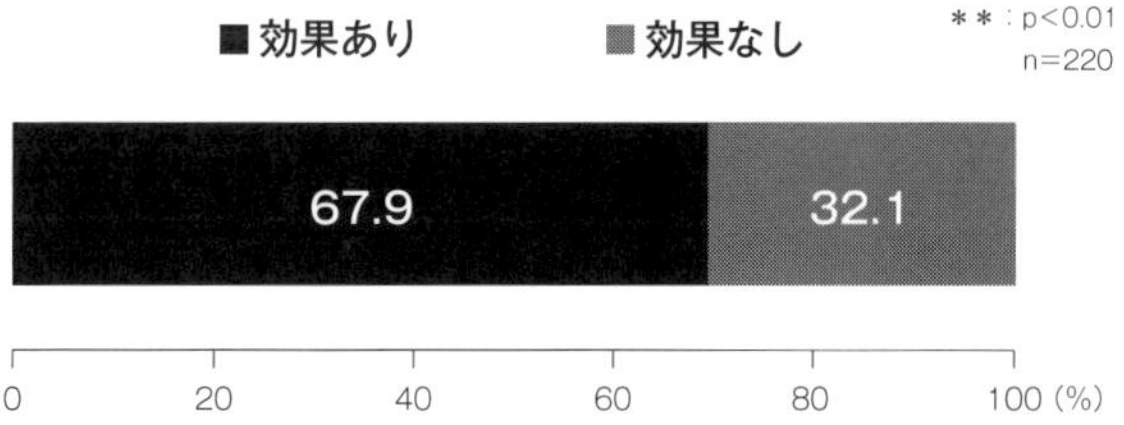

（遠藤ら2012）

図2　肩関節のインナーマッスル

右肩を後ろから見たところ　　右肩を前から見たところ

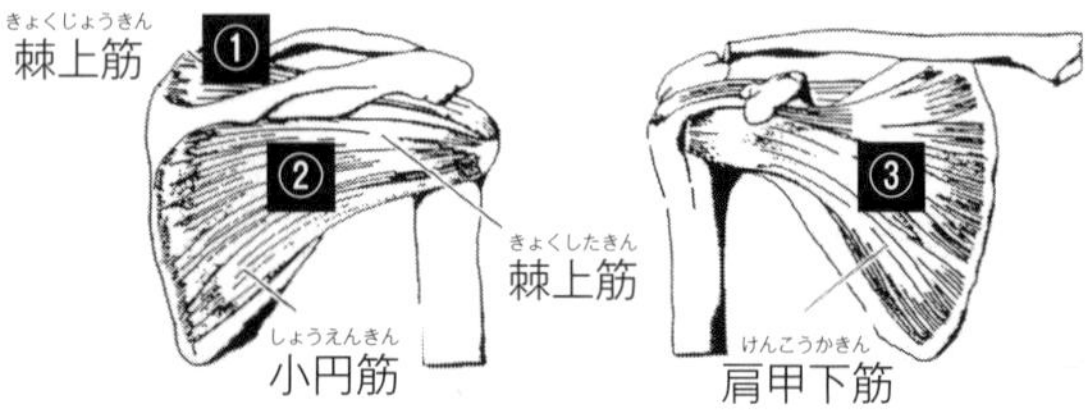

①上側から支えている　②後ろ側から支えている　③前側から支えている

図3　インナーマッスルトレーニング効果があると感じている社会人野球選手が考える重要なポイント

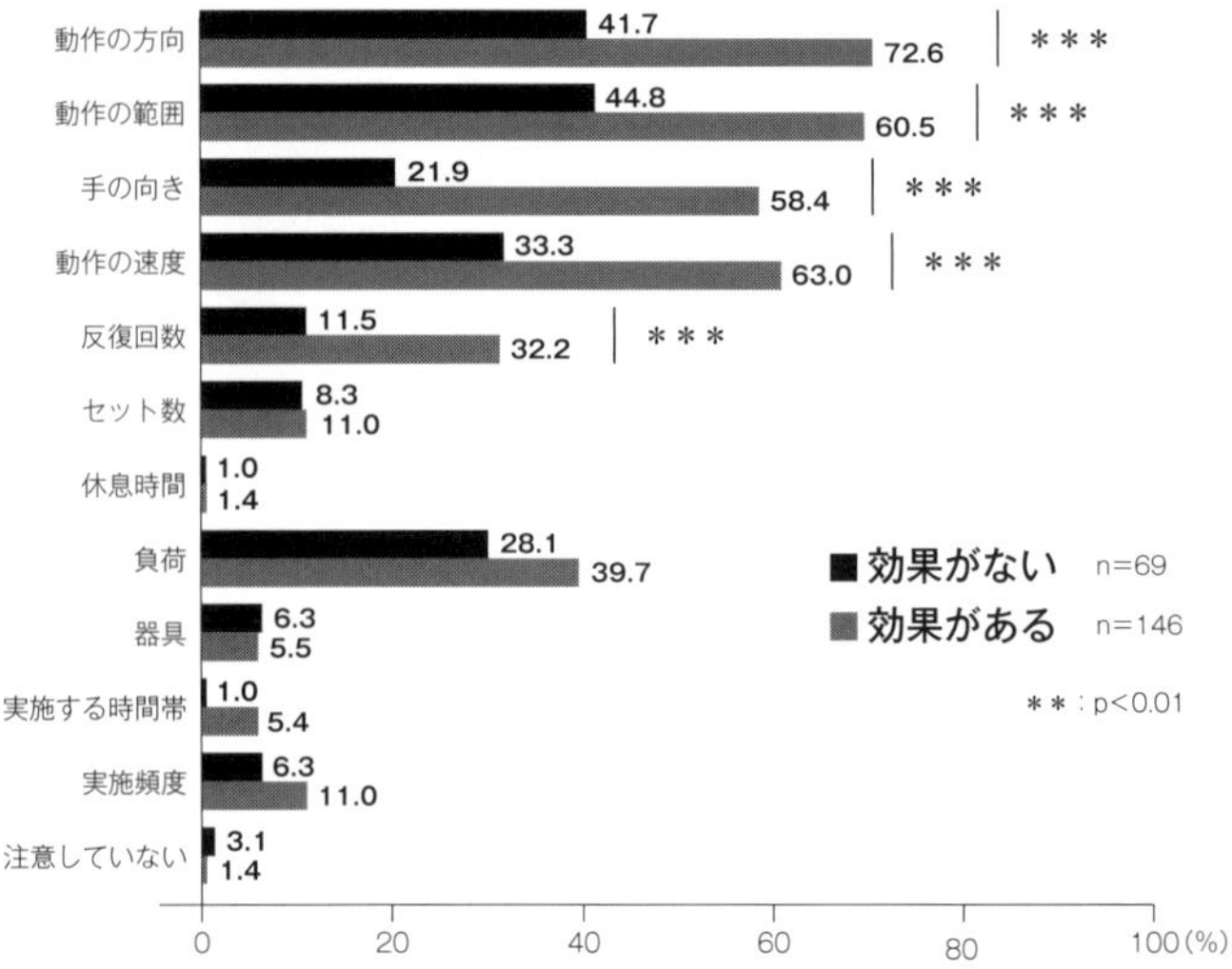

（遠藤ら2012）

結論からいえば、インナーTr効果を実感している選手は、インナーTrの動作方向、動作の範囲、動作の速度、手の向き、反復回数を意識してトレーニングを実施していました。

なお、インナーTrを実施する上で重要なポイントは「軽負荷で行う」であることも付け加えておきます。

インナーTr効果を実感している選手の、具体的なトレーニング方法についてご紹介します（肩の後ろ側・横側・前側に分けて写真1・2・3に示しています）。

効果を高めるポイント別でいうと動作の範囲は狭く、動作の速度は1秒に1回、手の向きは写真にある通り、反復回数は実施して重だるくなるぐらいの回数になります。なお、後ろ側をトレーニングする方法は、私は評価のひとつとしても使用しています。何も持た

写真1　肩関節後ろ側のインナーマッスルトレーニング方法

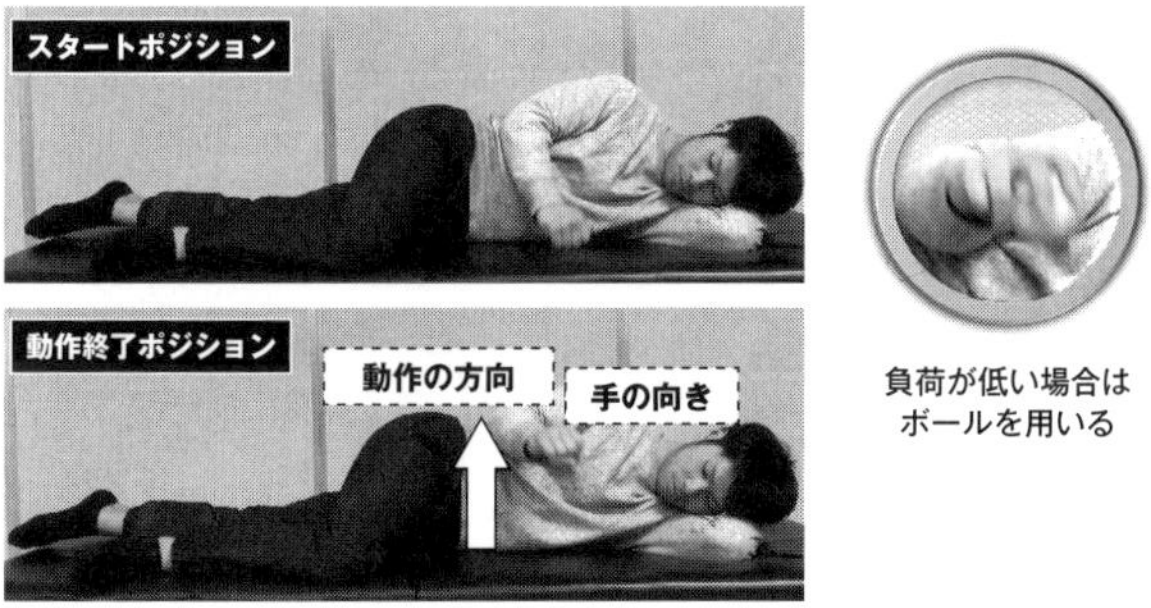

動作の範囲：拳が地面に着いた状態から拳が地面と平行になるまで
動作の速度：１秒に１回のペース
反 復 回 数：正しいフォームで実施でき、重だるくなるぐらいまでの回数

写真２　肩関節横側のインナーマッスルトレーニング方法

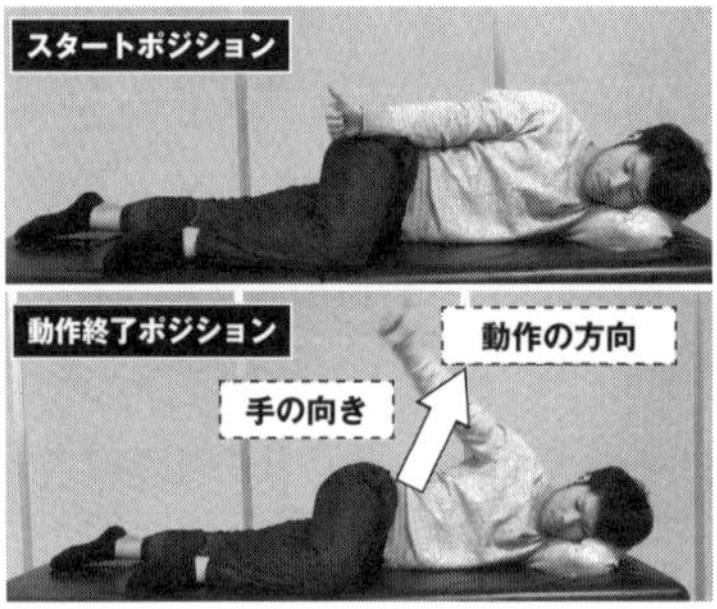

負荷が低い場合は
ボールを用いる

動作の範囲：腕が体に付いた状態から腕を肩甲骨面上に持ち上げる（45度）
動作の速度：１秒に１回のペース
反 復 回 数：正しいフォームで実施でき、重だるくなるぐらいまでの回数

写真３　肩関節前側のインナーマッスルトレーニング方法

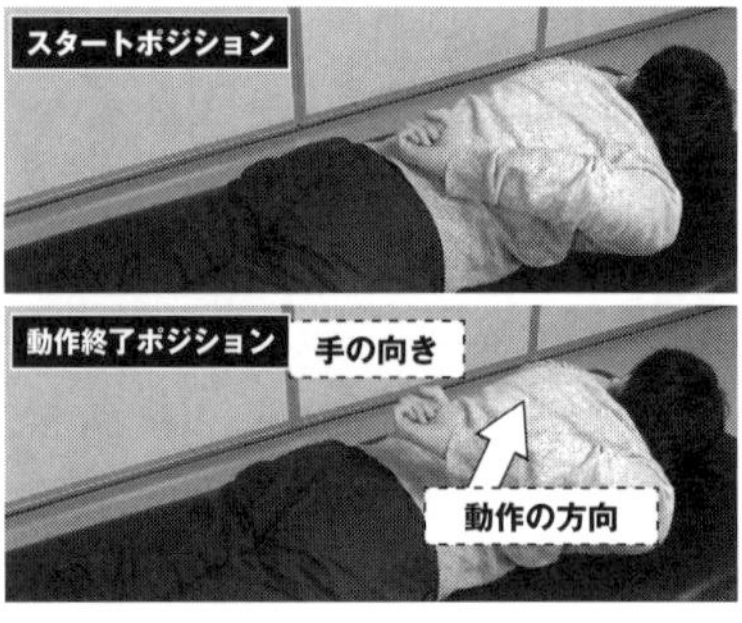

負荷が低い場合は
ボールを用いる

動作の範囲：拳が背中に付いた状態から拳を背中から持ち上げる（拳１個分）
動作の速度：１秒に１回のペース
反 復 回 数：正しいフォームで実施でき、重だるくなるぐらいまでの回数

ずに1秒に1回の速度で実施し、100回行っても肩が重だるくならないのが、十分なインナーマッスルの筋力があるという判断です。もし50回ぐらいで重だるくなってしまった場合は、十分なインナーマッスルの筋力がないと判断されるため、その場合は投球障害予防のためにも積極的なトレーニングをしてください。

肩のインナーマッスルは、肩関節の深部にある筋肉のこと。この筋力が十分にあることで肩関節は安定し、投球障害予防および改善ができる。

第5章

疲労回復を科学する

野球選手の疲労回復（リカバリー）
──スポーツ選手の疲労回復の基礎知識

近年、アスリートが練習や試合後に速やかに疲労回復を行うことがリカバリーと称され、最大限のパフォーマンスを発揮するためにも、現場での積極的なリカバリー対策が注目されています。スポーツ選手にとっての疲労とは「作業能力が低下すること。多くの場合は疲労感を伴う現象」と定義づけられています。ここでいう「作業能力」とは、選手個々が有する競技パフォーマンスを意味し、それに伴う体的疲労（生理的疲労）がパフォーマンスを低下させることになります。この身体的疲労に対して速やかに適切なリカバリーが行われることで、競技パフォーマンスの早期回復を図ることができます。

しかし、迅速かつ適切なリカバリーが行われなければ、残念ながら早期回復は期待できません。図1にあるように、積極的にリカバリーを行った場合とそうでない場合とでは、疲労回復にも大きな時間差が生じてしまいます。早期に適切なリカバリーを選択するためにも、自分がどのような身体的疲労を抱えているのかを把握することが大切です。

身体的疲労には、どんなものがあるのでしょうか？　図2をご覧ください。

身体的疲労は5つに分けられます。まずは自分がどの疲労に当てはまるのかをしっかりと認識

図1　疲労に対する適切な早期リカバリーの必要性

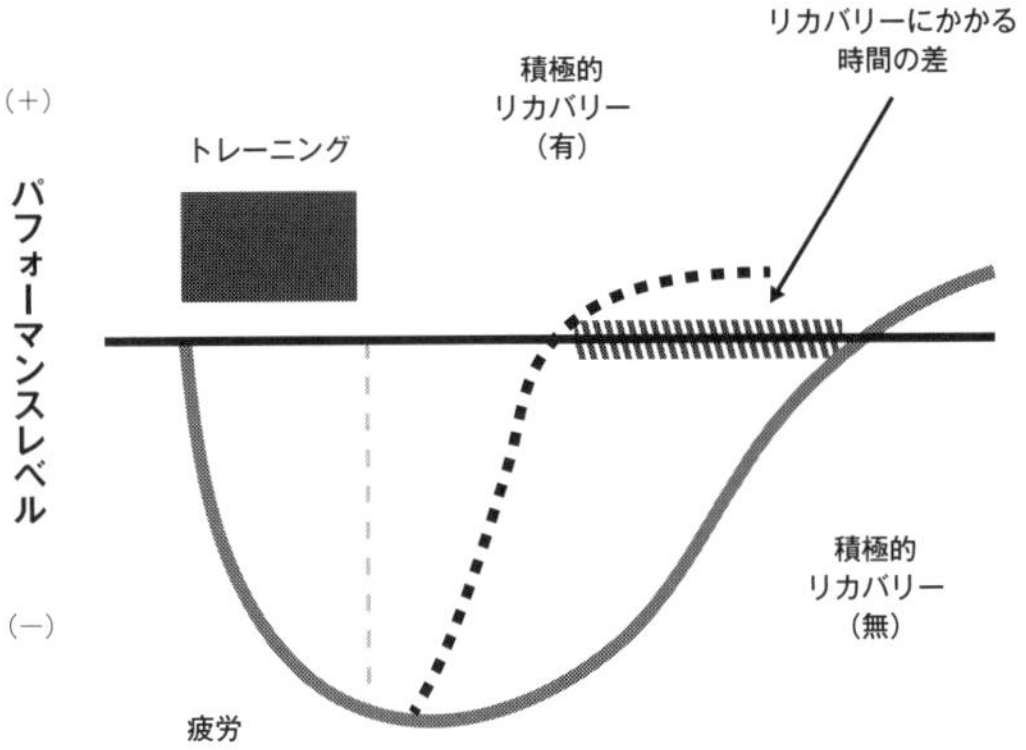

図2　各身体的疲労（生理的疲労）とその対応

1．エネルギーの枯渇

→ **炭水化物の補給**

2．筋肉（末消）への疲労物質の蓄積

→ **血液循環の促進**

3．筋ダメージや筋肉痛

→ **ダメージの抑制（冷却）**

4．生体内の恒常性のアンバランス

→ **体温調整、水分補給**

5．脳（中枢）の疲労

→ **糖質摂取、睡眠**

することが重要です。ではその5つをご説明します。

1　エネルギーの枯渇

野球選手がプレーできるのも、食事によって得られたエネルギーがあるからです。例えるならば、いくら優れたエンジンを持っていたとしても、ガソリンがなければ自動車は走りません。このように、いくら恵まれた体格を持っていても、ガソリンのようなエネルギーがなければ体も動きません。

2　筋肉（末梢）への疲労物質の蓄積

私たちは疲れた時によく「乳酸がたまった」などと表現するように、身体活動が続くと体内に疲労物質が蓄積されてきます。この蓄積された疲労物質によって、円滑な身体活動ができなくなります。

3　筋ダメージや筋肉痛

とくにコンタクト系の競技の場合、特定の部位に高強度の負荷が加わると、鍛え上げられた筋にもダメージが生じたり、筋肉痛を伴ったりすることがあります。この筋のダメージは疲労物質が蓄積するのとは異なり、筋そのものがダメージを受けたことになります。

4 生体内の恒常性のアンバランス

生体内の恒常性とは、体温や体水分量のように、どんな状況であっても大きく変動がない状態を意味し、アンバランスとはその恒常性が崩れた状態です。すなわち、体温が上昇しすぎている状態や、脱水状態のことを表します。

5 脳（中枢）の疲労

最後に、脳疲労です。これはボーッとしている状態や、集中力が欠けたような状態になります。

以上のように、野球選手の疲労回復（リカバリー）を考えるにあたって、その基礎となるスポーツ選手の疲労の定義、そして疲労を起こす各種要因を説明しました。

実は一口に疲労といっても、その要因はさまざまであるため、疲労に応じた対応策を考えることが必要です。次項からは、各種疲労に対するリカバリー対策について、そしてリカバリーに関わる情報についてご紹介していきます。

疲労にはさまざまな要因があるため、その要因に応じた対応策を取っていくことが必要。

社会人野球チームにおけるリカバリーの実態

野球選手が重要視すべきリカバリー方法を整理するため、社会人野球34チームのトレーナー34名を対象に、チームで実施しているリカバリーのアンケート調査を行いました。

調査内容は「リカバリーの目的」「シチュエーション別リカバリーの狙い」「シチュエーション別リカバリー内容」「リカバリー実施時の留意点」になります。なお、シチュエーションは①練習中②練習後③試合中④試合後（翌日試合有）⑤試合後（翌日試合無）に分けて回答してもらいました。

チーム全体としてリカバリーを実施しているのは、92％でした。そして、「毎回実施している」チームが43％、「不定期に実施している」が37％、「週数回実施している」が9％でした。活動状況が各チームによって違うことから、毎回実施しているチームや不定期のチームなどに分かれています。ただし、全国大会でベスト8以上になるような強豪チームのリカバリー実施率は100％でした。大会で常に上位進出を果たすようなチームはハードワークを実施しているため、それに伴うリカバリーが重要であるのではないかと予想されます。

それぞれのチームのリカバリーの目的を図1にまとめました。80％以上のチームが実施している目的を◎、以下60~79%を○、40~59%を△、20~39%を▲、20%未満を×で表しています。

全体的に見ると、練習中と翌日試合有の試合後において、「パフォーマンス低下と傷害予防」を目的として実施しているチームが80%以上となりました。なお、練習後や翌日に試合がない場合の試合後においても60%近くが「パフォーマンス低下と傷害予防」を目的としているということは、野球選手にとってリカバリーは重要であり、パフォーマンス低下やスポーツ傷害に影響する要素を排除するためには、リカバリーを行う必要があるということになります。

なぜ、リカバリーを行うのか。その理由（狙い）を図2に示しました。見方は図1と同様です。ほぼどのシチュエーションにおいても80%以上のチームが「エネルギーの枯渇」「柔軟性の低下」「疲労物質の産出」に対するリカバリーを行っていました。つまり、この3点に対するアプローチが、野球選手におけるリカバリーとして必要であることになります。また、試合後のリカバリーにおいて、翌日に試合がある場合は、ない場合に比べて心理ストレスの増加を挙げたチームが多い結果となりました。翌日の試合に向けて試合後は興奮状態を沈め、メンタルをコントロールすることが必要なのでしょう。

シチュエーション別リカバリーの内容について図3に示しました。見方は図1と同様です。ほぼどのシチュエーションにおいても80%以上のチームが「栄養補給」「セルフストレッチ」を実施していました。これはリカバリーの日的や狙いである「パフォーマンス低下抑制と傷害予防」を考えると、栄養補給でエネルギーの枯渇を補い、セルフストレッチで柔軟性低下と疲労物質の

図1　リカバリー（疲労回復）の目的

	パフォーマンス低下	傷害予防	パフォーマンス低下 傷害予防	すべて その他	なし
❶練習中	×	×	◎	×	×
❷練習終了後	×	×	○	×	×
❸試合中	▲	×	△	×	×
❹試合後（翌日試合有）	×	×	◎	×	×
❺試合後（翌日試合有無）	×	▲	○	×	×

◎＝80%以上　○＝60%以上　△40%以上　▲20%以上　×＝20%未満

図2　シチュエーション別リカバリーの狙い

	柔軟性の低下	疲労物質の産生	筋肉痛出現	むくみの出現	心理ストレスの増加	エネルギーの枯渇
❶練習中	◎	◎	○	×	▲	○
❷練習終了後	◎	◎	○	×	△	◎
❸試合中	△	▲	×	×	△	◎
❹試合後（翌日試合有）	◎	◎	○	×	○	◎
❺試合後（翌日試合有無）	◎	△	○	×	▲	○

◎＝80%以上　○＝60%以上　△40%以上　▲20%以上　×＝20%未満

排出に対処していることがわかります。

　これらの質問に加え、最後に「ここまで挙げた以外に、リカバリー実施時に気を付けている点はありますか」と質問しました。回答で多かったのは、「睡眠時間の確保」「空調管理」「暑熱下対策」「リカバリーウエア」「遠征先の環境」「選手同士のケア」「コンディショニング指導」でした。状況に応じてこれらを実施していくことが、よりよいリカバリーには必要だということです。

　野球選手にはどのような疲労回復（リカバリー）が必要であるかをアンケート結果から導き出してみましたが、キーワードは「栄養補給」と「柔軟性改善」といえるのではないでしょうか。さらに、連戦の場合には交感神経の興奮を沈めて、心理的に落ち着かせることが必要だということもわかりました。

図3　シチュエーション別リカバリー内容

	セルフストレッチ	パートナーストレッチ	アイシング	軽運動	栄養補給	その他
❶練習中	◎	▲	○	○	◎	×
❷練習終了後	◎	△	○	△	◎	×
❸試合中	▲	×	▲	×	◎	×
❹試合後（翌日試合有）	◎	△	○	△	◎	×
❺試合後（翌日試合有無）	◎	△	○	△	○	×

◎＝80%以上　○＝60%以上　△40%以上　▲20%以上　×＝20%未満

疲労に対してはその都度、適切なリカバリーを施していく。それが正しい疲労回復（リカバリー）法なのです。

野球選手に必要な疲労回復（リカバリー）のキーワードは「栄養補給」と「柔軟性改善」。

夏場の睡眠時にはエアコンを使用すべきか？

複数ある疲労状態のひとつに、中枢（脳）の疲労があります。この中枢の疲労が続くと、ボーッとした状態や集中力が欠けた状態になります。この中枢の疲労対策として有効なのが睡眠です。しかし、寝苦しい熱帯夜が続く夏場はなかなか寝付けず、脳の疲労回復をうまく図ることができない時もあります。

暑くて寝苦しければエアコンをつければいいのですが、昔から「エアコンは体を冷やしてしまうので、スポーツ選手はなるべく使わないほうがいい」と言われたりもします。果たして、本当にエアコンは体によくないのでしょうか。

Okamoto-Mizunoという研究チームが、睡眠環境（温度と湿度）を変化させた場合において、就寝時から起床時までにおける直腸温の変化について調査をしています（図1）。図の見方は縦軸が直腸温、横軸が時間を示しています。睡眠時間は8時間とし、その間の直腸温を3つの条件で比較したものです。

結果を見ると、睡眠中にエアコンを使用し続けた状態（室温26℃、湿度50％）では、直腸温は就寝と同時に下がり続け、起床時に上がってくることがわかります。次に、前半4時間にエアコンを使用し（室温26℃、湿度50％）、後半4時間はエアコンを止めて暑熱環境にした場合（室温32℃、湿度80％）では、就寝と同時に直腸温度は下がり続け、後半4時間になると少し直腸温度が戻り、起床時では3条件の中でもっとも高くなっています。最後に、前半4時間を暑熱環境（室温32℃、湿度80％）と設定し、後半4時間にエアコンを使用した場合（室温26℃、湿度50％）では、就寝時から前半4時間は直腸温が下がらない状況で、後半4時間は直腸温が下がり、起床時では3条件の中でもっとも直腸温が低くなりました。

通常は、起床時に体温が徐々に上がってくることで、目覚めのいい朝を迎えることができます。一方、起床時に体温が上がってこないと、目覚めが悪く、快適な睡眠を

図1　各就寝環境における直腸温の変化

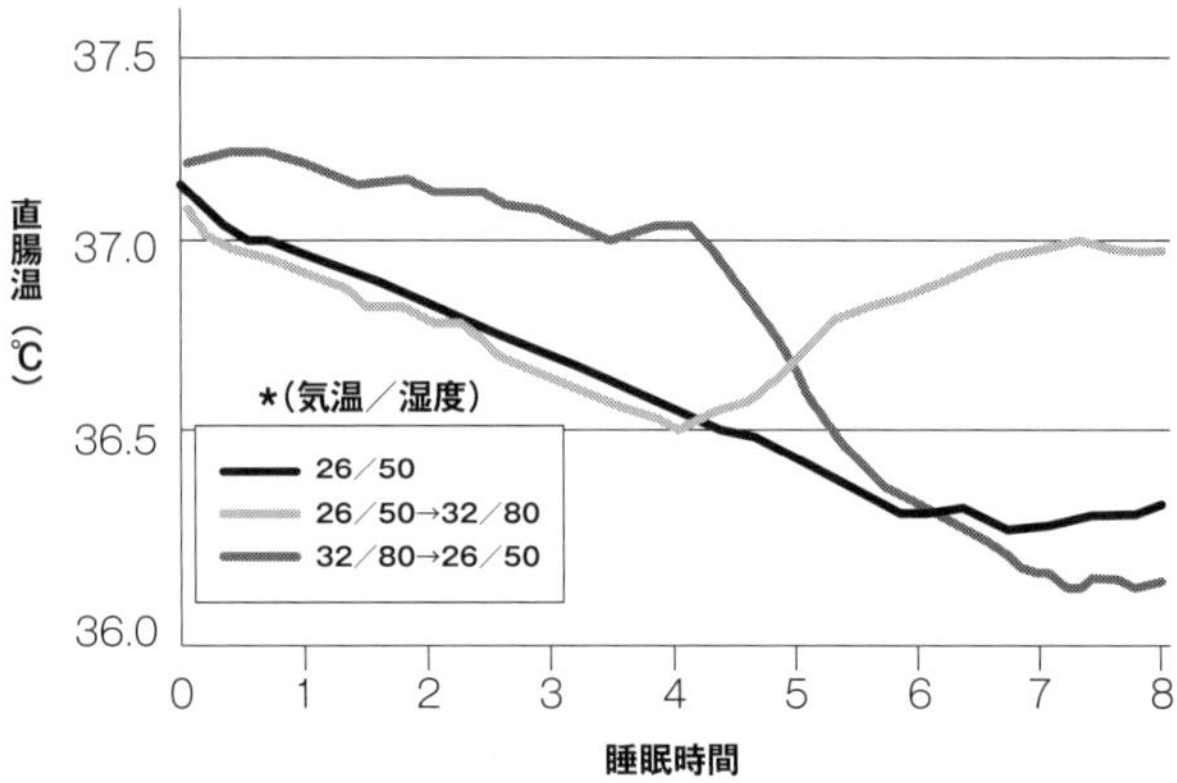

（Okamoto-Mizuno et al 2005より引用）

した実感がわかなくなります。

この研究結果から、夏場の睡眠環境は、タイマー機能を用いて入眠時にエアコンを使用し、後半にはエアコンを止めて起床時に体温が上がってくるようにすることが、体のためにはもっともいい睡眠環境といえます。

また、前半にエアコンを使用せず後半に使用すると、前半の暑熱環境によって出た汗が体を冷やすもとになり、寝冷えを引き起こしやすくなります。さらに、後半のエアコンの使用は、前半の寝苦しさからのリバウンドにより後半に深い睡眠状態となり、起床時に眠気が強くなってしまいます。

エアコンを使うと体調が悪くなるので、夏場は冷却枕（アイス枕）を使っている人もいるかもしれません。この冷却枕は、夏場の睡眠によい影響をおよぼすのでしょうか。その実験結果をまとめたのが図２・３です。

暑熱環境下（室温32℃、湿度80％）で通常の枕を使用した場合と、暑熱環境時に冷却枕を使用した場合、さらにエアコン環境（室温26℃、湿度50％）で通常の枕を用いた場合の３条件で、発汗量と鼓膜温の変化を調べました。

結果は、冷却枕を使用した場合と暑熱環境で通常の枕を使用した場合を比べると、冷却枕のほうが鼓膜温は低く、発汗量も減っています。エアコン環境ほどではないにせよ、冷却枕には快眠を促す一定の作用はあるようです。

図2　各就寝環境における発汗量の変化

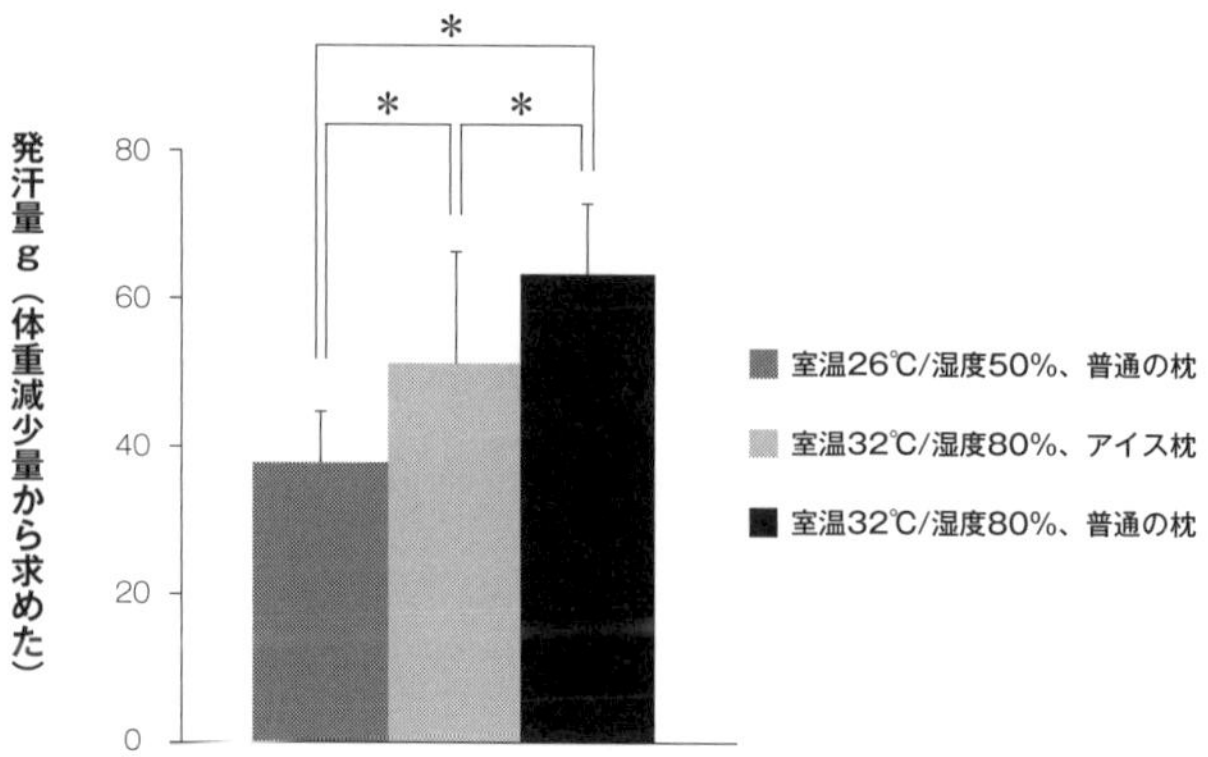

（Okamoto-Mizuno et al 2003より引用）

図3　各就寝環境における鼓膜温の変化

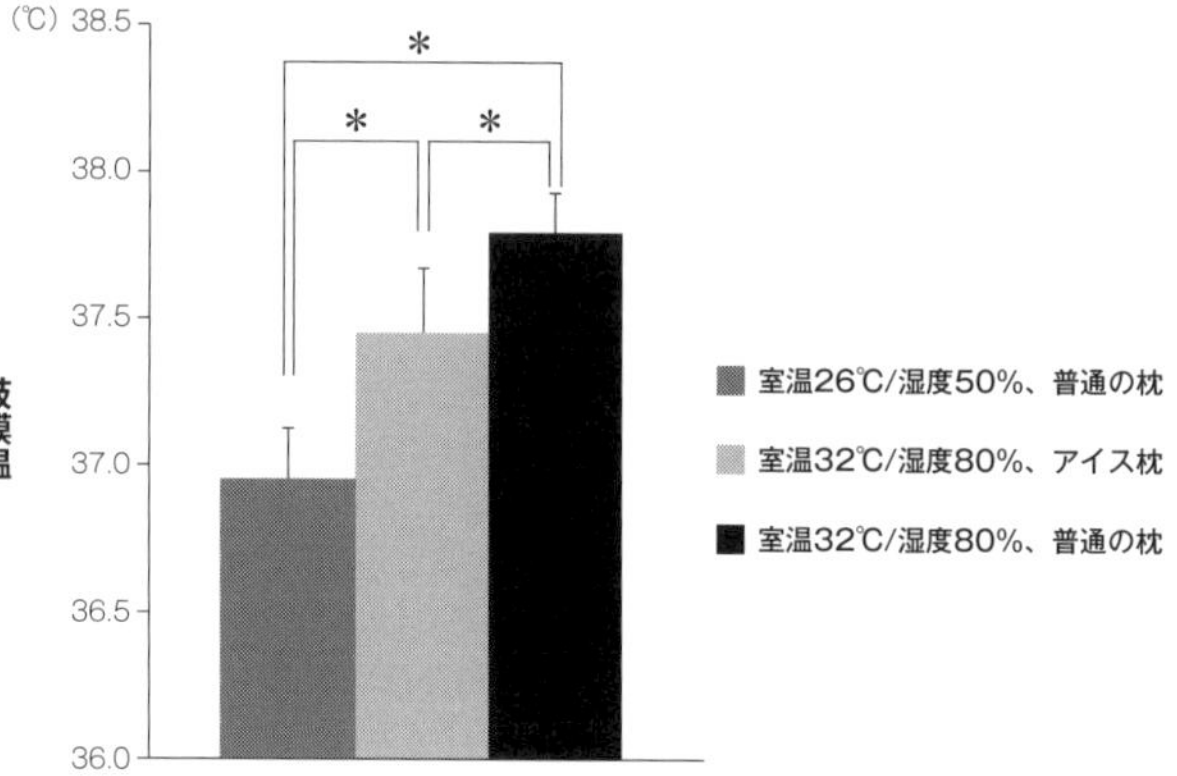

（Okamoto-Mizuno et al 2003より引用）

近年、全国で猛暑日が続き、毎年最高気温や熱帯夜の記録が更新されています。ひと昔前の日本とは明らかに環境が変わってきています。エアコンや冷却枕をうまく活用し、暑熱環境の中で十分な睡眠時間を確保するようにしましょう。

夏場の睡眠は、タイマー機能を用いて入眠時にエアコンを使用し、後半にはエアコンを止めて起床時に体温が上がってくるようにするのがベスト。
また、冷却枕には快眠を促す一定の作用はある。

脳の疲労を取るために必要な睡眠の質と量を知ろう

野球は一球ごとに集中してプレーをしなければならず、集中力を保ち続けるためにも脳疲労の回復が重要なリカバリーポイントになります。

脳の疲労（中枢性疲労）をリカバリーするには、脳を休ませること（睡眠）が一番です。では、どのような睡眠がリカバリーに適しているのか。その質と量（時間）についてご説明します。

まず、睡眠の基礎的なことについて整理をしましょう。睡眠には、レム睡眠とノンレム睡眠があります。レム睡眠は寝ていたとしても寝返りや体動があり、脳は覚醒している状態です。一方、ノンレム睡眠は深い眠りにある状態で、脳が休息している状態です（図1）。

睡眠時間の多くがノンレム睡眠にあたり、脳疲労へのリカバリーのためには十分な睡眠時間の確保が必要になります。短い睡眠で目覚めたりすると、ノンレム睡眠の周期を確保できず、快適な目覚めはあまり期待できません。ノンレム睡眠の周期をしっかり確保するためにも、前項で述べたように夏場はエアコンをつけて、覚醒しないような睡眠環境を作ることが必要になるのです。レム睡眠とノンレム睡眠の特徴を図2に記しましたので、こちらも参考にしてください。

ウェイトリフティングの選手に断眠（眠くなったとしても眠らない）をさせた、面白い実験が

図１　レム睡眠とノンレム睡眠の周期

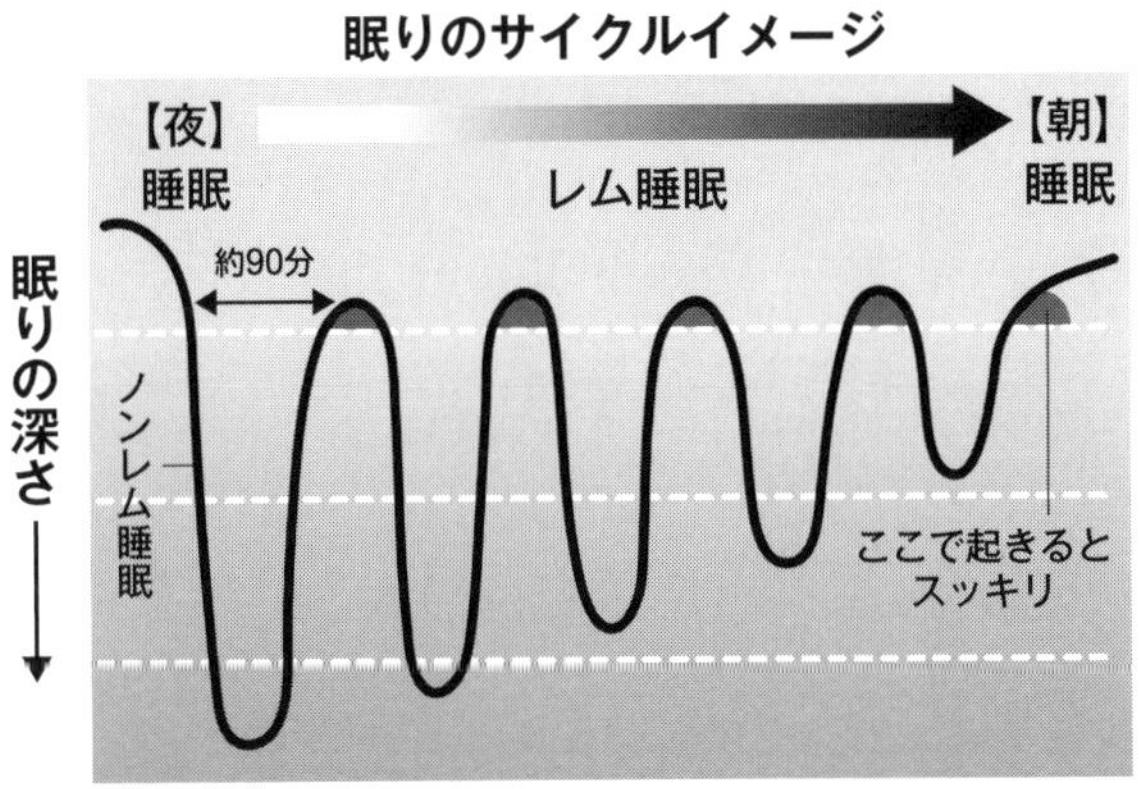

図２　レム睡眠とノンレム睡眠の特徴

レム睡眠の特徴

身体が休息する睡眠
脳の成長や記憶の整理の時間
覚えている夢はレム睡眠中

ノンレム睡眠の特徴

脳が休息する睡眠
ノンレム睡眠は４段階ある
睡眠全体の８割を占める
成長ホルモンの分泌が多い

あります。選手が24時間断眠した場合としなかった場合のクイックリフトなどの最大出力を比較した結果、断眠の有無によってパフォーマンスの差は生じなかったものの、気分や感情、集中力については断眠したほうが明らかに低値を示していました。

また、睡眠時間を通常より約2時間増やした場合の、バスケットボール選手の運動パフォーマンスに関する研究によると、スプリントパフォーマンスが向上し、スリーポイントシュートの成功率も明らかに高くなったと報告されています。

これらの研究から、睡眠時間が短くなることは体力よりも精神力に影響をおよぼし、睡眠時間を長く確保することは心身両面のパフォーマンスを上げることがわかりました。

では、睡眠時間はどのくらい取ればいいのでしょうか？　アメリカのナショナル睡眠機構による

図3　よりよい睡眠の質・量を確保するために

睡眠のための留意点	具体的内容
よい睡眠環境	涼しい・暗い・静か・心地よい
よい睡眠環境への工夫	就寝・起床時間を一定にする、入眠前の入浴環境（交代浴）
季節に応じた工夫	夏季：エアコンの活用、冷却 冬季：入浴後の速やかな就寝
入眠直前にやってはいけないこと	カフェイン多量摂取、ディスプレイ視聴（スマートフォン、テレビ、パソコン）

と、「8時間未満を不十分、8時間がボーダーライン、9時間以上が高校生世代には最適」と提唱しています。

また、オーストラリアのトップアスリート約2600名の睡眠時間を調査した報告によると、睡眠時間の平均は約8時間だったそうです。さらに、小学生を対象にスポーツ外傷・障害と睡眠時間との関係を1年間、継続調査したところ、睡眠時間8時間未満でケガをした子は65%であるのに対して、8時間以上でケガをした子は31%と明らかに睡眠不足の子のほうがケガをしているという結果が出ています。以上を考えると、アスリートに必要な睡眠時間として、理想的には8時間は確保すべきだといえるでしょう。

野球には高い集中力が必要とされ、試合によっては2時間、3時間と集中力を保たなければなりません。当然のことながら、試合後には脳の疲労は相当なものになると予想されます。そんな脳の疲労を回復するためには、睡眠の質と量が大切なのは本項で述べた通りです。よりよい睡眠の質・量を確保するための留意点を図3にまとめましたので、ぜひ参考にしてください。

最高のパフォーマンスを発揮するためには
アスリートは理想的には8時間の睡眠時間を確保したい。
高校生世代には9時間以上の睡眠を推奨。

疲労回復に最適なエネルギー補給とは？

どんなに優れた体力の肉体を持っていたとしても、エネルギーの源がなければ持てる力を100％発揮することはできません。

本項では疲労を回復するために、どのようなエネルギー補給（食事）をすればいいのかをご説明していきたいと思います。

エネルギーの主たるものは炭水化物であり、炭水化物から食物繊維を除いたものがエネルギーの源である糖質になります（糖質は血糖値を一定に保つためにも必要不可欠なものです）。体内に入った糖質はブドウ糖や果糖などの糖類に分解され、その後使用されなかったブドウ糖はグリコーゲンとして筋や肝臓に蓄積されます。

グリコーゲンは人間の活動に必要不可欠な栄養素であり、グリコーゲンが欠乏すると集中力が低下して仕事の効率も悪くなり、自覚的な疲労感の増大に強く影響をおよぼします。速やかな疲労回復を図る上でも、グリコーゲンが欠乏した状況にならないように炭水化物（糖質）をしっかり摂取する必要があります。

ある研究によると、糖質摂取が総エネルギー量の60％以上よりも、40％以下だった場合のほうが、3日間の連続した運動後の筋グリコーゲン量が明らかに低下したと示されています（図1）。つまり、糖質摂取量が少ないと筋グリコーゲンとして蓄えられる量が少なくなり、先ほど述べたように自覚的疲労感が強くなってしまうのです。

では、一定の筋グリコーゲン量を確保するためにも、どのくらいの炭水化物を摂取すればいいのでしょうか？

ここに、アスリートの炭水化物摂取のためのガイドラインがあります（図2）。低強度あるいはスキル主体の活動であれば、体重1kg当たり3～5gの炭水化物を1日で摂取する必要があり、非常に高い運動強度あるいは4時間以上の運動の場合では体重1kg当たり8～12gの炭水化物を1日で摂取する必要があると示されています。例えば、体重70kgの選手が非常に高い運動強度でトレーニングをした場合には、1日摂取する炭水化物量は560～840gにもなります。仮に、840gの炭水化物を8枚切りの食パンで摂取したとすると、1日40枚も食べなければならないことになります（図3）。また、別の研究では、炭水化物摂取量が多いほど筋グリコーゲン量は多くなると報告されていますので、しっかりと炭水化物を摂取することが、野球のような長時間にわたる練習をするスポーツには求められます。

炭水化物をどのぐらい摂取すべきかについて説明しましたが、次に大切なのが摂取するタイミングです。いくら炭水化物を多く摂取したからといって、運動後から時間が経ちすぎると筋グリコーゲン量を確保することは困難になります。

図1　炭水化物（糖質）摂取量の違いが筋グリコーゲン量回復におよぼす影響

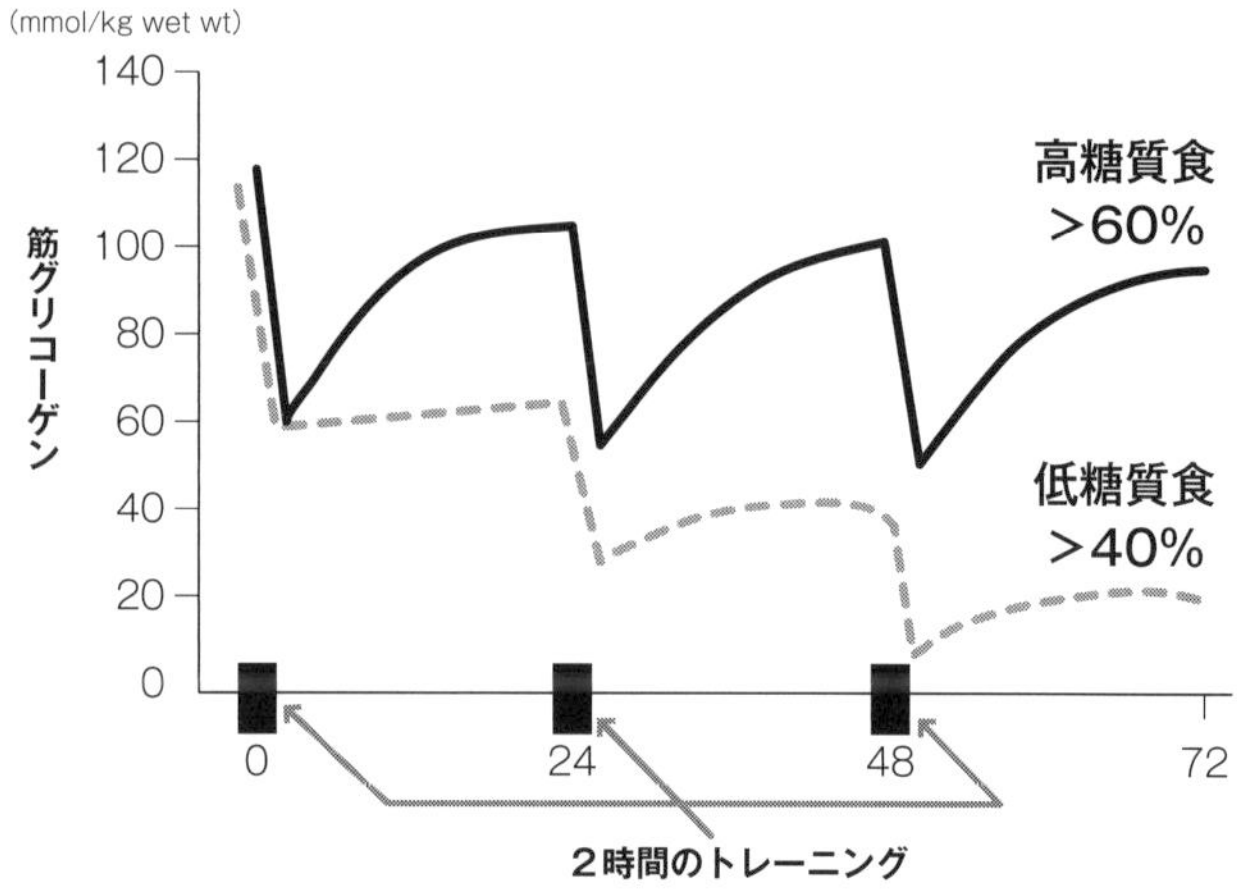

（Costill Dl et al:Int J Sports Med 1:2-14,1980より）

図2　運動強度および時間別に見た炭水化物（糖質）摂取量のガイドライン

	運動状況	炭水化物摂取量
軽度運動	スキル運動を中心とした低強度運動 有酸素運動	体重１kg当たり 3-5g
中程度運動	１日１時間以上の中程度の運動	体重１kg当たり 5-7g
高度運動	１日１～３時間の長い運動	体重１kg当たり 6-10g
非常に高い運動	１日４～５時間以上の運動、 高強度な運動	体重１kg当たり 8-12g

International Olympic Committee : Nutrition for Athletes:
A practical guide to eating for health and performance 2016

図３　理想的な炭水化物摂取のためのガイドライン
70kgの選手Aの場合

８枚切りの食パン１枚（45ｇ）

エネルギー：118kcal
炭水化物：21g
タンパク質：4.2ｇ
脂質：2.0ｇ

体重70kgの選手Aが高強度運動を実施した場合

必要炭水化物量＝70kg×12g＝840g

食パンに換算すると1日に何枚食べればいいのか？

840ｇ÷21ｇ＝40枚

図４　炭水化物摂取のタイミング

1．運動後速やかに

＊理想は30分以内、遅くても2時間以内

2．炭水化物のトータル摂取を計画的に

3．4時間以内では1時間で体重当たり1～1.2g

＊70kgの選手Aは70gの炭水化物

例：おにぎり2個
おにぎり1個で
炭水化物
約30～35g

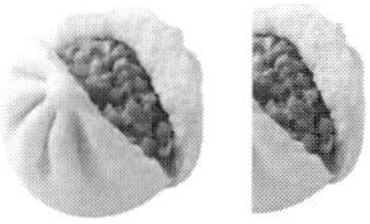

例：肉まん1.5個
肉まん1個で
炭水化物
約40～45g

アスリートの炭水化物摂取のガイドラインからすると、運動後4時間以内に1時間で体重1kgあたり1~1・2gの炭水化物を摂取することが推奨されています。さらに、タンパク質も同時に摂取したほうが筋グリコーゲン量は多くなるといわれています。練習やトレーニングをした後、家に帰るまで何も食べないのではなく、途中でおにぎりやパンなどの炭水化物を速やかに摂取しましょう（図4）。

野球はウォーミングアップから試合終了まで含めると、3~4時間かかります。そしてその長い時間の中で、ワンプレーごとに集中しなければなりません。そうなると、糖質は絶対的に必要なエネルギーになります。十分な疲労回復を図る上でも、運動時間および自身の体格に合わせたエネルギー摂取を心がけましょう。

速やかな疲労回復を図る上で、グリコーゲンが欠乏しないように炭水化物（糖質）をしっかり摂取する必要がある。練習後に炭水化物を速やかに摂取することが重要。

アイスバス（冷水浴）の活用方法

暑い夏に、連日に渡るハードな練習をできるようにするには、試合や練習当日の疲れをリセットするためのリカバリーがとても大切です。そこで、夏にこそおすすめのリカバリー方法であるアイスバス（冷水浴）の活用方法についてご紹介します。

最近では、さまざまなスポーツで疲労回復を目的としたアイスバスが活用され始めています。まずは、アイスバスに浸かったことで起こる生体反応について整理してみたいと思います。

図1を見てください。大きく分けて4つの生体反応があり、それによって矢印で示した効果を得ることができます。これらの効果が疲労回復にポジティブに作用してくれます。したがって「エネルギー消費を抑制し、かつ気持ちをリフレッシュしたい」という場合でもアイスバスは有効だということになります。

なお、主にアイスバスは、筋肉の張りや痛みのような筋ダメージを緩和したい場合により有効になります。では、なぜアイスバスに入ると筋肉のダメージを抑制することができるのか。図2に模式図を示しましたのでご覧ください。

具体的なアイスバスのやり方を図3に表しました。理想的な温度は15～20℃です。銭湯にある

図1　アイスバスによる生体反応

体温・筋温↓
➡ エネルギー消費抑制、マインドセット

神経伝達↓
➡ 筋肉の張り緩和、痛みの抑制

代謝↓
➡ 痛みや二次的障害が広がるのを抑制

血管収縮↑
➡ 腫脹やむくみを抑制

図2　冷水浴による運動性筋ダメージ減少メカニズム

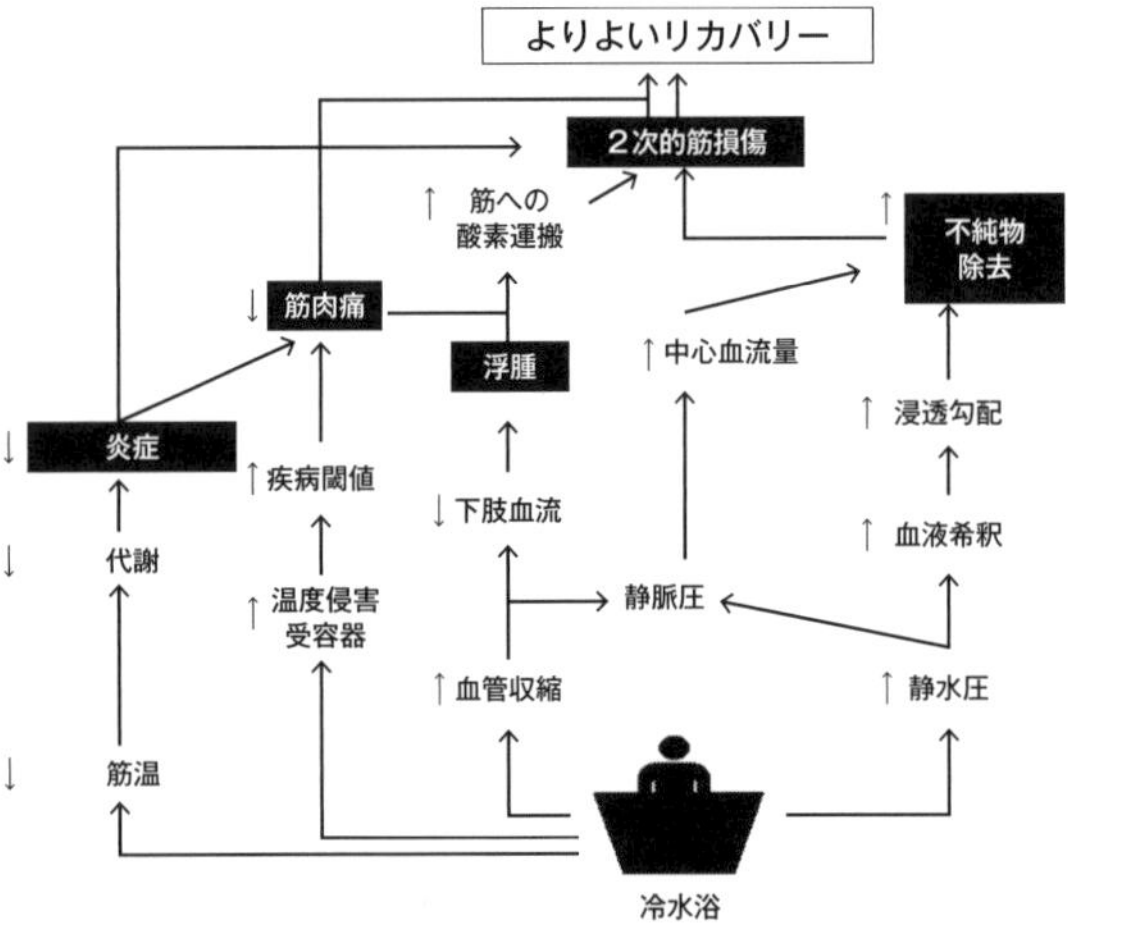

(Ihsan et al, 2016)

水風呂がだいたい17〜18℃であることを考えると、感覚としてはそれぐらいだと思っていいでしょう。また、時間については10〜15分継続して浸かることになります。ただし、どうしても10〜15分耐えることができなければ途中で出ても構いませんが、合計で10〜15分浸かることをおすすめします。さらに、アイスバスを実施するタイミングとして、試合後や練習後に筋肉に強い張りや痛みがある場合には速やかに入浴するようにしてください。理想としては、運動後30分以内に実施することが望ましいと考えられています。

注意点としては、例えば午前、午後と2部に分けて練習があり、練習間の休憩時間が1時間以内の場合には、前述のように10〜15分もアイスバスを実施してしまうと身体が冷えすぎてしまい、午後の練習で体が動きにくくなってしまう可能性があります。アイスバス後に運動をする場合は、少なくとも1時間以上の空き時間があり、再度ウォーミングアップができるという条件を忘れないでください。また、皮膚に傷口があり、そのアイスバスに複数人が入る可能性がある場合は、感染などの恐れがあるため実施しないでください。

実際にアイスバスを実施して、良好だった具体例をご紹介します。図4を見てください。練習後、体温の高い状態が続くと脳が興奮状態となり、心地よい睡眠の妨げになります。そういった時、速やかに就寝するためにもアイスバスは有効です。プロ野球のトレーナーや選手にもアイスバスを紹介したところ、選手の実施後の感覚も良好のようです。

また、練習後に体温が高すぎると食欲不振となり、食事を十分に摂取できない場合があります。

図3　効果を高めるアイスバスのやり方

温　　　度：15～20℃

時　　　間：10～15分

浸水の深さ：理想は肩まで、
最低下半身

タイミング：運動後速やかに（理想30分以内）

留　意　点：２部練習の間であれば、１時間以上空ける
傷口がある場合は、感染等の危険があるのでNG

図4　アイスバスの具体的な活用方法

1. 夕方の試合で夜に眠れない場合
＊体内に熱がこもった状態だとよい睡眠を得ることができないため

2. 練習後に食事がスムースに摂取できない場合
＊体温を下げ、心身ともにリセットした方が食事を摂りやすいため

3. 心理的ストレスがある場合
＊ドーパミンとセロトニンのバランスを調整することができるため

4. ハードな練習をして全身に痛みや張りがある場合
＊筋ダメージを中心とした身体ダメージを抑制できるため

そんな時にも、アイスバスによって体温を下げることで、心身ともにリフレッシュできて食欲も改善されます。

心理的ストレスがある場合（とくに興奮して交感神経優位な場合）にも、体を冷却することでドーパミンとセロトニンのバランスが調整でき、興奮状態を鎮めることができます。

なお、実際にアイスバスを現場で実施する際に、活用できるアイテムを図5に示しました。各現場でできる環境や予算によって準備してみてください。

筋肉の張りや痛みなどの筋ダメージを緩和したい場合、あるいは気持ちをリフレッシュしたいという場合でもアイスバスは有効。理想的な入浴方法は湯温15～20℃、時間は10～15分継続して浸かる。

図5　アイスバスで活用できるアイテム

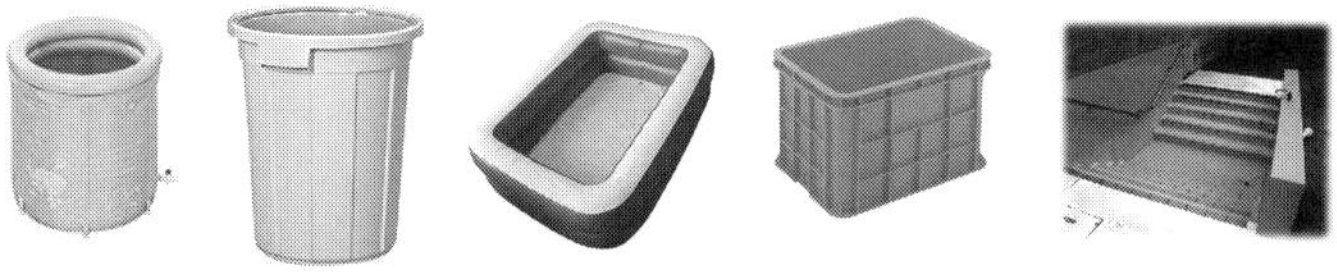

アイシングの効果をより高めるために 1

肩周囲へのアイシングは、「投球後に生じる痛みや疲労を改善させるため」という考えにもとづいてこれまで実施されてきました。この肩関節周囲への投球後のアイシングは主に投手のコンディショニングとして定着していますが、近年、このアイシングには賛否があり、中には投球後のアイシングを拒む投手もいます。そこで、肩関節周囲への投球後のアイシングについて、どのようなことを踏まえて実施していくべきかを考えていきたいと思います。

肩周囲へのアイシング方法についてお話しする前に、まずは投球後に肩関節はどのようになるのかをご説明します。図1を見てください。これは現役高校生の硬式野球部の投手が2日間連投した時に、クーリングダウンとして軽いキャッチボールとストレッチングのみを行った際の、肩関節柔軟性の変化を示した実験結果になります。2日目では肩関節柔軟性はやや低下し、3日目（2日間連投）になるとさらに低下しています。肩関節柔軟性の低下は、投球障害を引き起こす要因のひとつです。そういった理由から、このような柔軟性の低下が生じないようにするためのコンディショニングが必要であり、その代表的な対処法のひとつとしてアイシングが従来から実施されてきました。

しかし、この柔軟性の低下を引き起こす要因が、筋スパズム（筋けいれん）などにより筋や軟部組織が硬くなったことによる結果なのか、それとも肩関節を酷使したことによる痛みや炎症が影響している結果なのかで、症状によってアプローチ方法は変わってきます。前者であれば、柔軟性を改善させるためのアプローチとして循環をよくする方法が必要であり、後者であれば、痛みや炎症を抑える方法が必要になります。すなわち、後者である場合はアイシングが有効に働く可能性が高いですが、前者の場合だとアイシングは逆効果となってしまいます。投球後、どんな状態にある投手であっても肩関節周囲にアイシングをすればいいのかというと、一概にそうともいえないのです。

アイシングにおける生体反応の考え方につ

図1　1日100球の投球練習を連続した場合における肩関節の可動範囲（柔軟性）の変化

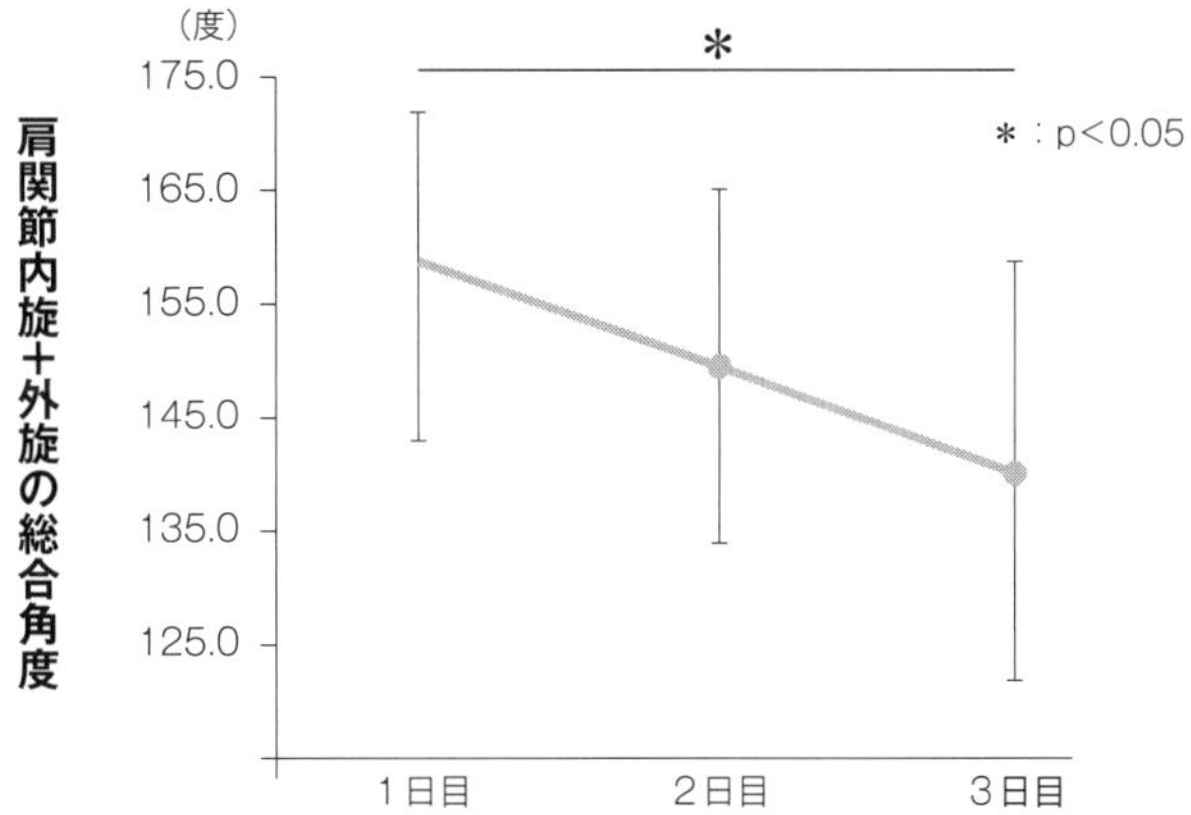

いて図2を見てください。このように、アイシングによって投球後に生じる痛みや腫れは抑制されると考えられています。投球によって肩関節周囲は酷使されるわけですから、投球後に痛みや腫れを抑制する手段としてアイシングをすることは有効です。しかしながら、冷やしすぎてしまうと、神経系に対してマイナスな作用をおよぼすことがあるという研究や、過剰な冷却が成長ホルモン分泌を妨げてしまうという研究もあり、近年アイシングの是非が問われているのです。

そこで、まず抑えておくべきポイントは、応急処置のアイシング（ＲＩＣＥ処置）と、トリートメント（コンディショニング）としてのアイシングを分けて考えなければならないということです。捻挫や打撲など急性外傷によって患部に強い炎症症状がある場合には、それを鎮静化して損傷部位が広がらないようにするための応急手当として、多くの教科書で「20分程度のアイシング」が推奨されています（しかし、近年これについても学会で議論されているところです）。

一方、投球後の肩関節は、捻挫や打撲といった急性外傷のように組織が強く損傷しているわけではないので、すべての場合に強い炎症症状があるわけではありません。したがって、応急手当として用いるＲＩＣＥ処置のようなアイシングを投球後に実施することは、先に述べた弊害を引き起こす可能性があるため、トリートメントとしてのアイシング方法とは別に考える必要があります。これについては次項で詳しくご説明したいと思います。

もう一点、配慮すべきことは肩関節周囲へのアイシング後の対応です。応急手当では、ＲＩＣＥ処置で唱えられているように、アイシング後は安静です。しかしながら、先ほど示したように、

図2　肩関節へのアイシングが必要だとされていた従来の考え方

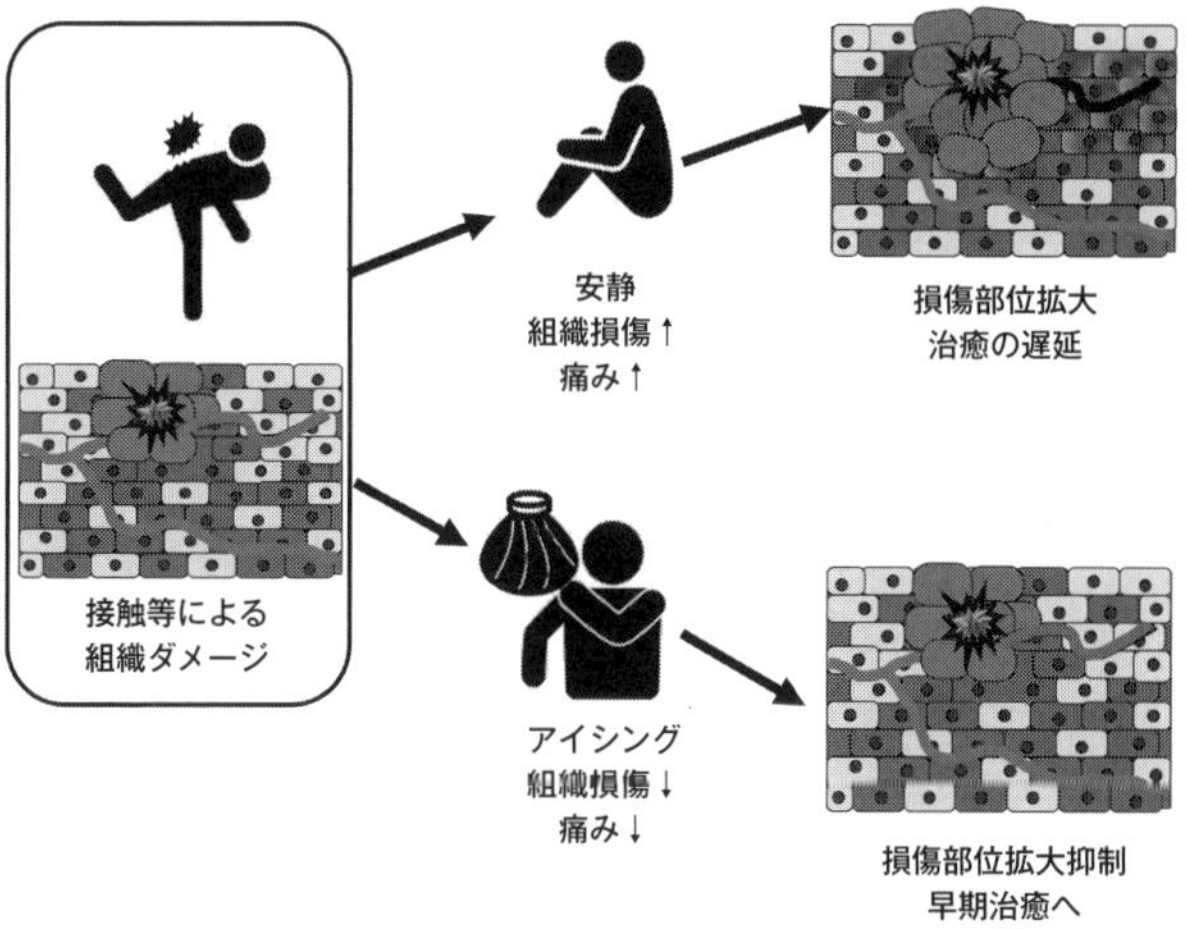

図3　投球後の肩関節周囲へのアイシングをする場合の考え方

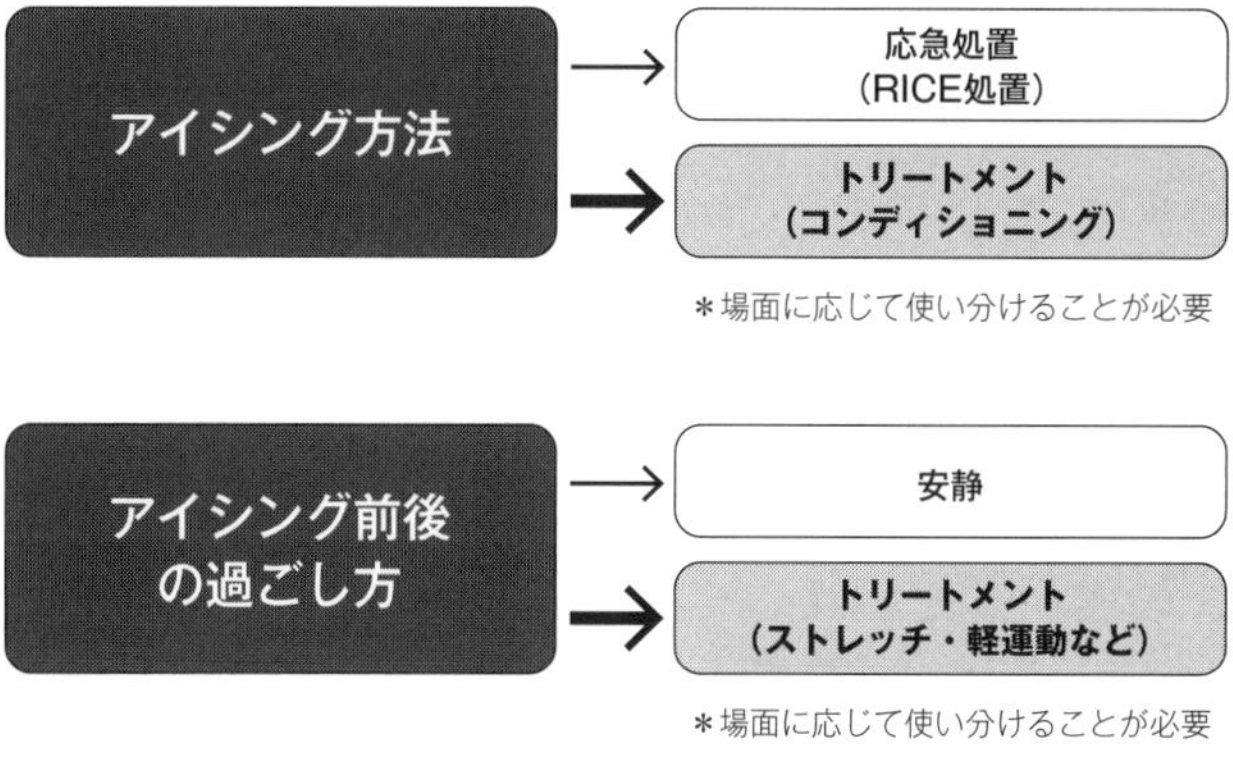

投球後の肩関節周囲には外傷で受けたような強い炎症症状がある可能性は低いです。もちろん、まったく痛みや炎症がないとは考えにくいですし、筋が張った状態となることで肩関節周囲の柔軟性は低下しますから、投球後に肩関節周囲をアイシングすることによって、不良状態にあったコンディションを通常に戻すことは可能です。ただし、アイシングだけで終わらせず、その後に低下する可能性の高い肩関節周囲の柔軟性改善のコンディショニング（ストレッチングなど）を、実施することが望ましいと考えられます。

近年、過剰なアイシングによる弊害に関する研究結果も数多く報告されていることを考えると「投球後に肩関節周囲をやみくもにアイシングする」のではなく、「投球によって生じている肩関節の状況を踏まえて、対応を総合的に判断する」ことが重要だと思います（図3）。次項では、引き続き投球後の肩関節のアイシングに関する注意点および方法についてご説明します。

> 近年では過剰なアイシングによる弊害も数多く報告されている。
> 投球後に肩肘をやみくもにアイシングするのではなく、
> どのような方法が自分に合っているのかを考え、実施することが重要。

アイシングの効果をより高めるために 2

前項でご説明したように、現在の野球界では、外傷後に実施するＲＩＣＥ処置（安静、冷却、圧迫、挙上）としてのアイシングと、トリートメントとして行うアイシングが混同されているように感じます。

応急手当としてのアイシングは、患部に炎症症状があり、それが悪化することを抑制すると同時に、それが広がるのを予防するために行います。投球動作のアクセラレーション（加速）期からフォロースルー期にかけて、肩関節周囲にはエキセントリックな負荷（筋肉が引き伸ばされるような強い負荷）がかかり、さらにはオーバーワークによって肩関節内に炎症症状が生じると考えられています。

そこで、それに伴う炎症症状を鎮静化させるために、アイシングが用いられています。ただし、投球動作の繰り返しによって、その度に肩肘周囲へ強い負担がかかり問題を起こしているのかというと、一概にそうともいえないと最近では考えられています。

図1を見てください。投手Ａは、球速１４０㎞を超えるストレートを投げる現役投手です。この選手は、投球後のアイシングを好みません。一方、投手Ｂは1年ぶりに投球をする元投手です。

AとBの両者に80球投げてもらい、その後、何もしない状態での経過について、肩関節周囲の主観的な筋肉痛の度合いを数字化して、その推移を示しました。

投手Aは投球後に若干、肩関節周囲に張りを示しているものの、その3時間後には投球前と同じ状態に戻っています。一方、投手Bは直後から翌日にかけて肩関節周囲に強い張りを感じています。つまり、同じ条件で投球をしたとしても、投球後の肩関節周囲への症状は、選手個々によって異なることがわかります。

図1で紹介したような違いが、なぜ生じるのでしょうか。これについては研究家の間でもさまざまな考えがあり、まだまだ議論しなければならない要素が残されていますが、現時点での理由は次の通りです。

1つ目は、ある部位にエキセントリックな負荷（強い負荷）を与えると、その部位には強い筋肉痛が生じます。ただし、エキセントリックな負荷などを与えた部位には、それに対する耐性ができて、ある一定期間は同程度の負荷を与えても筋のダメージのような筋肉痛が生じないという研究知見があります。みなさんも、久しぶりに練習したら筋肉や関節が痛くなった経験があると思います。でも、そういった痛みも、ある程度同じ練習を繰り返していくといつの間にか和らいでいきます。

これと同様に、毎日のように投球を行っている場合には、それと同程度の負荷であれば肩肘に炎症症状は生じない可能性が高いと考えられます。投手Aは翌日になると投球前と同程度の状態に戻っているのに対して、投手Bのように久しぶりの投球になると数日経過しても肩関節周囲に強い筋肉痛が生じるのは、そういった理由からだと推察されます。

２つ目は、全身をうまく使って投球をしている場合と、肩肘など体の一部に負担がかかるような投げ方をしている場合の違いです。前者は肩肘への負担が少なくなるので、その部位に炎症症状が起こりにくく、それを抑制することを狙いとしたアイシングの必要性はあまりありません。一方、バランスの悪い投げ方で肩肘に負担がかかりやすく、投球後に炎症が生じやすい場合には、その抑制のためのアイシングのような何らかのアプローチをする必要

図１　投球80球後の肩関節周囲に感じる筋痛の度合い

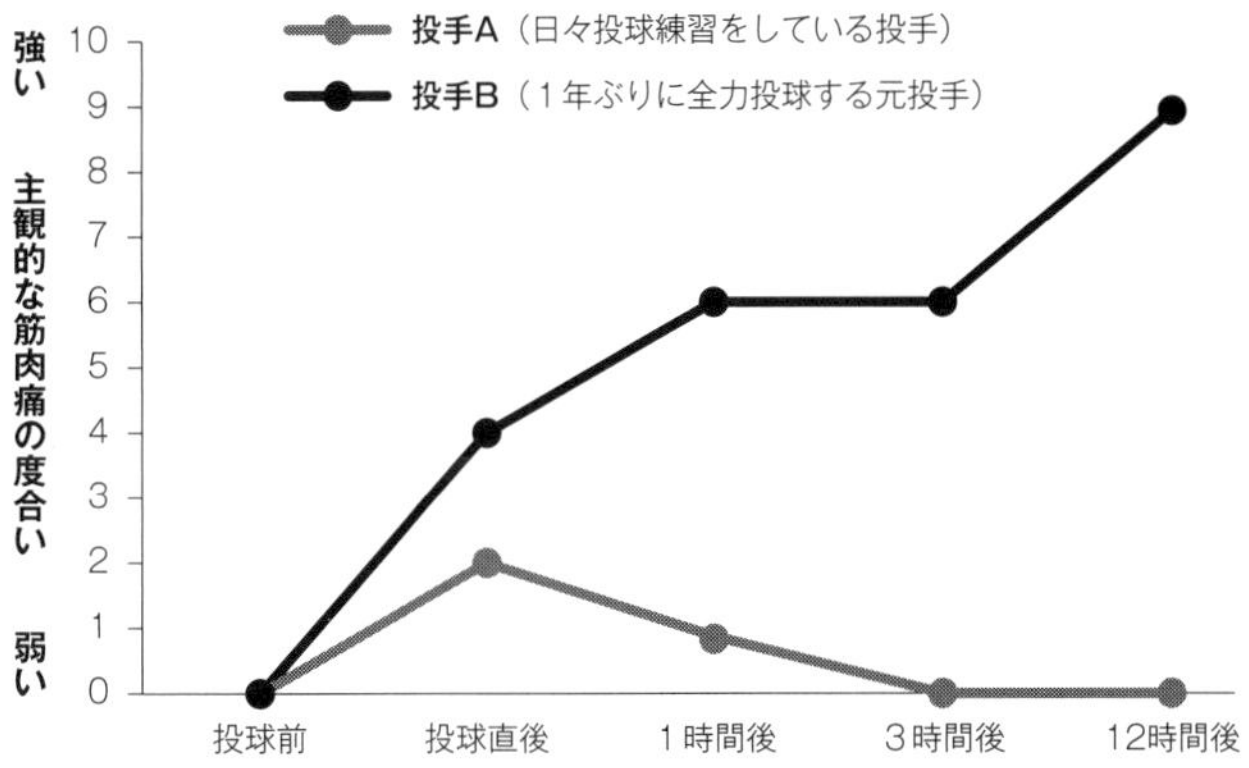

図２　症状に合わせた肩肘へのコンディショニングの捉え方

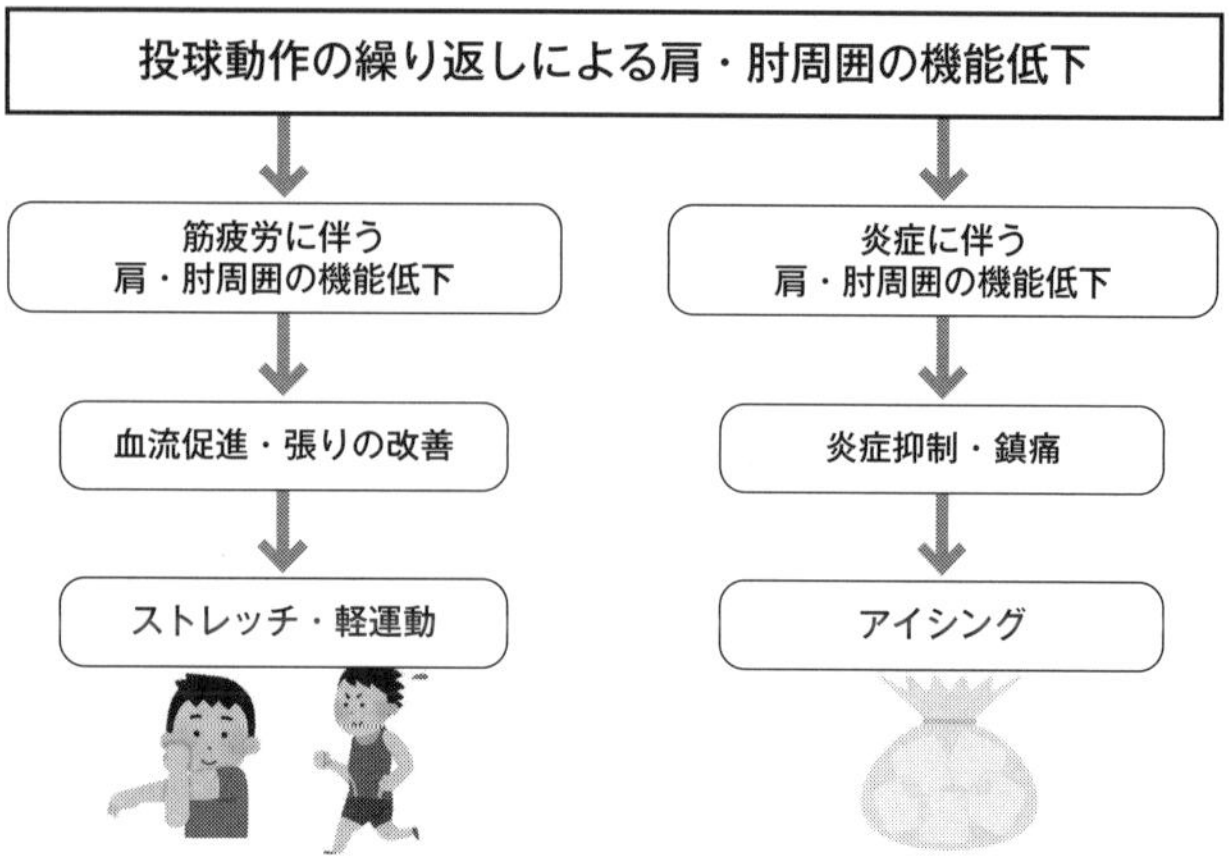

図３　投球後に肩肘への炎症を引き起こす可能性がある場合

・久しぶりに投球をした場合
・肩肘に負担がかかるような投球をした場合
・マウンドの傾斜が高い場合
・マウンドが硬い場合
・普段よりも投球速度が速く投球数が多い場合
・連投をしている場合
・過去にケガをして肩肘に不安を抱えている場合

があります（図2）。

さらに、普段から投球をしている選手でも、マウンドの傾斜の高低差や硬さの違い、投球の質や量の違い、環境（夏季と冬季）の違い、過去にケガをした経験の有無などによっても、投球後に生じる肩肘への負担は異なる可能性があります（図3）。このように、選手の状況はさまざまであるため、投球後にアイシングを好む選手と好まない選手がいるのも当然だと考えられます。

ここまでご説明してきたことを踏まえると、投球後に肩肘の炎症がある場合には、それを鎮静化するために従来行われてきたアイシングを実施するのが望ましいかもしれません。一方、投球後に肩肘への炎症症状がない選手には、アイシングよりも繰り返しの動作によって生じた疲れを除去するようなアプローチが必要だと考えられ、軽運動やストレッチングなどが適しているといえるでしょう。

ただし、投球動作の繰り返しにより、肩肘周囲筋に筋スパズム（筋けいれん）のような疲れや張りを感じている場合には、5～10分程度の短時間のアイシングをしてその症状を沈静化し、その後にストレッチングや軽運動をすることによって、肩肘周囲の筋肉の柔軟性を改善するようなアプローチが有用になると考えられます。

投球後の肩肘へのアイシングの考え方およびその方法について、現在わかっている情報をもとにご紹介しました。本文中にも示したように、今後まだ検証を重ねていく必要はありますが、ひとついえることは「投球後には、どんな場合でもすべての人が肩肘にアイシングするのがベストな考え方ではない」ということです。当日の投球状況、それまでの投球状況、さらには各々の体質などを包括して、アイシングというものを考えていくことがこれからの時代は求められているのです。

投球後、肩肘に炎症がある場合は、アイシングが有効。
炎症症状がない場合には、アイシングよりも
軽運動やストレッチングなどが適している。

疲れを取るには交代浴も有効

暑熱環境時には、冷水浴（アイスバス）を行うことが疲労回復には有用であることをP223で説明しました。しかし、冷水浴がどんな時でも効果があるかといえば決してそんなことはなく、疲労感が強かったり、下肢のむくみやだるさがあったりする場合には、温浴と冷水浴を交互に行う「交代浴」のほうが有用とされています。

交代浴のやり方は、イメージとしてはサウナと水風呂を交互に入る感じです。冷水浴に入った際には血管が収縮し、温浴に入った際には血管が拡張することを交互に行うことで血流の巡りがよくなります。これにより、体内に蓄積した代謝産物（疲労物質）の除去につながるため、疲労回復に有効であると考えられます。また、交代浴は乱れた自律神経をコントロールするためにも有用です。交感神経が活発に働いている状態を抑制し、副交感神経の働きを促進するため、なかなか寝付けない場合などにもとても有効なのです。

交代浴を実施するにあたって、その効果をより高めるための実施方法について図1・2に示しています。まず、温浴の温度は38℃前後、冷水浴の温度は15～20℃となります。温浴は熱いと交感神経を促進してしまうので、少しぬるく感じるくらいの温度がいいと思います。冷水浴は、銭湯にある水風呂がおおよそ17～18℃ですので、あれくらいの温度を目安にしてください。次にそれぞれの実施時間についてです。ベースは温浴も冷水浴も2分としますが、少し筋肉の張りが強い場合には冷水浴を3～5分にしたり、寒い場合には温浴を3～5分にします。これを3～5セット実施します。

最後に、順番および実施するタイミングについてです。温浴から始まり、最後は冷水浴で終わるようにします。理由として、冷水浴から上がると、その後に自然と血管は拡張し体が温まってくるためです。この自然で、少しずつ血流を促すリバウンド効果を利用することが交代浴では有用であると、私が働いていた水を用いたリカバリー研究で世界的に知られている国立オーストラリアスポーツ科学研究所にて推奨されています。

タイミングについては、練習や試合によって蓄積された疲労物質をいち早く除去するには、練習や試合が終わった直後に入るのがもっとも有用です。ただもうひとつ、実施のタイミングとして有効なのが、就寝前です。先にも述べたように交代浴は眠気を促すため、入眠がよくなるからです。

図1　交代浴実施方法

温　　　度	：温浴38～40℃ 冷水浴15～20℃
時　　　間	：基本は各２分
セット数	：３～５セット
順　　　番	：温浴で始まり、冷水浴で終わる
タイミング	：練習・試合直後、就寝前
工　　　夫	：自宅では温浴はシャワー、冷水浴はバスタブ

なお、ここまでご説明してきた方法は、大浴場がある場所（銭湯）で実施可能ですが、自宅でこれを実施することはまず不可能です。では、自宅ではどのような工夫をするかというと、浴槽を冷水浴、シャワーを温かいものにし、温浴の代用とします。浴槽を温浴にして、シャワーを冷たいものにしたいところですが、重要なのは深部まで冷却することです。そのためには、浴槽を冷水浴にすることが必要であり、その研究知見も存在しています。

交代浴は疲れを感じている時には、心身ともにリフレッシュできる非常によい手段のひとつです。ただし、実施上の留意点があります。

1つ目は高血圧など心疾患のリスクがある方です。急激な温度変化が伴うので、そ

図2　交代浴実施イメージ

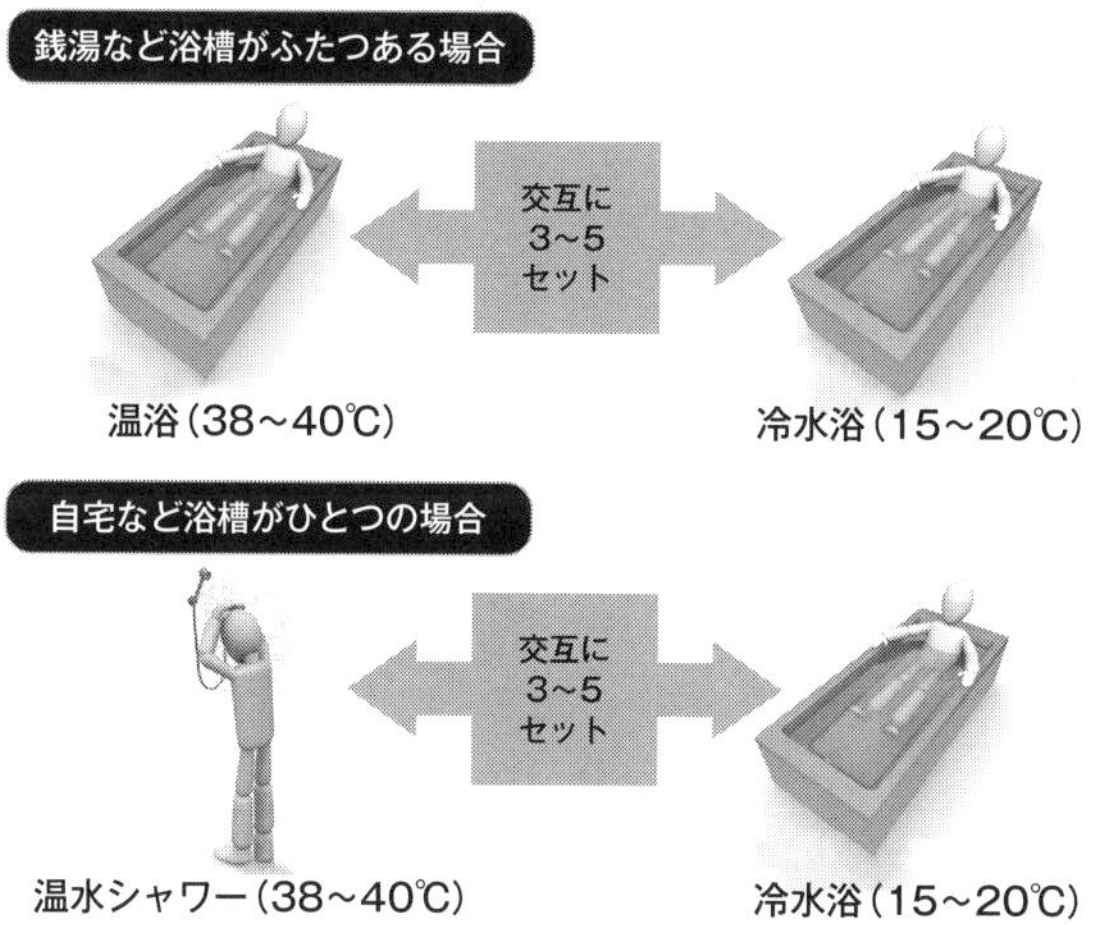

の負荷によって心臓へ負担を与えてしまいます。２～５℃ぐらい入浴温度が違うだけでも交代浴は有効ですので、リスクのある方は浴槽の温度を確認しながら、心身に負担のない程度で実施するようにしてください。

２つ目は傷口がある場合です。これは交代浴に限らず入浴すべてに該当するのですが、傷口からの感染および他に影響を与えないようにするためです。こちらについてはとくに、大浴場など集団が利用する場所では注意してください。

３つ目は、交代浴を実施する際には、最初の頃のセット数を少なく、あるいは実施時間を短くして、徐々に身体を慣らしてから実施するようにしてください。とくに初めて交代浴を実施する場合には、体が適応できない可能性もありますので注意してください。

本項では、疲労回復を促進する入浴法のひとつとして、交代浴をご紹介してきました。ハードワークをしても交代浴を有効活用することによって、翌日の練習や試合によりベストな状態で臨むことが可能になるでしょう。

温浴と冷水浴を交互に行う交代浴を運動直後に行うと、疲労物質をいち早く除去できる。
また、就寝前に行うと眠気を促すため、入眠がよくなる。

疲労回復に昼寝のすすめ

近年では睡眠に関する多くの書物が出版されており、そのほとんどで疲労回復手段として睡眠が重要であることが示されています。睡眠の有用性に関しては、本書のＰ２１４で私が説明した通りです。

しかし、睡眠といっても夜に寝る夜間睡眠だけでなく、昼間に仮眠する昼寝も疲労回復には重要であることがビジネス界でも取り上げられており、ある企業では率先して昼寝時間を作っているそうです。この昼寝は「パワーナップ（powernap）」と呼ばれており、スポーツ選手にとっても有用であることが近年わかってきています。

昼食後にはよく眠気を感じます。これは「ポスト・ランチ・ディップ」とか「アフタヌーン・ディップ」といわれる午後に起こる生理的現象で、慢性的な睡眠不足（睡眠負債）や、昼食を大量に食べたため、急激に血糖値が上昇、下降したことなどが理由として挙げられます。

眠気がある場合、脳の覚醒状態が抑制されるため、認知判断、反応時間などの機能が低下します（図1）。その結果として、ビジネスの世界では人為的ミスが増えたり、交通事故（14時頃がもっとも多い）を起こしたりしてしまうという報告がなされています。

スポーツの世界でも、脳の覚醒状態が抑制されることによって起こる脳機能低下が、運動パフォーマンスの低下につながることは多くあります。スポーツ選手を対象とした昼寝の研究において、昼寝を30分ほどした条件のほうが、運動パフォーマンスの中でもとくに認知判断能力が良好な結果を示しています。さらに、高校球児は夜遅くまで練習をしている選手も少なくなく、そこに通学時間なども加味すると、慢性的な睡眠不足になっている選手は相当数いると考えられます。よって、昼間に眠気のある場合には、パワーナップをうまく活用することが有用です。

日中の眠気を改善するために、適当に昼寝をすればいいのかというと、決してそんなことはありません。昼寝の仕方によっては、それがマイナスに働いてしまうこともあるので注意が必要となります。

昼寝を実施する際の留意点を、図2にまとめました。昼寝に関する研究の多くが、20〜30分間の昼寝の実施を推奨しています。その理由として、30分以上の昼寝をしてしまうと深い眠りに入ってしまうため、昼寝から目覚めても頭がボーッとしてしまい、なかなか覚醒状態まで上がってこないからです。また、昼寝の時間が長いと夜間睡眠に影響してしまい、夜になかなか寝付けなくなる場合もあるため、昼寝のしすぎには注意が必要です。

次に、主運動開始から60分前ぐらいには昼寝から目覚めるようにします。昼寝から目を覚ましていきなり主運動をすることはないでしょうが、昼寝により覚醒状態はある程度抑制されます。したがって、昼寝後にはしっかりとリ・ウォーミングアップをすることを忘れないでください。

図１　日中の眠気による身体機能の低下

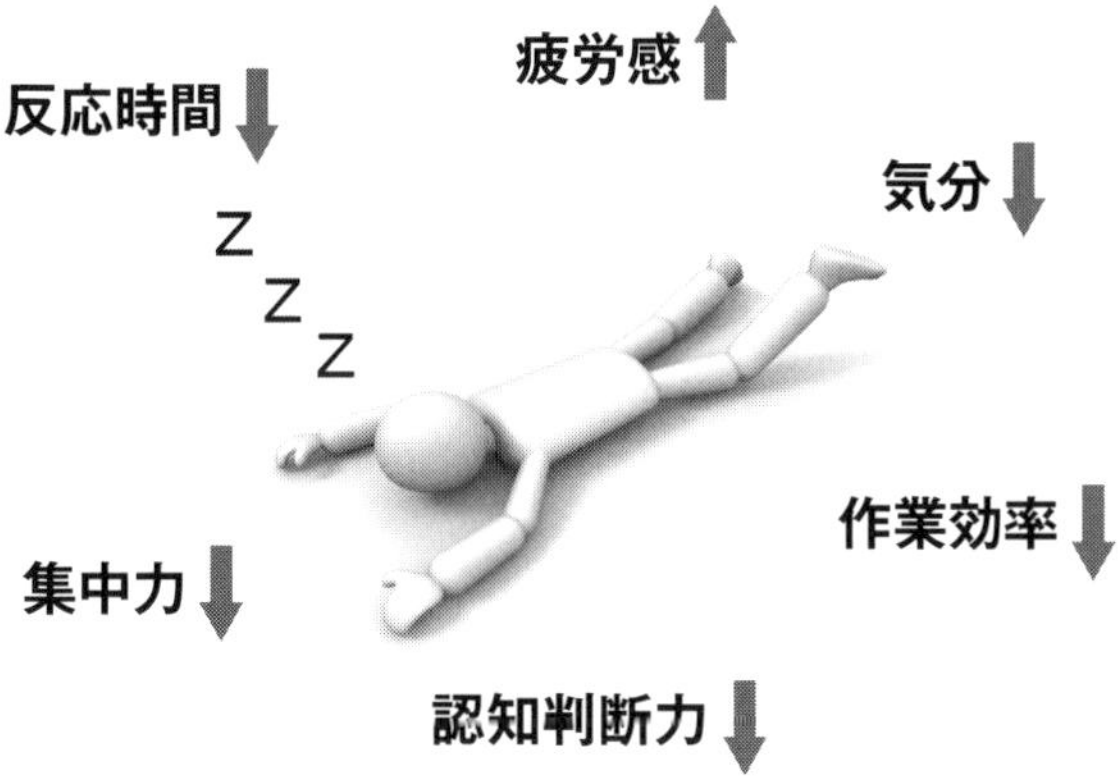

図２　昼寝（パワーナップ）実施時の留意点

1. 昼寝時間は30分以内
2. 主運動開始の(w-up除く)60分前に起床
3. 脳が強い興奮状態にあるのを鎮めたいとき
4. 午後に眠気がある際にとくに実施
5. 昼寝は楽な姿勢で

最後に試合間の昼寝についてです。試合によって興奮し、脳が非常に強い覚醒状態である場合には、上昇しすぎた覚醒状態を抑制する必要があります。その時に昼寝をすることで、脳の覚醒状態を抑制することができると考えられます。この点については、理論的な予測と現場での経験のみであり、まだはっきりと言及できる段階ではありませんが、脳が過度な覚醒状態にある時に、深呼吸をして落ち着かせるのと同じように脳の疲労回復（リカバリー）をする、すなわちマインドセットする手段として昼寝を活用することも可能だと考えられます。その他の留意点も図2に記しましたので、ぜひ参考にしてください。

日本人は諸外国に比べて明らかに睡眠時間が少なく、睡眠負債を抱える国民です。この睡眠負債を補う手段が昼寝であるため、スポーツ選手に限らず、多くの人にとって昼寝を活用することは有用だと考えられます。また、先述したように、高校球児は野球に勉学にと、睡眠時間が少ないのが現状です。それを補うために週末の昼食後、平日であればお昼休みの時間にパワーナップを行うことで、午後の練習および試合に向けての一助になると思います。

昼寝に関する研究の多くが、20〜30分間の昼寝を推奨している。
昼寝をすると運動パフォーマンスの中でもとくに認知判断能力がよくなる。

第6章

筋力トレーニングを科学する

筋肉を増量するための食事のポイント

冬は野球のオフシーズンにあたり、新たなシーズンの開幕に向けて体力を増強するための強化期間となります。

そこで、オフシーズンのフィジカルトレーニングの効果をより一層高めるためのポイントを、本章ではご説明していきたいと思います。まず本項では、フィジカルトレーニングのベースとなる筋肉増量に向けた食事のポイントを解説します。

第1章で野球選手の特徴は除脂肪体重（体重から脂肪量を除いた重さ）が重く、それがスイング速度の速さや球速にも大きく影響していることを説明しました。つまり、パフォーマンスを高めるためにはただ単に体重を増やせばいいわけではなく、その中身が非常に大切になってきます。図1を見てください。選手Aよりも B のほうが体重増加量は多くなっていますが、中身を見ると、選手Aは除脂肪体重が4kg増加したのに対して、選手Bは1kgしか増加していません。Bは脂肪量メインの体重増加なので体の動きは悪くなり、さらに体重が増えたことで足腰のケガも懸念されます。

では、除脂肪体重を増やすために、食事は何に気を付ければよいのでしょうか。みなさんは、筋量を増やすためにタンパク質（プロテイン）が必要なことはご存じでしょう。でも、タンパク質をたくさん摂取すれば筋肉が増えるかといえば、一概にそうとはいえません。図２にスポーツ選手のタンパク質摂取のポイントを示しました。

１つ目は、毎日多量のタンパク質を摂取すればいいわけではないということです。一般的には「体重当たり１・５〜２・０gの摂取（例：体重70kgの選手であれば１０５〜１４０g）が適量」といわれています。どの食品にどの程度のタンパク質が含まれているかについては、いろいろな本やインターネットから引き出せますので、そちらを参考にしてください。

２つ目は、１回の食事で15〜25gのタンパク質を摂取するということです。トレーニング後の１回の食事当たり、どのぐらいのタンパク質を摂取すると筋肉のタンパク質合成（筋肉を作ること）が起こりやすいかを調べた実験があります。それによると20gまでは筋肉のタンパク質合成が高くなりますが、20gを超えるとタンパク質合成に大きな変化はなかったことが示されています。つまり、１回の食事につき20gのタンパク質を摂取することが筋肉を増やすためには必要であって、それ以上摂取しても意味はないのです。したがって、図３のような偏った食事方法だと、思ったような筋肉の増量は図れません。狙い通りに筋肉を増やすには、図４のように一日中、平均してタンパク質を摂取することが大切です。

３つ目はトレーニング後、速やかにタンパク質を摂取することです。トレーニング後、食事をするまでに時間をかけすぎてしまうと、筋肉がタンパク質を欲しがる時間を逃し、筋肉を形成す

図１　増量は体重ではなく中身が大切

5kg増量
脂肪：1kg、除脂肪体重4kg

例えば・・・
体重70kg→75kg
除脂肪体重60kg→64kg

10kg増量
脂肪：9kg、除脂肪体重1kg

例えば・・・
体重70kg→80kg
除脂肪体重60kg→61kg

除脂肪体重増量 ＞ **体重増量**

図２　スポーツ選手のタンパク質摂取のポイント

1．多量摂取することは決していいことではない
2．体重に応じて１回の食事で15-25ｇ摂取を5回に分けて
3．タイミングが重要（トレーニング後45分以内に）
4．動物性たんぱく質（ロイシン含量）をしっかり摂取
5．ビタミンBとCの摂取も忘れずに

図3　よくないタンパク質の摂取の仕方

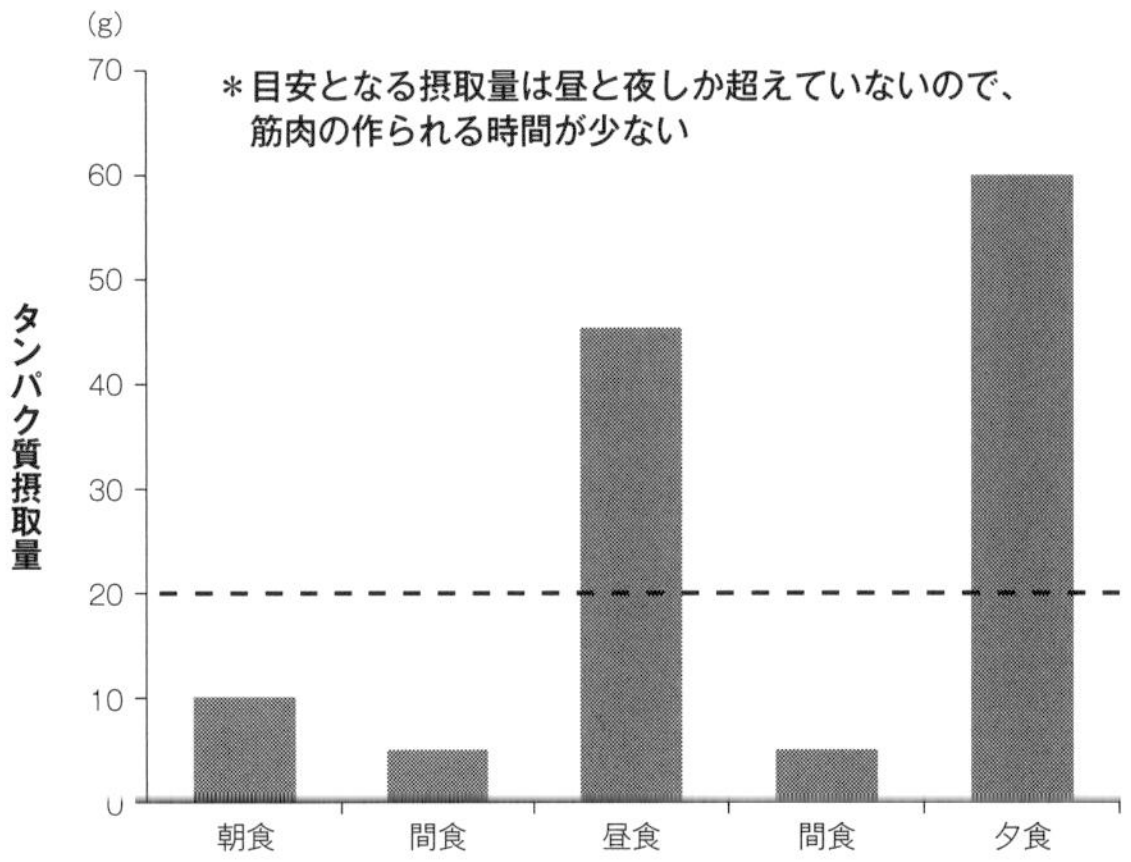

図4　理想的なタンパク質の摂取の仕方

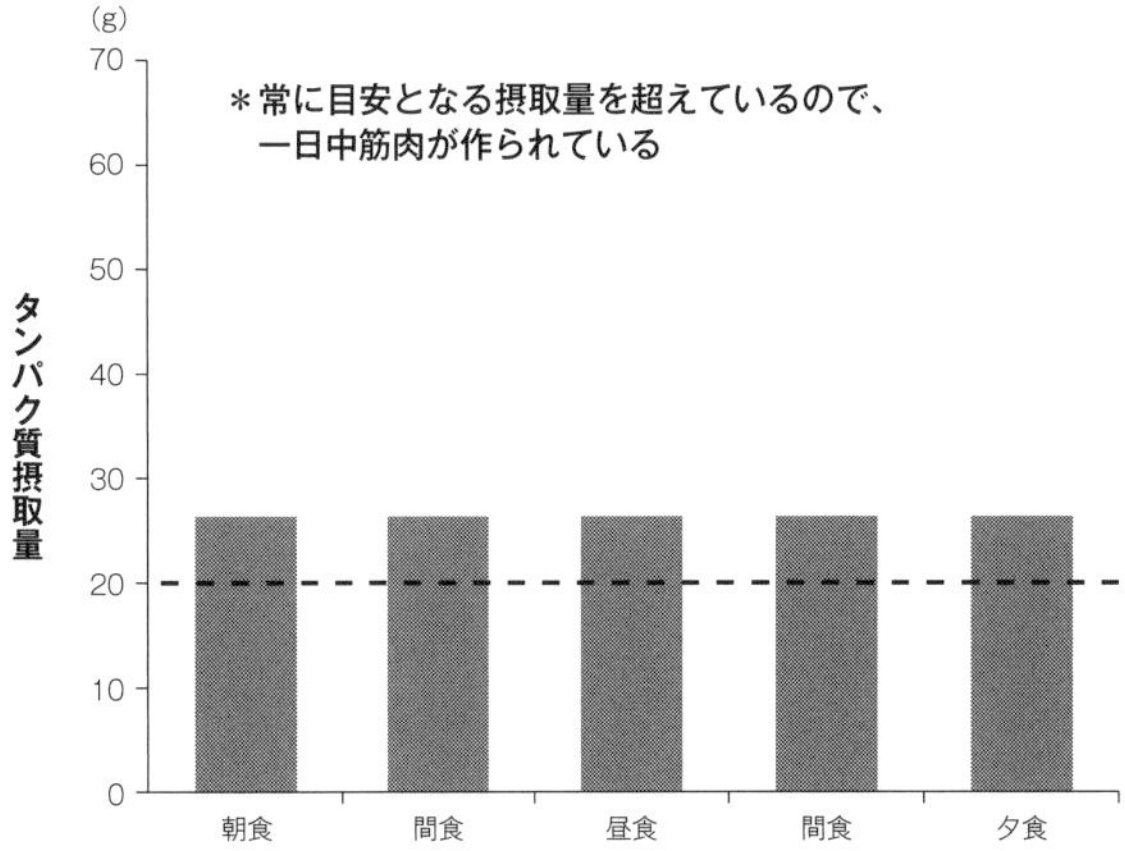

るチャンスが限りなく〝0〟になってしまいます。筋肉がタンパク質をもっとも欲しがっているのが、トレーニング後45分以内といわれています。筋力トレーニングの後は、早期のタンパク質の摂取を心がけましょう。

4つ目は、タンパク質の種類を考えようということです。とくに必須アミノ酸のロイシンは、筋肉のタンパク質合成を促進します。ロイシンは動物性タンパク質です。筋肉を作るためには、この動物性タンパク質が必要です。

5つ目は、ビタミンBとCの摂取も忘れないことです。タンパク質は体内でアミノ酸に分解されてから吸収されます。しかし、ビタミンBが足りないとタンパク質は分解されず、アミノ酸として吸収することができません。また、ビタミンCはタンパク質合成能力に必要なものなので、これらのミネラルの摂取も忘れないでください。

筋肉量を増やすには1回の食事で15〜25gのタンパク質を摂取する。
また、トレーニング後、速やかにタンパク質を摂取することも大切。
ビタミンBとCの摂取も忘れずに。

［筋力トレーニングの基礎知識 1 ］

トレーニングの目的と方法

筋力トレーニングには、筋肉を太くする筋肥大、最大出力を高める最大筋力向上、より速く力強く発揮するパワー向上、そして筋持久力向上と、目的がいくつか存在し、それぞれにトレーニング法も異なります。ですから、何でもかんでもただ重い負荷を担いでトレーニングをすればいいというわけではありません。

また、最近よく聞く「コアトレ」（体幹トレーニングの意、後述）ですが、「強化」のトレーニングと「調整」のトレーニングとは別物なのに、多くの現場で混同した解釈をされているように思えてなりません。

そこで今回は、筋力トレーニングの効果をより高めてもらうために、野球選手として押さえておきたい筋力トレーニングの基礎知識についてご紹介します。

【目的別のトレーニング条件の設定】

1　筋肥大を目的としたエクササイズ

筋を太くする筋肥大のトレーニングでは、成長ホルモンの分泌をより促すため、筋力トレーニングによって筋をいわゆるパンプアップした状態にすることが必要になります。そのためのトレーニング負荷の目安は、最大筋力の発揮ができる負荷の70～85％程度の重量を用いて、6～12回の最大反復をすることになります。また、成長ホルモンの分泌を促すためにも、セット間の休憩時間は30～90秒と比較的短い時間とし、3セット以上実施することが理想です。

2　筋力向上を目的としたエクササイズ

最大筋力を高めるためには、筋出力に関わる神経系を最大限に動員させることが必要になります。そのためには、最大筋力の発揮ができる負荷の85～100％程度の重量を用いて、1～5回を全力で反復することです。また、1セットごとに最大筋出力を発揮することが求められるため、休息は筋肥大よりも長く、2～5分を挟んで、2セット以上実施することが理想です。

3　最大パワー向上を目的としたエクササイズ

最大パワーを向上させるためには、短時間で素早くエクササイズを実施しなければなりません。

力とスピードの両方を向上させることが必要になるため、最大筋力発揮ができる負荷の60～70％の重量で、10～20回程度実施します。ただし、ポイントはより速く意識することが重要なので、1セットの回数は最大速度に対して80％以上で実施できる程度にすることが重要です。また、筋力向上と同様に1セットごとに全力を出し切らなければならないため、2～5分の休息を挟んで、2セット以上実施することが理想です。なお、短時間で素早いエクササイズ動作を行う必要があるため、スクワットなどでの降ろす動作は1～2秒と比較的速く、そしてその後の挙上動作を最大速度で行うことを忘れてはなりません。

図1に筋持久力の向上についても触れた、目的別トレーニング条件の目安を示しているので、そちらを参考にしてください。

【トレーニングセットの組み方】

筋力トレーニング効果を高めるためには、目的別のトレーニング条件だけではなく、トレーニングセットの組み方も目的に応じて以下のように変える必要があります（図2）。

《ピラミッド法》

ピラミッド法とは、一般的に重量を徐々に重くするにしたがい、1セットの回数を減らす方法

図1　目的別トレーニング条件の目安

筋肥大	筋力向上	最大パワー向上	筋持久力向上
6～12RM	1～6RM	12～20RM	20RM以下
70～85%	85～100%	60～70%	60%以下
6～12回	1～5回	10～20回	20回以上
30～90秒	2～5分	2～5分	1～2分
各セット オールアウト	1・2回余裕を 残して終える	動作は できる限り速く	粘り強く 反復する

※RM : Pepetition Maximum（最大反復回数）
（有賀　競技スポーツのためのウエイトトレーニング2008より引用）

図2　各筋力トレーニングセットの組み方の例

ピラミッド法の一例

セット	負荷×回数
1セット	60%×10回
2セット	70%×7回
3セット	80%×5回
4セット	90%×数回
5セット	90%×数回

ウエイトリダクション法の一例

セット	負荷×回数
1セット	50%×10回（ウォームアップ）
2セット	70%×5回（ウォームアップ）
3セット	80%×8回
4セット	70%×8回
5セット	60%×8回

重量固定法の一例

セット	負荷×回数
1セット	40%×20回
2セット	40%×20回
3セット	40%×20回

フォーストレップ法の一例

セット	負荷×回数
1セット	70%×10回
2セット	70%×8回＋補助で数回
3セット	70%×6回＋補助で数回
4セット	70%×3回＋補助で数回

です。とくに最大筋力向上を目的とした場合に有効な方法です。

《ウェイトリダクション法》

ウェイトリダクション法とは、セットごとに重量を減らしながら、目標反復回数まで最大反復する方法です。とくに筋肥大を目的としたトレーニングとして採用されます。

《重量固定法》

重量固定法はウェイトトトレーニング初心者に対して有効で、とくにフォーム習得を狙いとした場合に用いる方法です。ウォームアップをした後に、すべてのセットの重量を固定して実施するため、セットごとに負荷を調整しなくてすみます。

《フォーストレップ法》

フォーストレップ法とは、反復できなくなったら補助者の力を借りて、さらに数回の反復トレーニングを行うことによって、オールアウト（すべてを出し切る）まで追い込むことを目的としたものです。

以上が、多数あるトレーニングセットの組み方の代表的なものになります。

最後に、先述した「コアトレ」についてお話ししたいと思います。どのスポーツでも「軸」が大切ということで、その基礎となるコア（体幹）トレーニングが行われています。確かに、「コアトレ」はとても重要なものですが、強化として行うトレーニングであれば、トレーニングの原理原則である過負荷をかけなければなりません。しかし、近年多くの現場で行われている「コアトレ」は、毎回一定の負荷で行うトレーニングであり、これは強化というよりもむしろ調整のトレーニングといえます。

「コアトレ」は20年ほど前に、姿勢維持のトレーニングとしてドイツで行われていたスタビライゼーショントレーニングが日本に入ってきたものです。もともとはウォーミングアップやクーリングダウンとして、自分自身の力の入り具合を確認するための体操の一種でした。ところ

図３　“強化”と“調整”の違い

が、これがいつの間にか「コアトレ」のひとつとして、強化トレーニングとして見なされてしまったのです。もちろん、調整のトレーニングは必要です。ただし、強化を目的とするのであれば、体幹トレーニングだとしても過負荷をかけるべきということを忘れないでください（図３）。

筋力トレーニング実施効果を高めるための基礎知識として、目的別のトレーニング負荷設定について、そしてトレーニングセットの組み方についてここまでご説明してきました。野手・投手どちらにおいても野球選手の競技力には除脂肪体重が深く関係するため、フィジカルトレーニングの中でも筋力トレーニングを採用することが多いと思います。しかしながら、ただやみくもに負荷をかければいいわけではなく、目的に合った負荷のかけ方を考えなければなりません。まさしく、目的に応じたコンディショニングの筋力トレーニングバージョンとなるわけです。前項の食事と合わせて、筋力トレーニング効果を高めるための基礎知識として活用してください。

筋力トレーニングは筋肥大、筋力向上、最大パワー向上、筋持久力向上、それぞれの目的によってやり方も異なる。目的に合った負荷のかけ方を考えながらトレーニングすることが大切。

角度特性と速度特性

前項でご紹介したように、目的に応じたトレーニングの設定として主に負荷、量（回数）、休息時間がありますが、それ以外にも筋力トレーニングを実施する際に知っておくべき基礎知識が「トレーニング時の角度」と「トレーニング速度」の特性についてです。

トレーニングの角度特性とは、結論からいえば、動かした角度（曲げた角度）での筋力はよく向上するが、動かしていない角度（曲げていない角度）での筋力はあまり向上しないということです。

図1を見てください。これは肘を曲げるアームカールのトレーニングをどの角度で行ったかによって、それぞれの角度での筋力増加に差が出てしまったという実験結果を示したものです。つまり、最適角度までしっかりと動かしてトレーニングをすれば、その場所での筋力は向上するということです。

例えば、スクワットのトレーニングの際に「ふとももが地面と平行になるまで曲げるように」などと指導されることがあると思います。そこまで膝を曲げることでふとももにより大きな負荷を加えることができ、捕球姿勢のような低い姿勢での筋力の向上が期待できるのです。

ただし、野球であればポジションによって膝がどこまで曲がるのかを想定した上で行うことも、トレーニングを実施するためのひとつの考え方になります。基本的なトレーニングに加えて、自身の野球動作（打つ、投げる、捕球、走るなどの動作）を踏まえた上で、上半身、下半身、体幹のすべてにおいてどこまで動かすべきかを考えながらトレーニングを実施してみてください。

もう一方のトレーニングの速度特性とは、結論からいえば、トレーニング速度に応じた速度での筋力が向上するということです。逆にいえば、トレーニング速度とは異なった速度での筋力向上はあまりしないということにもな

図1　異なる関節角度でのトレーニング効果の違い

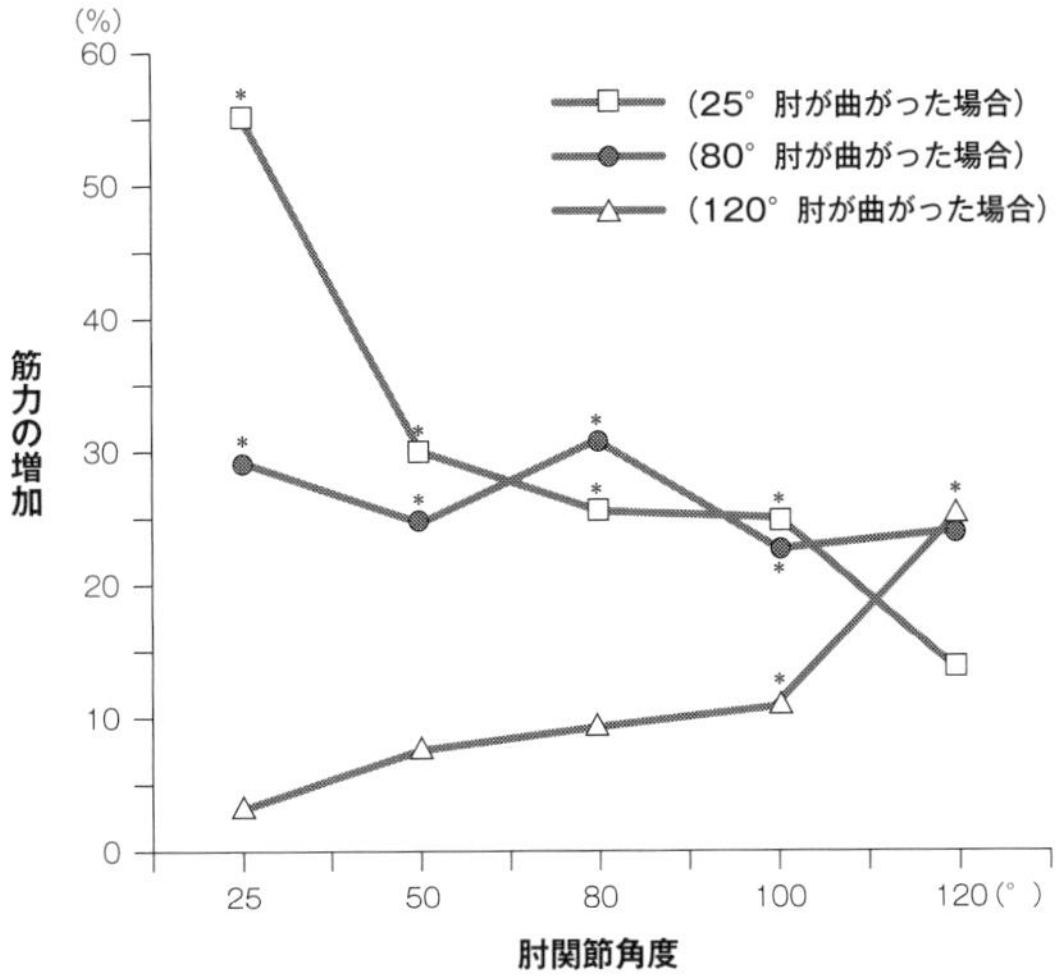

（長谷川裕監訳「レジスタンストレーニングのプログラムデザイン」より引用）

ります。

図2を見てください。低速度でトレーニングをした場合には、低速度での筋力増加率が高いのに対して、高速度での筋力増加はあまり見られていません。一方、高速度でのトレーニングをした場合には、高速度での筋力がもっとも向上しているのに対して、低速度の筋力向上はほぼ見られません。つまり、常にゆっくりとした低速度でのトレーニングだけをしていたら、スピーディーな動きに対応した筋力向上は起こりにくいということになります。

オフ期のトレーニングによって除脂肪体重は増加したものの、春先になって動きのいわゆる〝キレ〟がなくなってしまうということがよく起こります。体は大きくなって最大筋力は向上したのに、動きのキレがなくて思う

図2　異なる速度でのトレーニングが速度別の筋力向上におよぼす影響

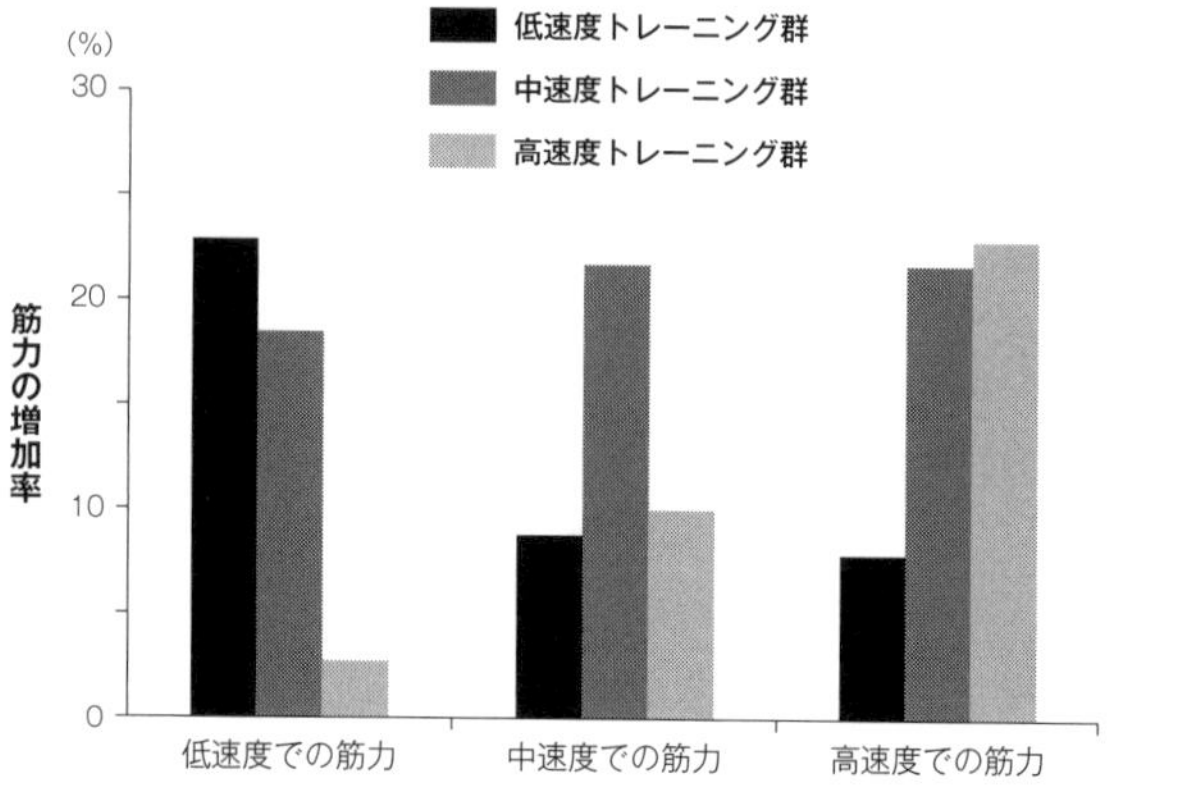

（金久ら1993より一部改変）

ように動けない。こういったことが起こるのは、筋肥大を目指すあまり、先述した低速度でのトレーニングを繰り返してしまい、高速度でのトレーニングをあまりしていなかったからです。

このような体の状態で春先に全力でバットスイングをしたり、ダッシュをしたりすると、筋肉が高速度に適応していないため肉離れなどのケガにつながる危険性が高くなってしまいます。つまり、オフ期のトレーニングではただ高重量を挙げるだけではなく、春先が近づいてきたら、より速い速度を意識してトレーニングすることを心がける必要があるのです。

本項では、筋力トレーニングの角度特性と速度特性について説明しました。筋力トレーニングはボールを使用した練習と違い、地味できついことを続けなければなりません。したがって、ただトレーニングのやり方を教えてもらっただけでは、きつい時に楽をしようとしてしまいます。そうならないためにも、そしてきついからこそ、トレーニング効果を高めるための基礎知識として、各トレーニングを実施するポイントや注意点を理解した上でトレーニングを行うことが大切です。そうすれば、きつい練習でもその後の効果を期待して一生懸命実施できると思います。

トレーニングの角度特性とは、動かした角度（曲げた角度）での筋力はよく向上する。トレーニングの速度特性とは、トレーニングにはそれぞれ最適の速度があり、その速度に則って行うと筋力が向上する。

瞬時発揮筋力（力の立ち上がり）を鍛えるには

野球の動作の基本である投げる、打つといった動きは一瞬であり、優れたパフォーマンスを発揮するためには、何よりもスピードが求められます。せっかくオフ期にフィジカルを鍛え上げたとしても、それをスピードにつなげられなければ意味がありません。そこで本項ではスピードを高めるための瞬時発揮筋力の基本とそのトレーニング法をご紹介していきます。

まず、図1をご覧ください。選手AとBの最大筋力は同じです。Aは最大筋力まで瞬時に発揮することが可能なことを示しています。一方で、選手Aが最大筋力に到達するのと同じ時間でBの筋力を見てみると、Aの半分にしか達していません。つまり、Bは力があっても瞬時にその力を出し切れていないということになります。

では、瞬時発揮筋力はどのように発揮されるのでしょうか。図2をご覧ください。これはメディシンボールサイドスロー時のふともも（後ろ足）と腹斜筋（捻じった側）の筋活動を示した筋電図を連続写真に合わせたものになります。写真は左からメディシンボールを持ち、そこから飛ばす方向とは逆（右側）に体を捻って、その後メディシンボールを投げる動作になります。筋電図の結果を見てみると、いわゆる「タメ」を作る一瞬（写真左から3番目）にふともも前側の筋と腹斜筋の筋活動が瞬間的に高くなっていることがわかります。つまり、体幹回旋時にタメを作ることが、瞬時発揮筋力には重要なのです。

トレーニングによって、瞬時発揮筋力がどのように改善されたのかを検証してみました。図3をご覧ください。左側が体幹回旋トレーニング前のふとももと腹斜筋の筋電図を示しています。これを見ると、図2で紹介したような回旋動作の切り返し時に下肢と体幹の筋活動がほとんど生じていません。一方、右側の体幹回旋トレーニング後のふとももと腹斜筋の筋電図を見てみると、動作の切り返し時に筋活動が大きくなっています。さらに、ただ筋活動が大きいだけではなく、それが瞬時に発揮されていることがはっきりとわかります。回旋動作トレーニング時に瞬時発揮を意識したトレーニングをすることによって、実際のバットスイングや投球動

図1　瞬時発揮筋力（力の立ち上がり）の重要性

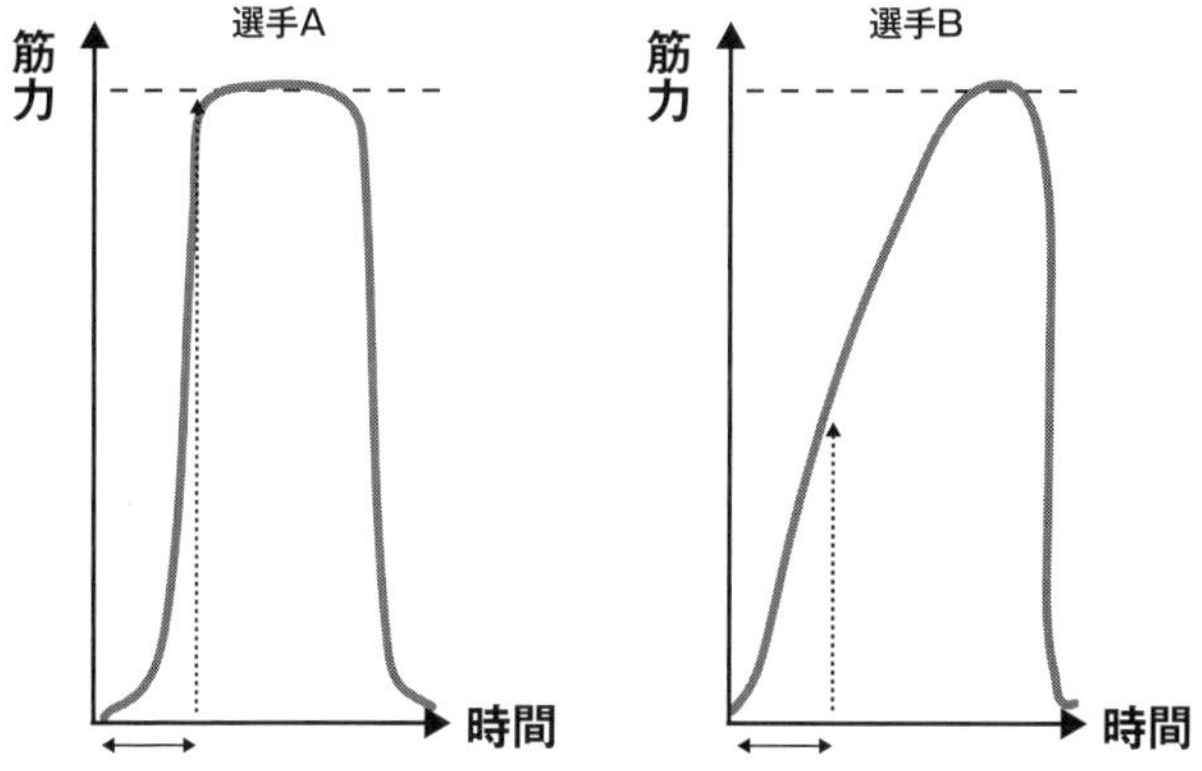

（山本　測定評価2000より引用一部改変）

作の向上につながるわけです。

　では、瞬時発揮筋力を高めるためには、どのようなトレーニングをしたらいいのでしょうか。１つ目は、力を入れていない状態から、素早く一瞬で力を入れるように意識をしたトレーニングをすることです。例えば、ランジ動作（やや大股で踏み出す）で踏み込んだ際に一瞬で止まるように意識するなどです。

　２つ目は、ストレッチ・ショートニング・サイクル（以下ＳＳＣ）を意識したトレーニング、通称プライオメトリックトレーニングになります。このＳＳＣとは、筋が伸ばされた（ストレッチされた）後に最短時間で縮む（ショートニング）ことを意味します。いわゆる動作の切り返し時に、筋が伸ばされたものを一瞬で収縮させるよ

図２　メディシンボールサイドスロー時のふともも（後ろ側）と腹斜筋（捻じった側）の筋活動の特徴

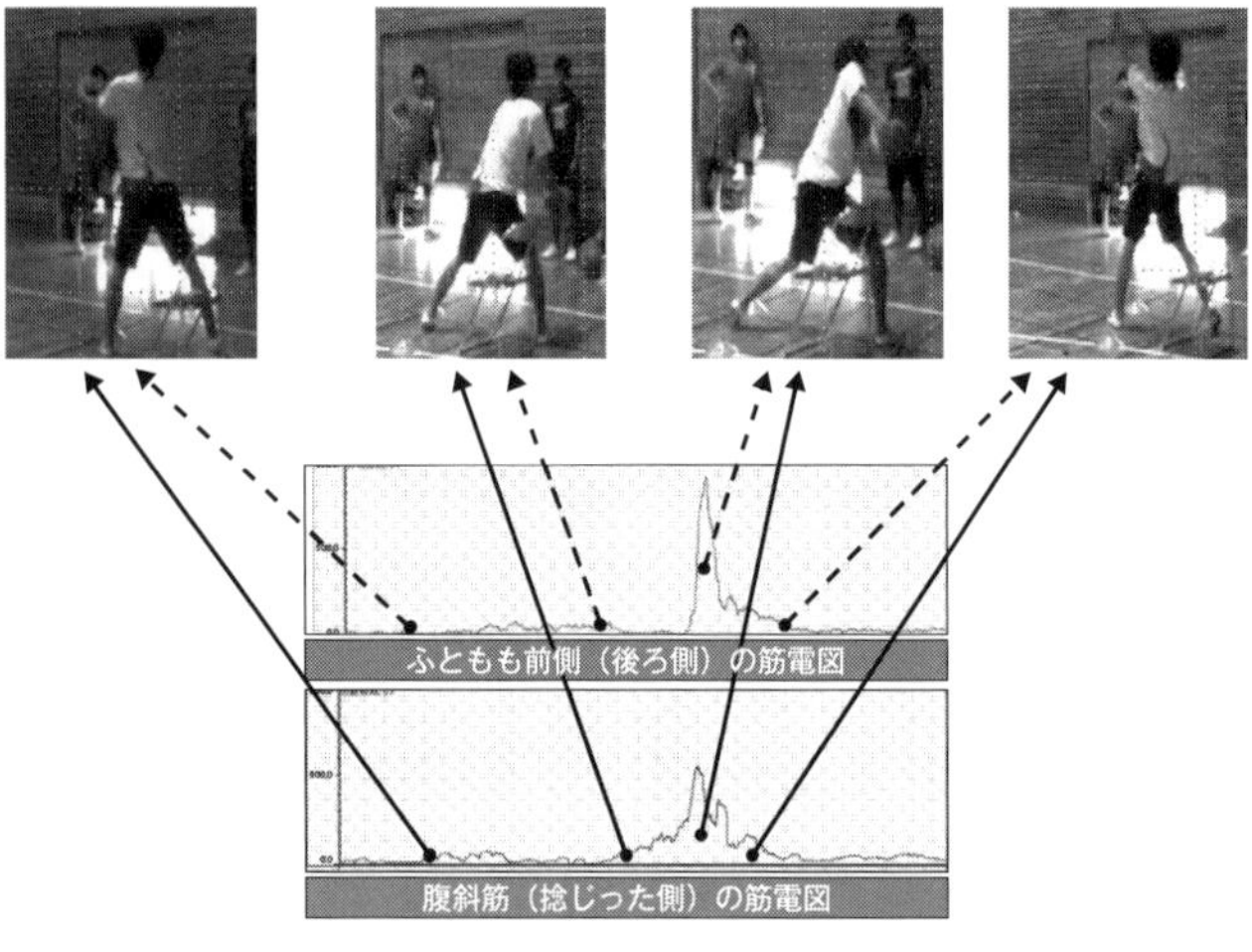

う意識したトレーニングになります。
　本項では、瞬時発揮筋力（力の立ち上がり）の必要性とその改善方法について説明しました。「力はあるのに、キレがない」というような選手は、瞬時発揮筋力を意識したトレーニングを実践すべきです。オフ期に鍛え上げた最大筋力を野球動作（投げる・打つ）に生かすとするならば、瞬時発揮筋力にターゲットを絞ったトレーニングを実践するようにしましょう。

瞬時発揮筋力を高めるには、力を入れていない状態から、素早く一瞬で力を入れるように意識をしたトレーニングをする。

図３　体幹回旋トレーニング前後の瞬時発揮筋力の違い

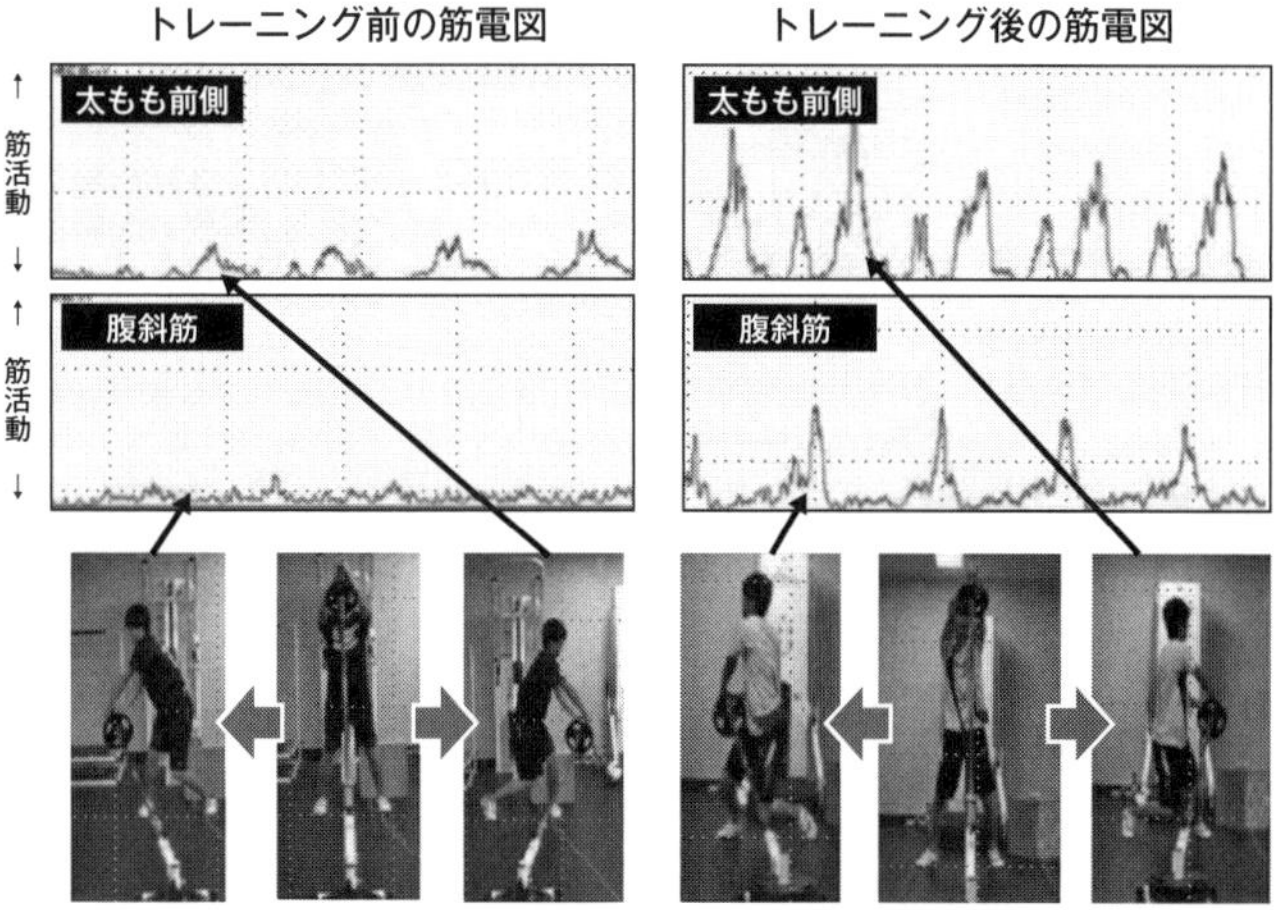

第7章

コンディショニングを科学する

夏の大会にピークを持っていく方法
——ピーキングのためのテーパリングとは？

高校野球では秋、春、夏のそれぞれに大きな大会が開催されます。各チームは選手の体調が大会時にピークとなるように調整を行いますが、具体的に練習メニューをどのように組んでいけばいいのか、頭を悩ませている指導者の方々も多いと思います。

大会に向けて、練習の強度を落としていくべきなのか？　であるとするならば、いつから落としていけばいいのか？　本項では、練習量を徐々に落としていく調整法、いわゆる「テーパリング」について説明していきます。

ベストなパフォーマンスを発揮する、つまりピーキングを迎えるための手段のひとつがテーパリングになります。テーパリングとは、日本語で「先細り」を意味し、いわゆる負荷を少なくしながら行う調整法です。ただし、あくまでも練習負荷が高い状態があってこそのテーパリングですから、普段から練習負荷が低いチームがテーパリングをしても、その後にピーキングを迎えることはできません。

では、テーパリングは、練習負荷をどのように減らしていけばいいのでしょうか。少しずつ減らせばいいのか？　一気に減らしたほうがいいのか？　これについては、大まかに分けると徐々に減らす漸進的テーパリングと、一定量を一度に減らすステップテーパリングというふたつの方法があります。これらに関する研究を取りまとめたレビューがあるので、ここでご紹介しましょう。

図1に漸進的テーパリングとステップテーパリングの模式図とその効果について示しています。効果量と記載された項目がその手法の効果の程度を示しており、この数字が大きいほど効果が高いことを意味します。効果量の隣に記載がある「95％信頼区間」というのは、さまざまな研究を合わせて効果の幅を見て、95％の範囲にどの程度収まるかを表したものです。ステップテーパリングでいえば「−0・11〜0・95」に収まるということです。つまり、マイナスにも、大

図1　テーパリング方法

どんなテーパリングパターンがいいのか？

テーパリングのパターン	効果量（95%信頼区間）	n数	p値
ステップテーパリング	0.42（-0.11、0.95）	98	0.12
漸進的テーパリング	0.30（0.16、0.45）	380	0.0001

(La Bosquet et al 2007)

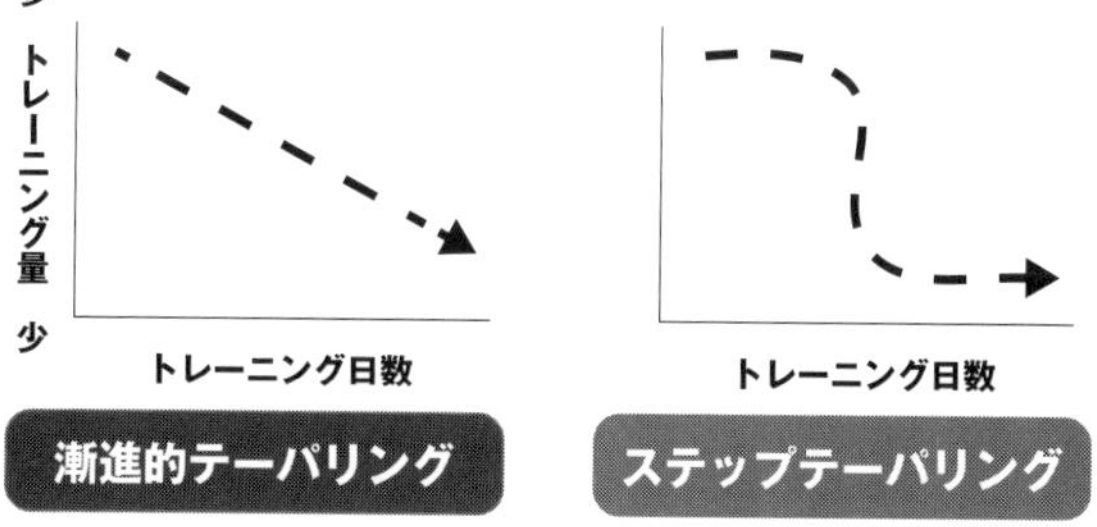

きくプラスにもなるということになります。

では、実際のところ、漸進的テーパリングとステップテーパリングのどちらがいいのでしょうか？　効果量を見ると、ステップテーパリングの数字のほうが大きいですが、極端な差はありません。ただし、95％信頼区間を見ると、ステップテーパリングは幅が広いことがわかります。ここで示されている研究内容、さらにテーパリングを何度も行っている熟練者の話などを踏まえると、ステップテーパリングは熟練者が行うとプラスになるものの、テーパリング経験の少ない人の場合には、徐々に減らす漸進的テーパリングのほうが適しているようです。

図2　テーパリング 強度・量

トレーニング強度を落とすべきか？

トレーニング強度の減少	効果量（95%信頼区間）	n数	p値
強度減少”あり”	-0.02（-0.37、0.33）	63	0.91
強度減少”なし”	0.33（0.19、0.47）	415	0.0001

トレーニング量を落とすべきか？

トレーニング量の減少	効果量（95%信頼区間）	n数	p値
≦20%	-0.02（-0.32、0.27）	152	0.88
21～40%	0.27（0.04、0.49）	90	0.02
41%～60%	0.72（0.36、1.09）	118	0.0001
≧60%	0.27（-0.03、0.57）	118	0.07

(La Bosquet et al 2007)

次に、トレーニング負荷に関与する強度・量・頻度・期間はどのように決めればいいのでしょうか。図2は強度と量を示しており、表の見方は先ほどの図1と同様です。結論から言うと「強度は落とさず、量を減らす」ということです。強度は落とさないけれど、1セッションあたりの時間や回数を減らすということになります。例えばダッシュをさせる場合は、強度（速度）は落とさず、本数を減らすということです。具体的には40〜60％本数を減らすことが、研究知見からすると望ましい減らし方になります。30本のダッシュであれば、12〜18本にするということです。

図3は頻度と期間を示しており、こ

図3　テーパリング 頻度・期間

トレーニング頻度を落とすべきか？

トレーニング頻度の減少	効果量（95%信頼区間）	n数	p値
あり	0.24（-0.03、0.52）	176	0.08
なし	0.35（0.18、0.51）	302	0.0001

テーパリング期間はどの程度？

テーパリングのパターン	効果量（95%信頼区間）	n数	p値
≦7日間	-0.17（-0.05、0.38）	164	0.14
8〜14日間	0.59（0.26、0.92）	176	0.0005
15〜21日間	0.28（-0.02、0.59）	84	0.07
≧22日間	0.31（-0.14、0.75）	54	0.18

(La Bosquet et al 2007)

れも表の見方は図1と同様です。結論からすれば「トレーニング頻度は落とさなくてもよく、テーパリングを始めるのは目標とする日程の2週間前ぐらいから」ということです。例えば、毎日練習しているチームはその頻度を減らす必要はないので、毎日練習してOK。ただし、先述したように行っているメニューの練習量を落としていくことは必要です。

また、テーパリング期間については、2週間程度前からの実施が一番効果は大きいという結果となっています。しかしこれも、ピーキングをどこに合わせるかによって、やや変わってきます。ピーキングを大会の初戦とするのか、それとも決勝とするのか？ 甲子園出場をかけた地方大会の期間は2〜3週間あります。チームとして、どこをピーキングにするかを事前に考えておくことも重要です。

試合に向けたコンディショニングとして、本項ではピーキングのための手段のひとつであるテーパリングの考え方についてご紹介しました。研究知見から得られる情報は客観的で有意義なものですが、あくまでも情報のひとつであることを心に留め、チーム状況や目標によってアレンジをしていってください。

本番に向け、練習量を徐々に落としていくのが「テーパリング」。2週間程度、強度は落とさず、量を減らしていくやり方がベスト。

試合の日は早く起きたほうがいいのか？

高校野球の地方予選および選手権大会（甲子園）などでは、試合がその日の第一試合に組まれたりすると朝4時、5時起床ということも珍しくありません。私も高校球児でしたから「試合開始の数時間前には起床すること！」とか「体の動きが鈍くなるから、移動中は寝るな！」と指導者からよく言われていたことを思い出します。

ほとんどの人が当たり前のように試合のある日は早く起床したり、移動中に寝ないようにがんばったりしていますが、これは本当に運動パフォーマンスにいい影響をおよぼしているのでしょうか？

そこで本項では、起床時間から主運動（試合）に入るまでの時間が、運動パフォーマンスにどのような影響を与えるのか、その検証を行った結果をご紹介します。

実験の対象は健康な体育大生8名で、ふたつの条件を設定しました。

① 起床してから朝食を摂取し、その後すぐウォーミングアップをしてから各種運動パフォーマンステストを実施

② 起床して朝食を摂取してから90分間（この間はビデオ鑑賞）寝ずに座位姿勢を取り、その後に①同様のウォーミングアップをしてから各運動パフォーマンステストを実施

つまり、起床後速やかに運動をする場合と、起床後しばらく時間が経過（今回はバスなどでの移動を想定）してから運動する場合を検証したものになります（図1）。

測定項目は瞬間的な反応として「全身反応（mm sec）」、神経系の素早い動きとして「5秒間立位ステッピングテスト（回数）」、最大パワーとして「垂直跳び（cm）」をそれぞれ計測しました（図2～4）。

まず、図2の全身反応の結果から見ていきましょう。縦軸が全身反応の値を示しており、横軸が45分後、120分後のそれぞれの結果を示

図1　実験の条件設定

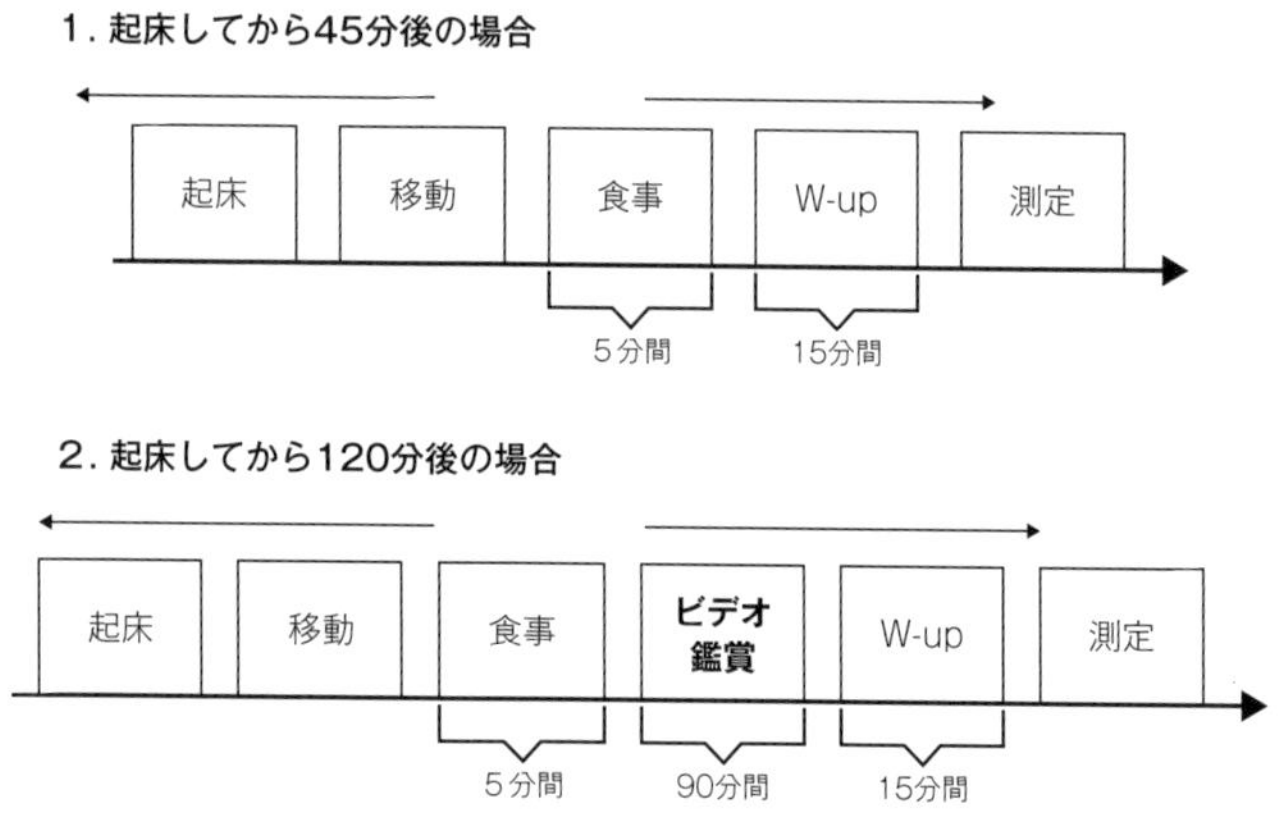

しています。結果としては、起床してから45分後よりも、起床してから120分後のほうが反応時間は速くなりました。

次に、図3は5秒間立位ステッピングテストの結果になります。縦軸が回数を示しています。結果としては、全身反応と同様に、起床してから45分後よりも120分後のほうにおいて明らかに回数が多い結果となりました。

最後に図4は垂直跳びの結果になります。縦軸が垂直跳びの高さを示しています。結果としては両者において明らかな差はなく、起床してからの時間の長さが垂直跳びのようなハイパワーな能力にはあまり影響をおよぼさない結果となりました。

今回の検証結果からすると、今まで感覚的によいとされていた「起床からしばらく時間が経過していたほうが神経系に関する運動パフォーマンスは高くなる」ということが科学的に裏づけされました。

睡眠は、脳の運動神経などの興奮性を低下させ、神経伝達物質の生産も抑制するという報告があります。こういった脳の働きが、起床してから運動開始までの身体機能の回復時間に影響し、神経系の運動パフォーマンスにおいて差が生じたのではないかと推測されます。

また、この結果には体温も影響していると考えられます。起床したばかりの時の体温は日中よりも低く、体温は起床してから時間が経過していくのに合わせて上昇していきます。先述したように、筋温が高いほど神経系の運動パフォーマンスは高くなります。当然のことながら体温は筋

図２　全身反応における起床してから運動開始までの時間の違い

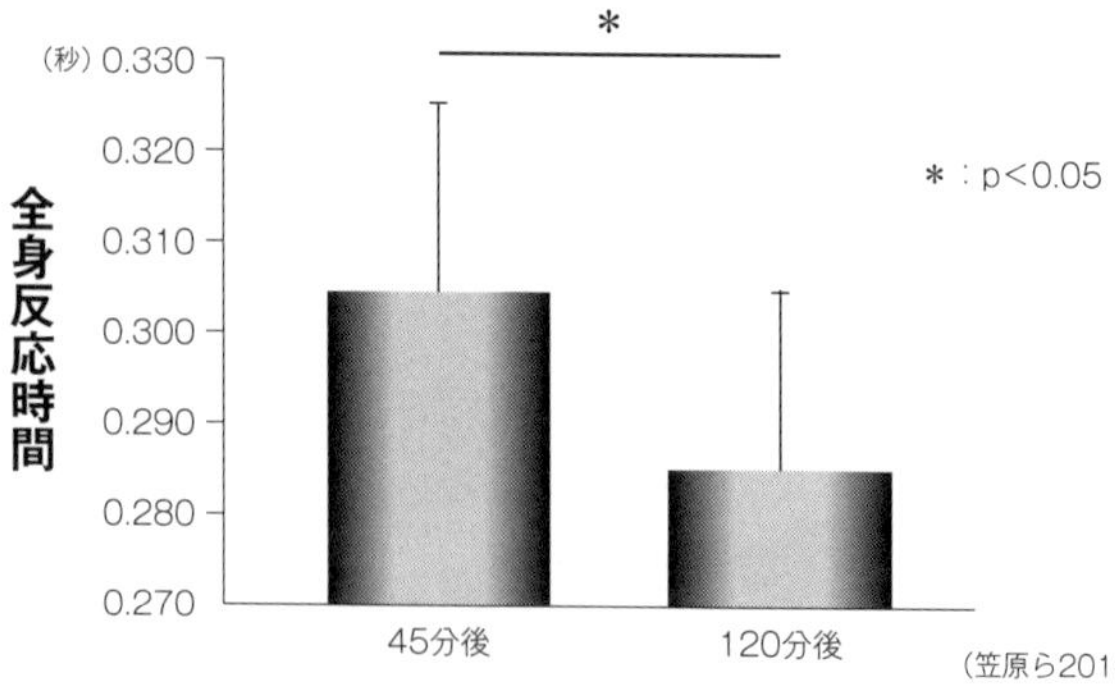

（笠原ら2019）

図３　立位ステッピングにおける起床してから運動開始までの時間の違い

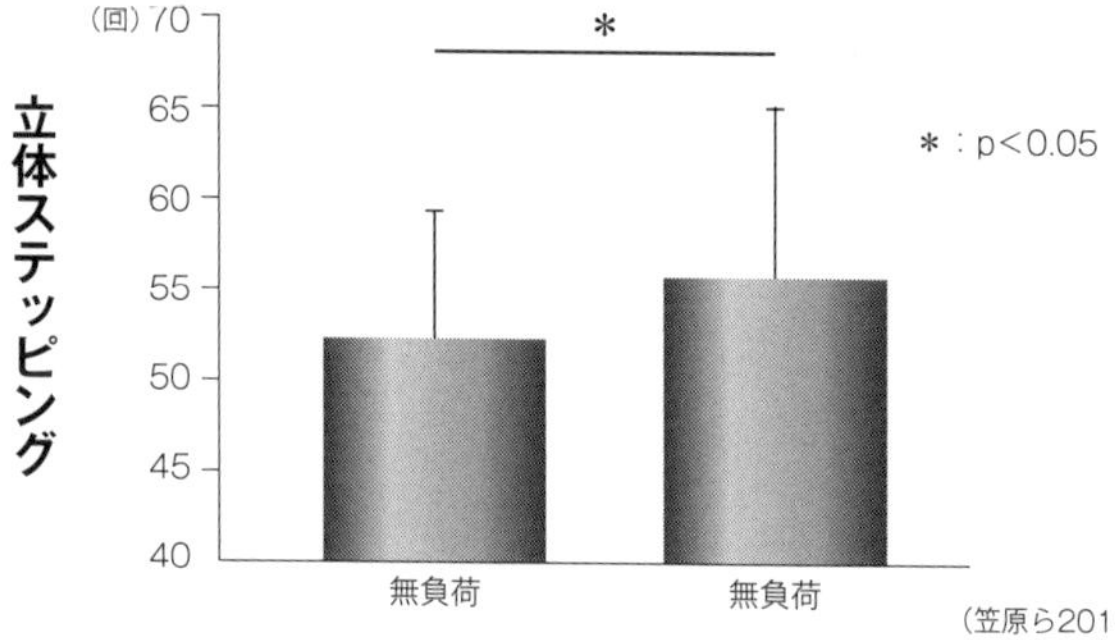

（笠原ら2019）

図４　垂直跳びにおける起床してから運動開始までの時間の違い

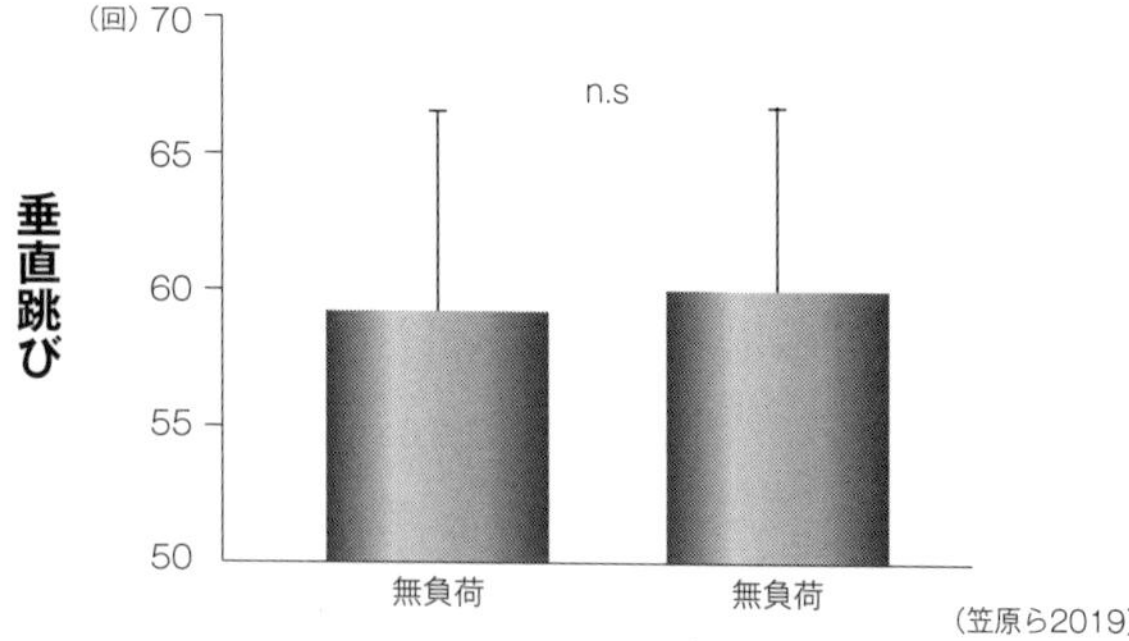

（笠原ら2019）

温とも関係していますから、起床時の体温が低い状態より、起床してからしばらく時間が経過した時のほうが体温は上昇しており、それが神経系の運動パフォーマンスを高める結果になったのでしょう。

もちろん、当日の起床時間に限らず、前日の過ごし方やウォーミングアップの仕方によっても結果は変わってくると考えられます。

些細なことですが、大事な大会では試合の入り（初回）がその後の流れを大きく左右します。初回から選手個々が持っている能力を最大限に発揮するためにも、ぜひ本項の検証結果を生かしていただければと思います。

起床からしばらく時間が経過していたほうが、神経系の運動パフォーマンスは高くなる。試合で実力を発揮するためにも早寝早起きは大切。

試合会場までの長時間移動中のコンディショニング

野球は練習試合、公式戦問わず、バスや車などを使った遠征試合が多く、長時間の移動も少なくありません。長時間の移動で熟睡してしまい、実際の試合で思うように体が動かず、精彩を欠いたプレーをしてしまった経験は野球経験者なら誰しも一度や二度はあるのではないでしょうか。長時間移動の後に試合がある場合には、移動中にコンディションを整え、現地（試合会場）に着いた時に体をスムースに動かすための工夫が求められます。

その工夫として、近年着目されているのが「着圧ウエア」です。着圧ウエアは多少圧迫感のあるソックスなどを着用することで、身体的反応を期待しているものです。そこで、本項では移動中のコンディショニングとして、着圧ウエアを使用した場合の有効性について検証した結果をご紹介します。

長時間移動中における着圧ウエア着用の有効性を検証するために、下肢の着圧ウエアを着用した場合と着用しなかった場合のふたつの条件を、同じ被験者に対して日にちを変えて調査しました。検証条件は前日夜に各種運動パフォーマンスを測定し、その後被験者の就寝時間を統一しました（図1）。なお、翌朝起床時間も統一し、その後下肢のむくみを計測して、同様の朝食を摂取した後、下肢着圧ウエアを着けた場合と着けなかった場合とで3時間のドライブをしました（写真1）。車での長時間移動後、再び各種測定をそれぞれ行い、着用した場合としなかった場合で各種測定結果がどのように変わるのか比較検討をしました。

図3の柔軟性、敏捷性、跳躍力において、着圧ウエア着用の有無によっての明らかな差は認められませんでした。

一方、むくみ（体積）と主観的だるさに関しては、着圧ウエアを着用したほうが、着用しなかった場合よりも明らかに良好な結果を示しています（図4）。これは着圧ウエアの機能が、体に対してプラスに影響した結果であると考えられます。

図1　検証実験デザイン

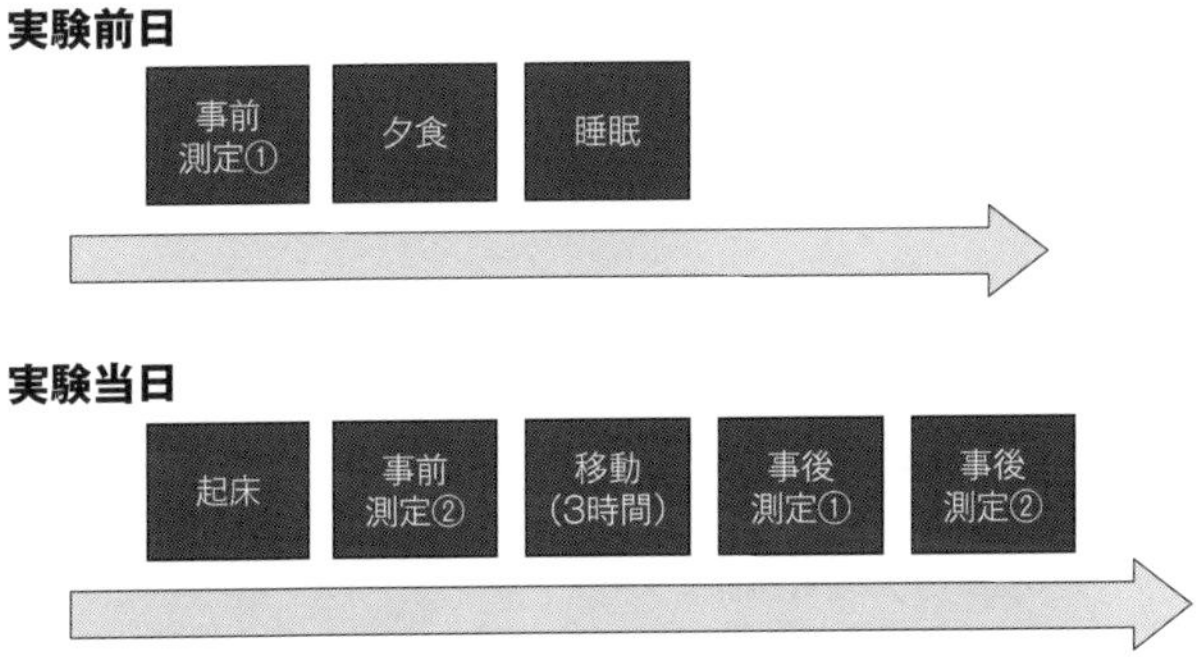

事前測定①：柔軟性、（下腿）、俊敏性（ステッピング）、跳躍力（リバウンドジャンプ）
事前測定②：むくみ（下腿体積）、柔軟性（足関節周囲）、主観的だるさ
事後測定①：むくみ（下腿体積）、柔軟性（足関節周囲）、主観的だるさ
事後測定②：柔軟性（下腿）、敏捷性（ステッピング）、跳躍力（リバウンドジャンプ）

＊夕食・朝食は全員同じもの
＊同一被験者でふたつの条件（着圧ウエア有、着圧ウエア無）

立ち仕事をしている人などは、夕方になると足（とくにふくらはぎなど）がむくんでくるといいます。普段、歩行などの活動を行っていれば、足の筋肉が収縮と弛緩を繰り返すため、それがポンプの役割となって血流をよくし、下肢にむくみやだるさを感じることはあまりありません。

しかし、先述した立ち仕事のように、同じ姿勢を保持していると筋肉の収縮と弛緩がなくなるのでポンプ作用が機能しなくなり、その結果とくに下肢にむくみやだるさを感じるようになります。それを改善してくれるのが着圧ウエアなのです。

着圧ウエアは体に適度な圧迫を加え、下肢の静脈還流を促すこと（いわゆる血流促進）が可能になります。したがって、今回の調査のように長時間移動中は同じ姿勢を保持していると筋肉のポンプ作用が機能せず、むくみやだるさを引き起こすことにつながるのですが、着圧ウエアを着用したことにより、

写真１　移動中の着圧ウエアの着用

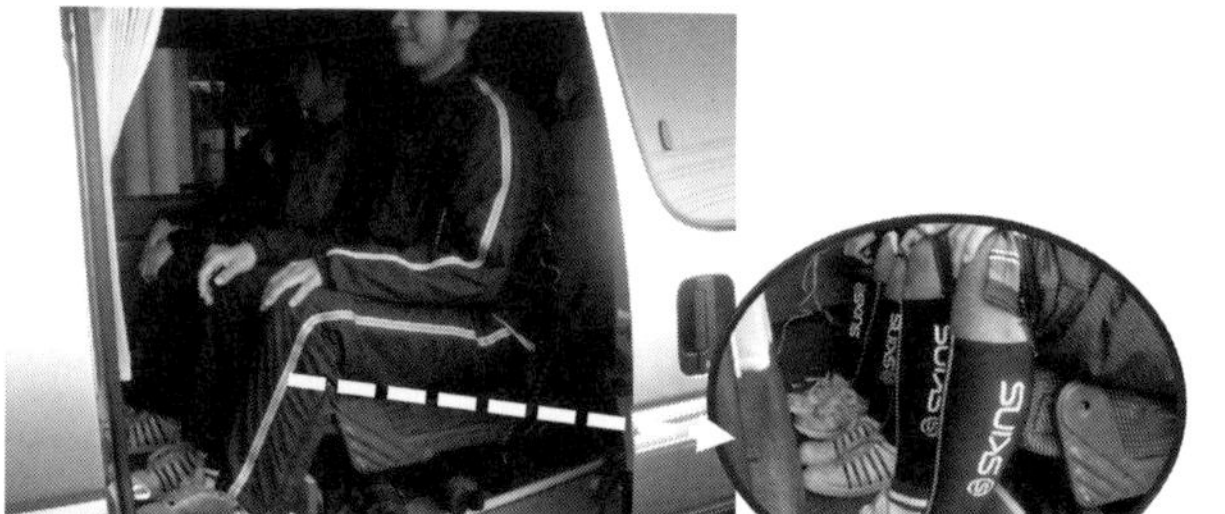

車での移動を3時間とし、移動中は座位姿勢とした。
これを着圧ウエアを着けた場合と着けない場合で比較

図3　着圧ウエアの有無において明らかな差がなかったもの

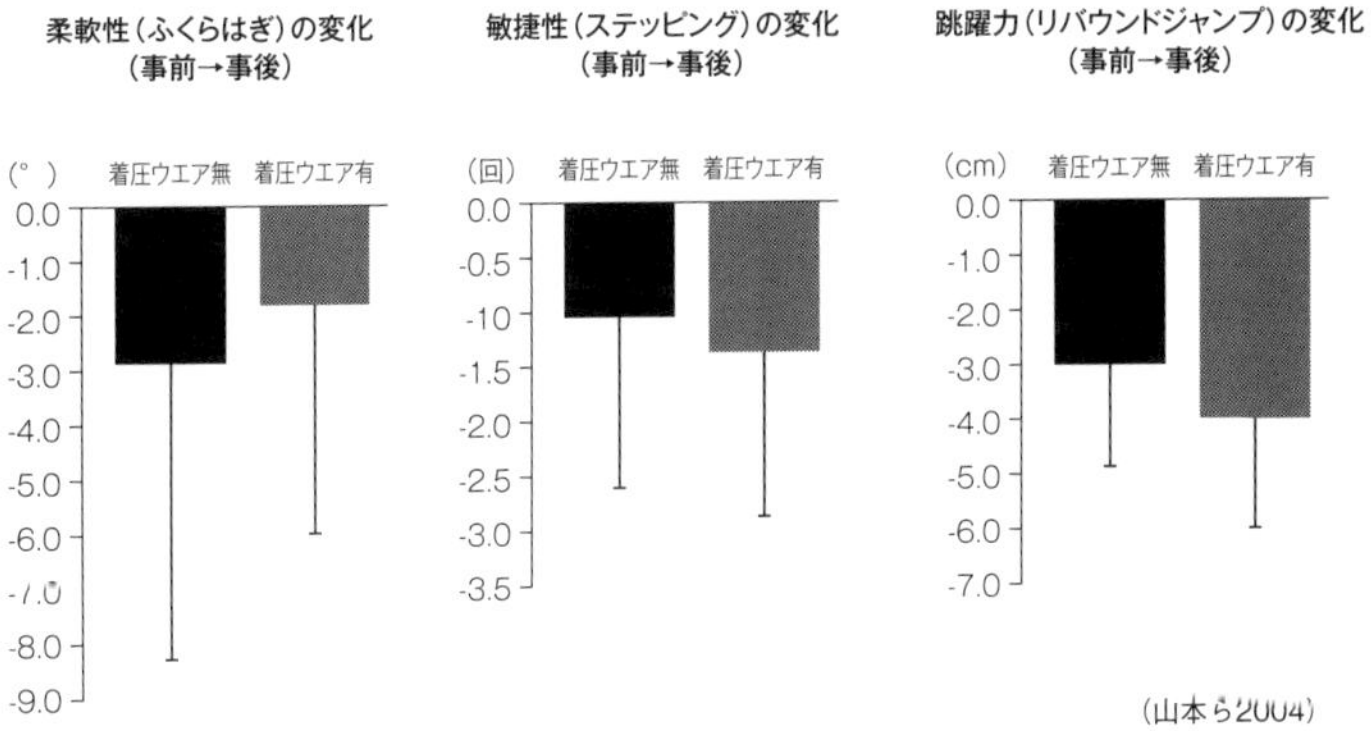

（山本ら2004）

図4　着圧ウエアの有無において明らかな差があったもの

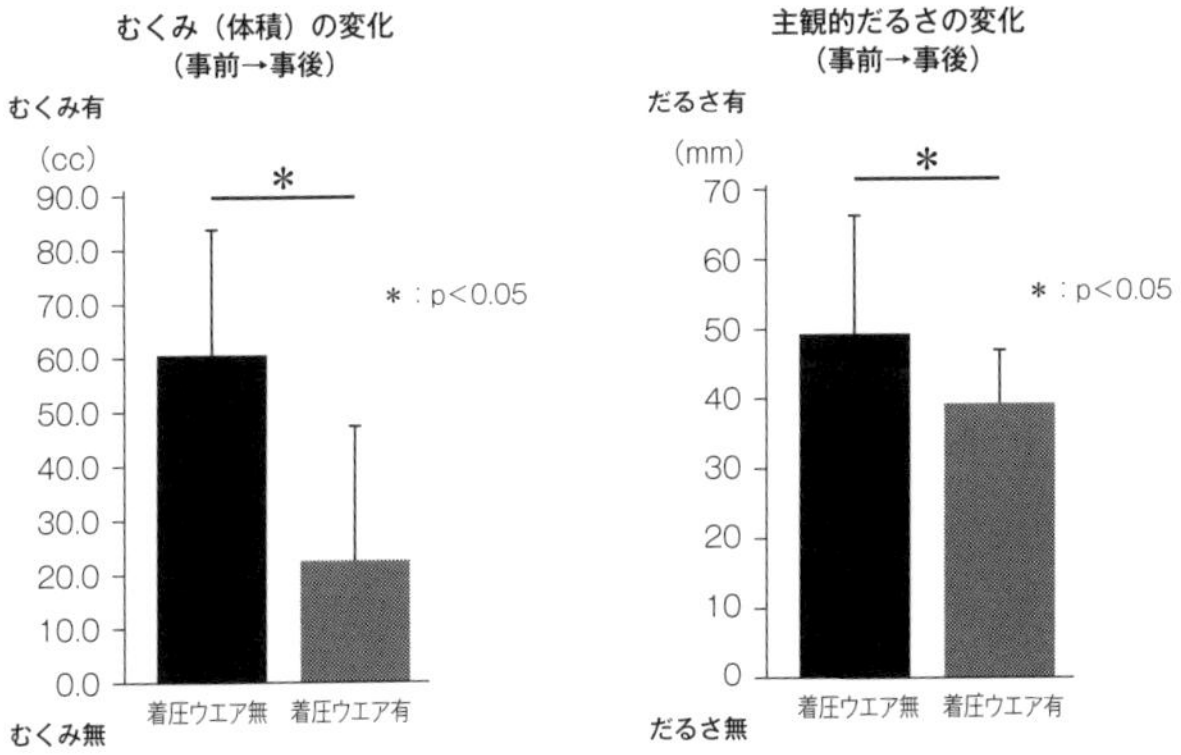

（山本ら2004）

この影響を少なくすることが可能になったと考えられます。

ただし、運動パフォーマンス（敏捷性や跳躍力）には、着圧ウエアが有効であるとは今回の調査からでは断定できませんでした。なので、着圧ウエアはあくまでむくみやだるさに対して有効であり、長時間移動後から始まるウォーミングアップを円滑に行う上でもサポートになると考えられます。

遠征試合などの場合、長時間の移動中からすでにウォーミングアップは始まっているといえます。ここで差をつけることも、コンディショニングとしてやるべきことのひとつといえるのではないでしょうか。

長時間移動の遠征の時は、ふくらはぎにサポーターなどをすると、目的地に着いてから体を動かしやすくなる。

終章

折れない心、根性とは?

折れない心、根性を科学で解明

どのスポーツにおいても、心技体のすべてが良好な状態であることがベストパフォーマンス発揮につながることは、多くの方が強く感じていることだと思います。コンディショニングとは「目的を達成するためにあらゆる要素を調整すること」なので、「心」の部分もコンディショニングを考える上で欠かせない要素となります。

野球は、失敗が多いスポーツです。例えば、打者であれば3割打つといいバッターとされますが、逆にいえば10回中7回は失敗をしているわけです。つまり、失敗が多い中で挫折したり落ち込んだりすることなく、あきらめずに次に向かって気持ちを切り替えて臨めるかどうかということも、野球選手にとっては必要な能力なのです。

近年では、ビジネスの世界でも「折れない心」といったキーワードが着目されており、これを「レジリエンス」と呼びます。そこで本項では、野球選手にとって必要な折れない心とは何か、そしてそれがどう競技力に影響するのか、どうすれば折れない心を育めるのかといったことを解説します。

折れない心と称されているレジリエンスとは、「ストレスを経験してもそれに負けず、心理的な健康を維持し、それを乗り越える力」「困難な状況でもうまく適応する過程・能力・結果」などと示されており、いわゆる「へこたれない根性」があるかということを意味しています。実際に仕事や学校現場でも、すぐにあきらめて辞めてしまう人が多い現代では、レジリエンスはとくに必要な能力であると注目されています。

競技スポーツの実施経験がある者とない者におけるレジリエンスを調査した研究では、競技スポーツ実施経験がある者のほうがレジリエンスは高いことが明らかになっています。多くの企業が、競技スポーツ経験者のほうがあきらめない心を保持していることを経験的にわかっているため、大学運動部に所属していた者を採用する傾向があるのだと思います。

野球は失敗が多い競技であることだけではなく、一球ごとに駆け引きがあり、観客も含めて多くの人が注目する中でプレーが行われるため、心理的ストレスはかなり高い状況に置かれます。その中で自身が持っている最大限のパフォーマンスを発揮するためにも、野球選手にとってレジリエンスは必要であると考えることができます。

最近では、このレジリエンスがスポーツ選手の競技力にも影響するのではないかという観点から、さまざまな研究が行われています。私が行った大学生および高校生柔道選手を対象とした競技力とレジリエンスとの関係を測る調査では、どちらにおいても個人の競技成績とレジリエンスとの間には明らかに強い関係性がありました。

また、地区大会レベルの競技スポーツ選手よりも、全国大会出場経験のある大学競技スポーツ選手のほうが明らかにレジリエンスと競技パフォーマンス指標との間に強い関係があることもわかりました。そして、高校野球選手を対象とした研究でも、レジリエンスと心理的競技能力との間には明らかに強い相関性があることが示されています。つまり、野球に限らずレベルの高いところで競技をするには、強いレジリエンスが必要とされるのです。

競技力に影響を与えるレジリエンスには、どのような心の持ち方や思考が影響をしているのでしょうか。レジリエンスへの影響因子に関するさまざまな研究をまとめてみると、自尊感情（自分自身を受け入れることができる）、楽観主義（ポジティブに考えることができる）、自己理解（自身の長所短所を理解している）、肯定的未来志向（次を見据えて何をすべきか考えることができる）がレジリエンスに影響を与えている要素になっています。

レジリエンスが高い者と低い者の特徴を図1に示しました。これらの思考を整理してみると、精神的自立というのがレジリエンスの決定に深く関与していると考えられます。ということは、いかに選手を自立させるような指導を行うかが、その能力を引き出すことにつながる要因のひとつなのかもしれません。

ある研究によると、苦労や壁といったものを数多く経験し、その乗り越えた数が多ければ多いほどレジリエンスが高いという報告もあります（図2）。きついトレーニングは、肉体だけでなく、レジリエンスも鍛えることができるわけです。きつい練習を単に「つらい」とか「嫌だ」と捉えるのではなく、「レジリエンス（折れない心）を鍛えることができる」とポジティブに考え

図１　レジリエンスが高い者と低い者の思考の違い

レジリエンスが高い者	レジリエンスが低い者
ポジティブな性格（楽観的）	ネガティブな性格（悲観的）
モチベーションが高い	やる気がない
集中力がある	注意散漫
自信を持っている（自己効力感）	自信がない
感情の起伏があまりない	感情的（起伏が激しい）
周囲のサポートを実感している	周囲への感謝がない
内発的動機づけ（熟達感、達成感）	外発的動機づけ（給料、地位）

図２　レジリエンスを高めるには

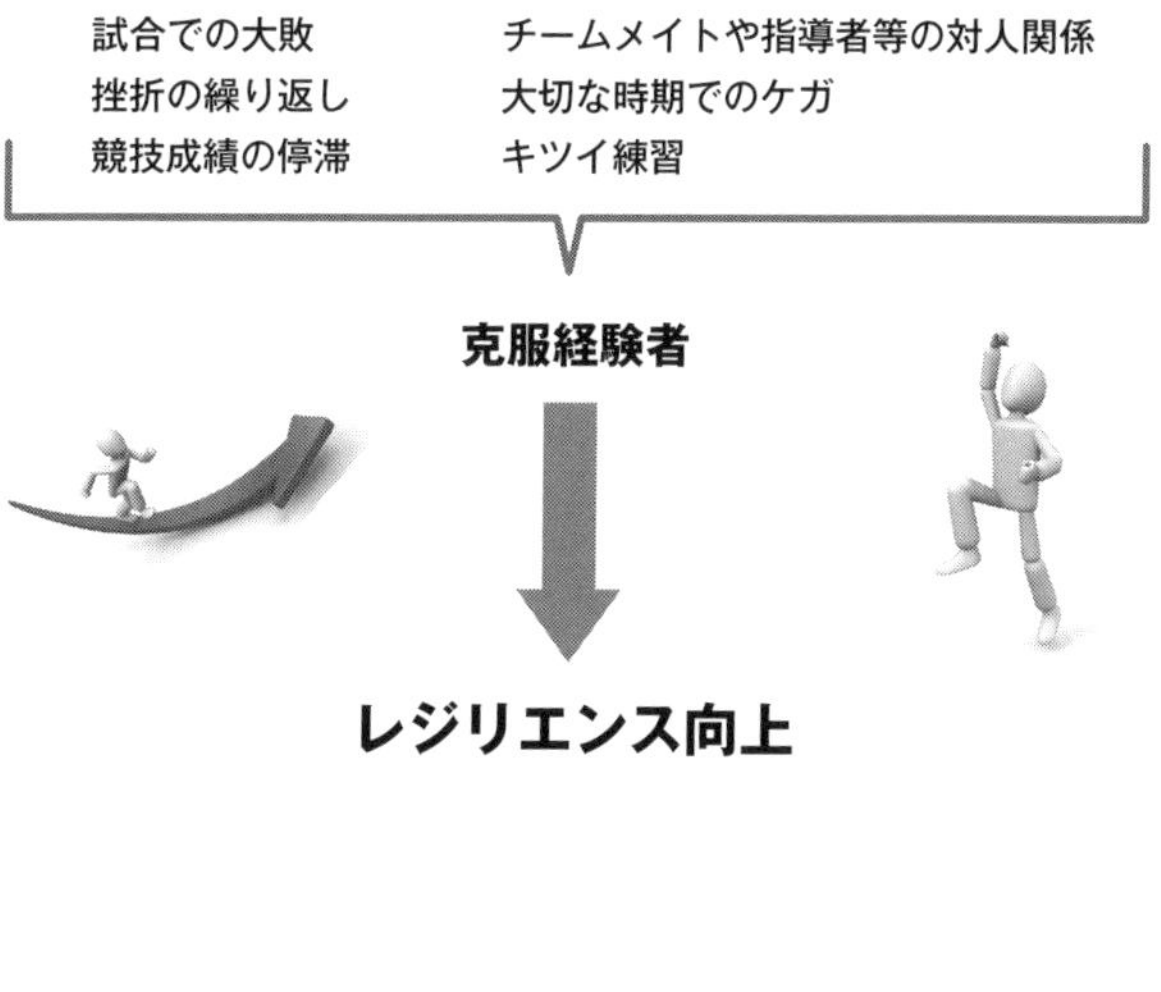

て取り組むことが、あなたの中に折れない心を育んでくれるのです。

折れない心とは「レジリエンス」のことで、
ちょっとやそっとのことでへこまない根性があることを意味する。
壁を多く乗り越えた人ほどレジリエンスが高くなる。

自己成長感を科学する

苦労した経験を乗り越えて自立するためには、自分自身が成長していることを実感することが必要不可欠になります。本項では心の成長を示す自己成長感（自身が成長したという実感）に着目し、その成長のためにはどういった志向を持つことが必要なのか。そして、その志向が高まれば自己成長感も大きくなるのかについて、実践調査した結果を踏まえてご紹介します。

自己成長感とは「ある出来事を通して、自身が人格的・能力的に成長を遂げたと実感すること」になります。多少の苦痛を伴うにしても、前向きに考えられることは心身の健康にプラスの影響をおよぼします。さらに、ストレスフルな出来事を根気強く切り抜けようとする心の持ち方は、自己の成長につながると考えられています。したがって、自己成長感を得るには、つらい出来事やストレスフルな状態からの克服（回復）が必要であるということになり、前項でご紹介したレジリエンスの高さは自己成長感にも関係してきます。

中学硬式野球選手に対して、ある年の5月にレジリエンスと自己成長感アンケートを実施し、それから7カ月後の12月に再び同様のアンケートを行いました。7カ月の期間で心はどう成長したのか。また、指導者から見た選手の成長と、選手自身の成長の実感にはギャップがあるのかなどについて実践調査を行いました。

調査内容は、自己志向性（根気強く考え、自ら実行する志向）、関係志向性（援助を求める志向）、楽観性（物事をポジティブに考える志向）の3要素からなるレジリエンスアンケートと自己成長尺度の一部を改変したアンケートを行いました（図1）。なお、5月の結果から12月の結果を差し引き、その変化値を算出して7カ月の心の変化をさまざまな視点から分析してみました。

図2を見てください。もし関係志向性が自己成長感に関係しているとしたら、横軸（自己成長感）と縦軸（関係志向性）の関係が一

図1　自己成長尺度

1. 人間的に成長したと思う
まったくあてはまらない・あまりあてはまらない・どちらともいえない・少しあてはまる・よくあてはまる

2. 粘り強くなったと思う
まったくあてはまらない・あまりあてはまらない・どちらともいえない・少しあてはまる・よくあてはまる

3. 精神的に強くなったと思う
まったくあてはまらない・あまりあてはまらない・どちらともいえない・少しあてはまる・よくあてはまる

4. 自分の人生を切り開いていく自信がついた
まったくあてはまらない・あまりあてはまらない・どちらともいえない・少しあてはまる・よくあてはまる

5. 物事に対して積極的になった
まったくあてはまらない・あまりあてはまらない・どちらともいえない・少しあてはまる・よくあてはまる

6. やればできると自信がついた
まったくあてはまらない・あまりあてはまらない・どちらともいえない・少しあてはまる・よくあてはまる

7. 人に負けたくないと思うようになった
まったくあてはまらない・あまりあてはまらない・どちらともいえない・少しあてはまる・よくあてはまる

8. 近頃、自分ががんばれることを実感するようになった
まったくあてはまらない・あまりあてはまらない・どちらともいえない・少しあてはまる・よくあてはまる

まったくあてはまらない（1点）・あまりあてはまらない（2点）・どちらともいえない（3点）・少しあてはまる（4点）・よくあてはまる（5点）

（石毛ら2005一部改変）

次関数として右肩上がりになるのですが、そうはなりませんでした。つまり、自己成長尺度と援助を求める関係志向性との間には、明らかな関係性はないということです。何かつらい時や苦しい時に他者へ依存したり、自分の意見を他人に聞いてもらいたいと強く思ったりすることは、自己成長感には影響しにくいということです。

次に、図3を見てください。もし楽観性が自己成長感に関係しているとしたら、横軸（自己成長感）と縦軸（楽観性）の関係が一次関数として右肩上がりになるのですが、そうはなりませんでした。つまり、自己成長尺度と物事をポジティブに考える楽観性との間には、明らかな関係性はないことになります。困った時に悩まないことや常によい方向に考えることは、自己成長には影響しにくいということです。

最後に図4を見てください。こちらは横軸（自

図２　自己成長尺度変化と関係志向性変化の関係

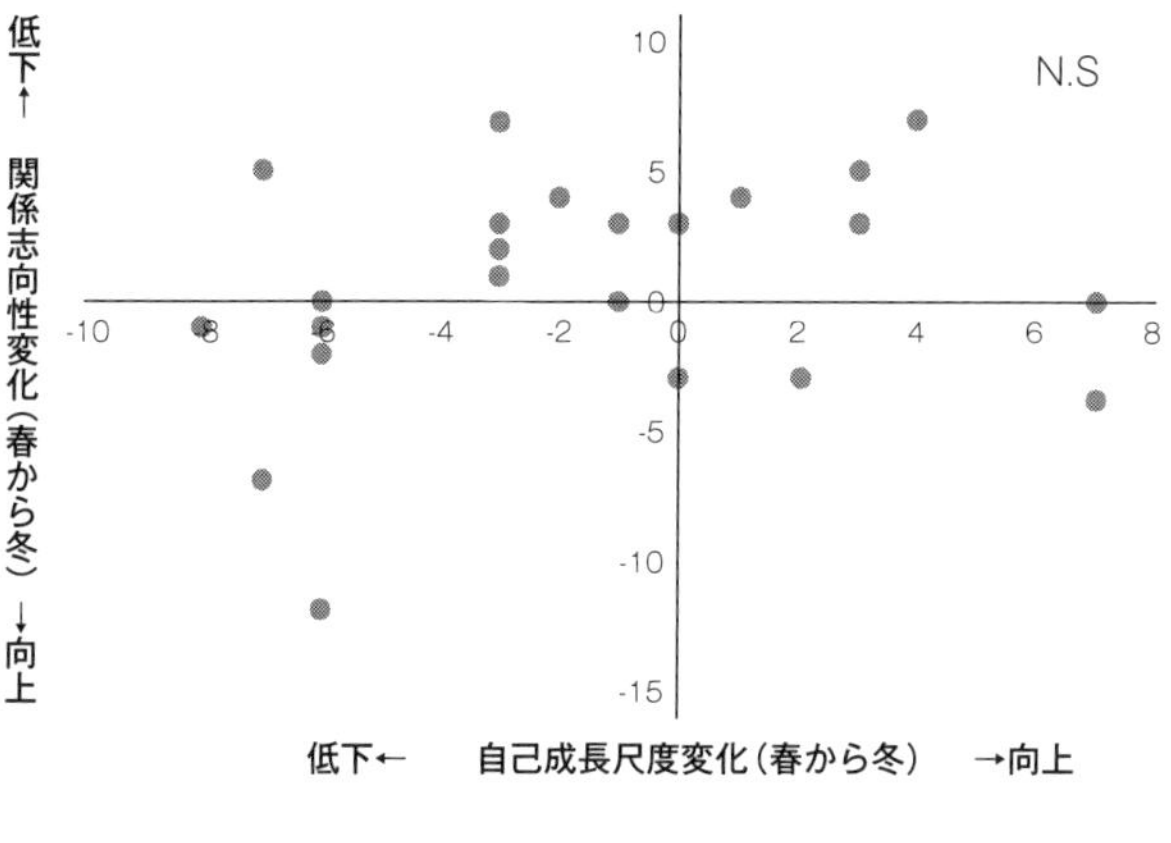

図３　自己成長尺度変化と楽観性変化の関係

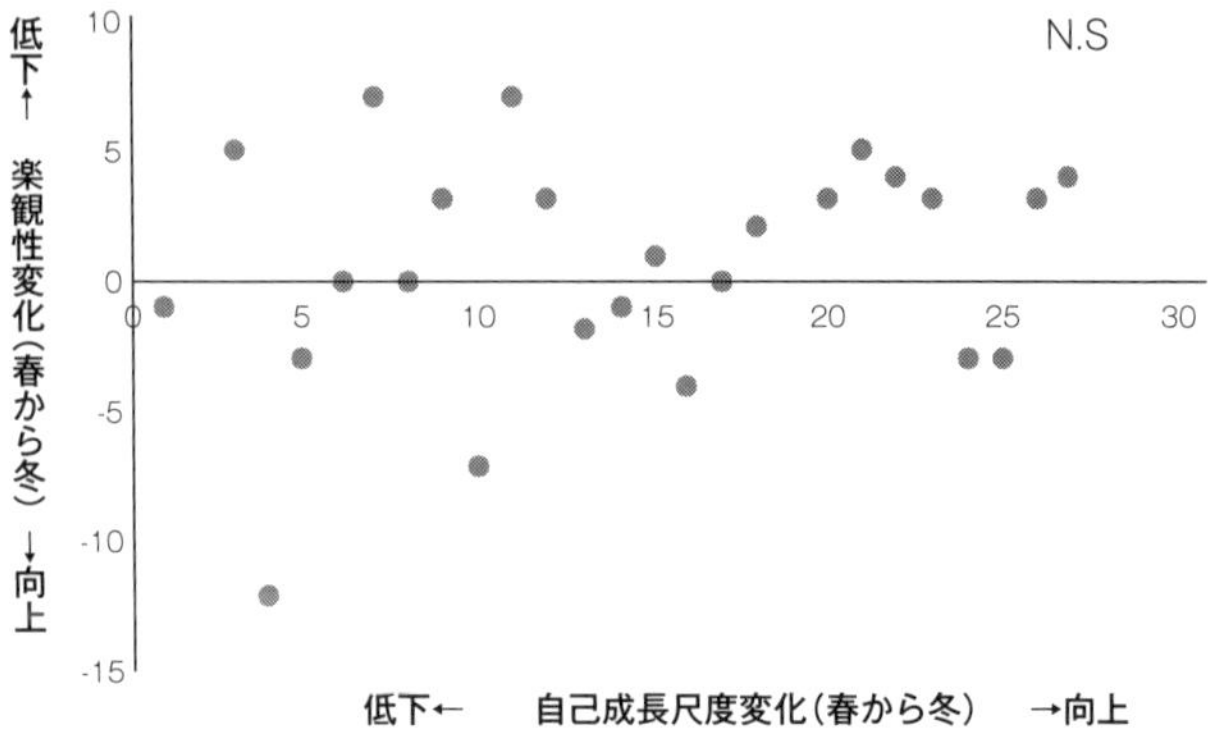

図４　自己成長尺度変化と自己志向性変化の関係

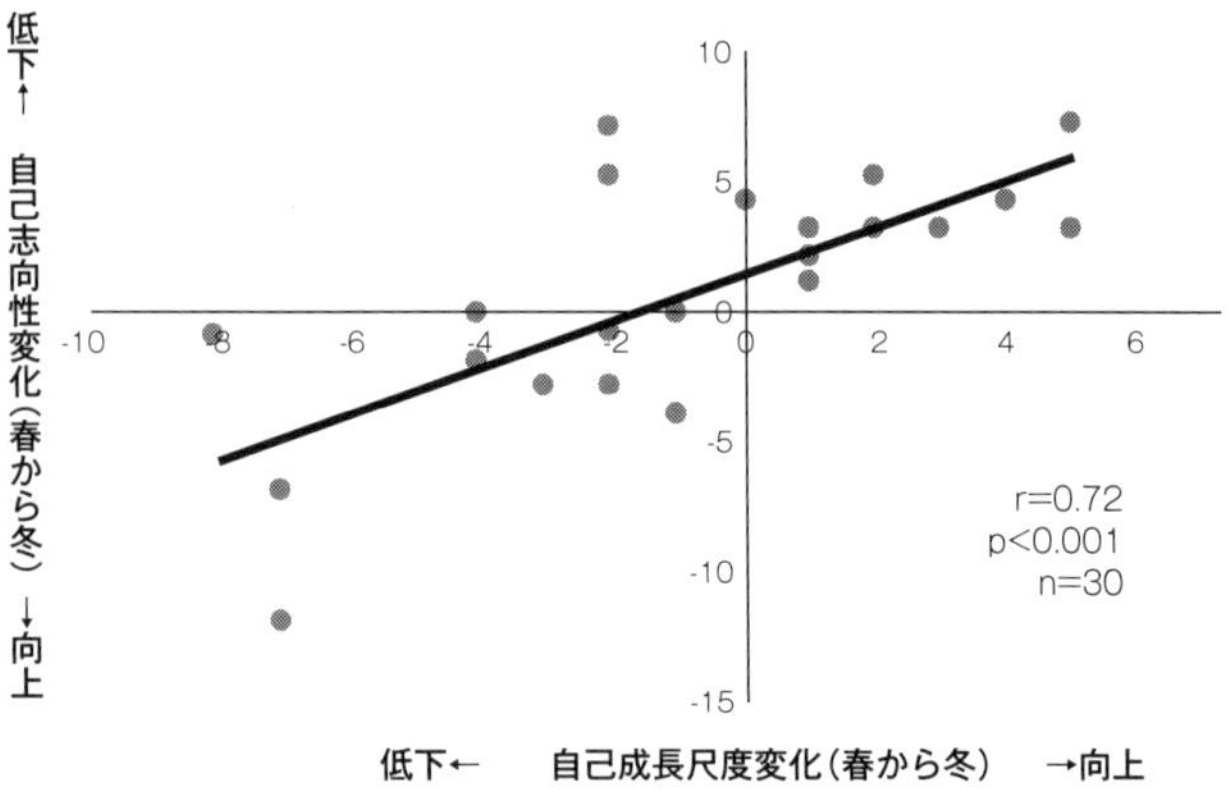

己成長感）と縦軸（自己志向性）の関係は右肩上がりになっており、両者には深い関係性があることが明らかになっています。つまり、何かうまくいかなかった場合に、その原因について自ら考えて、実行してみるといった志向は、自己成長感を得るために必要な考え方である可能性が高いのです。

なお、この結果について指導者の方々に確認してみると、指導者が感じる選手の成長度合いとアンケート調査結果は、ほぼ一致していて納得できるとのコメントでした。

ちなみに、これまでの自己成長感と関係性が深い志向について調査した研究においても、自己成長感には自己志向性の高さが深く影響していると示されています。したがって、前項で紹介した折れない心（レジリエンス）には自己成長感が必要であり、自己成長感を感じるためには、何かの問題に対して根気強く自ら考え、実行する自己志向性を持つべきであるということになります。

指導者の立場からすれば、選手の自己成長感に影響をおよぼす自己志向性を促すようなコーチングをより意識する必要があり、選手の立場では、自己成長感を高めるためにはレジリエンスや自己志向性といった考え方が必要なのです。

自己成長感を感じるためには、何かの問題に対して根気強く自ら考え、実行する自己志向性を持つべき。

スポーツトレーナーの本来あるべき姿とは？

本書では野球におけるコンディショニングを科学的な視点から、競技力向上とスポーツ傷害予防などに関する理論、情報を解説しています。最近は、多くのチームにコンディショニングの専門家としてスポーツトレーナー（以下トレーナー）が関わっています。ひと昔前と違い、今はそれだけ各チームがコンディショニングの重要性を感じている証拠だと思います。そこで、本項では現在の高校野球におけるトレーナー介入の実態調査結果と、その役割についてご紹介していきたいと思います。

高校時代に硬式野球部員だった者を対象に、自身が所属していたチームにトレーナーが関わっていたかどうかについて、アンケートを実施しました。

図1は、どのような形でトレーナーが介入していたかを示した結果です。常にトレーナーがいたのが6％、週1回や月に何回かなど定期的にいたのが45％、合宿や試合の時など不定期にいたのが15％、トレーナーがいなかったのが34％という結果でした。つまり、何らかの形でトレーナーが介入していたのは66％になり、高校野球の現場の7割近くにトレーナーは存在していることになります。

さらに図2を見ると、そのトレーナーの介入状況は年々増加しており、調査を始めた2011年は63%がトレーナー介入を経験していたのに対して、2018年になると83%がトレーナー介入の経験がありました。これらの結果から、現在、高校野球の世界では技術的な指導だけではなく、コンディショニングのサポートをするトレーナーの存在が必要不可欠になりつつあることが伺えます。

次に、トレーナーにどのようなサポートを受けていたかのアンケートを実施した結果を図3に示しました。トレーニングのサポートを受けていたのが68%、ケガの相談に乗ってもらっていたのが55%、治療を受けていたのが62%、ケガからのリハビリテーションサポートをしてもらっていたのが31%、その他3%という結果でした。つまり、オフシーズン、オンシーズンで求められるサポート内容は異なるにしても、各チームは1年を通じてトレーナーを必要としているようです。

図1　高校野球におけるスポーツトレーナーの介入状況

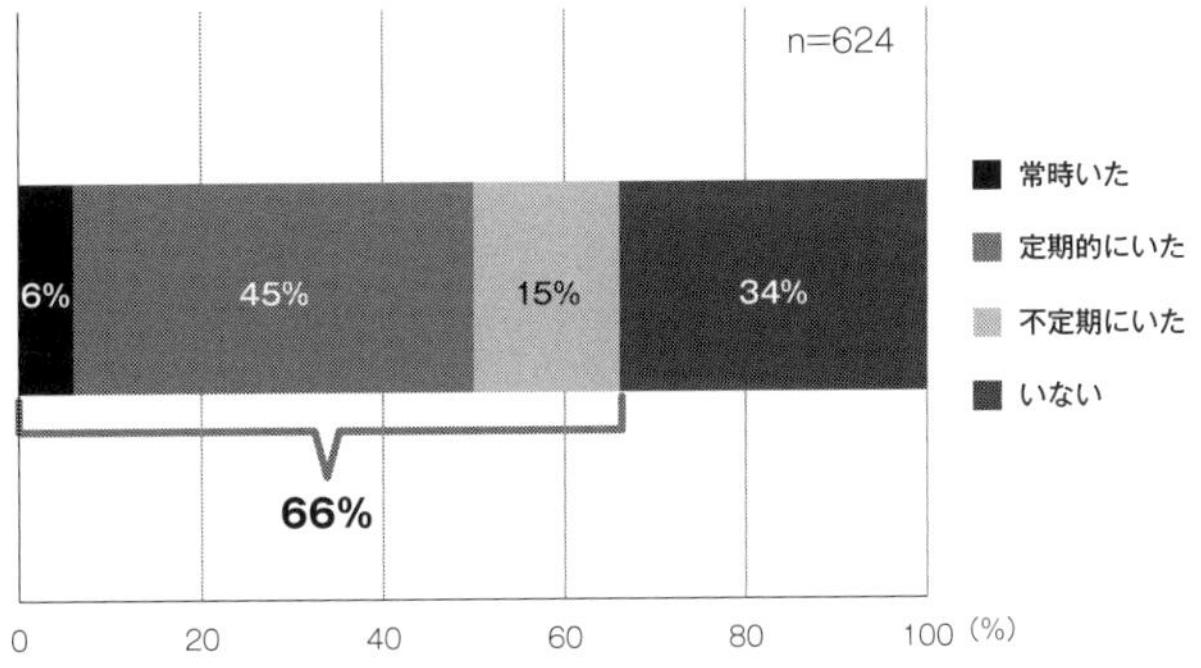

トレーニング方法や肩・肘のケガのケアといった問題は、やはり専門家にサポートしてもらうのが最適だということなのでしょう。

持っている資格・免許、そのバックグラウンド（キャリア）などは、それぞれのトレーナーによって異なります。例えば、トレーニングを得意とするトレーナー、治療を得意とするトレーナー、リハビリテーションを得意とするトレーナー、予防を得意とするトレーナーなどに分かれます。高校野球にトレーナーは必要だとしても、自分たちのチームにどのようなサポートが必要とされているかを踏まえた上で、トレーナーを選ぶ必要があることを忘れてはいけません。

「trainer（トレーナー）」とは、訓練す

図２　高校野球におけるスポーツトレーナーの介入実態

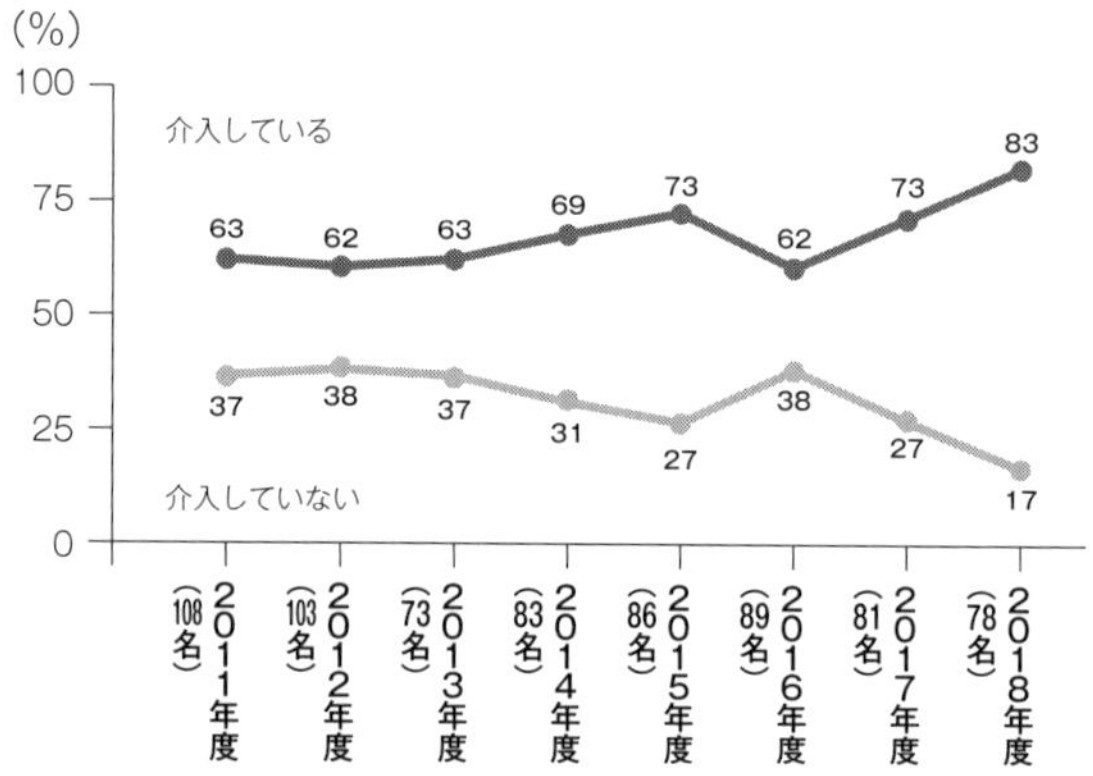

る、鍛えるといった意味を持つ動詞「train」に、人を表す接尾語「-er」が付いたものです。「train」には電車という意味もありますが、語源は「引っ張る」を意味するラテン語「trahere」だといわれています。電車が目的地まで人や物を運ぶ役目があるように、トレーナーもまた、治す人というよりも、先生や指導者と同じように選手やクライアントを目的地まで導くという役割を担う立場だといえます。

トレーナーの存在がチームにとって必要不可欠な時代となりつつありますが、選手の自立が競技力向上や傷害予防にとって重要であることを考えると、「選手のため」だからといって何でも手を差し伸べることがトレーナーの役割ではない

図3　高校野球におけるスポーツトレーナーの介入内容

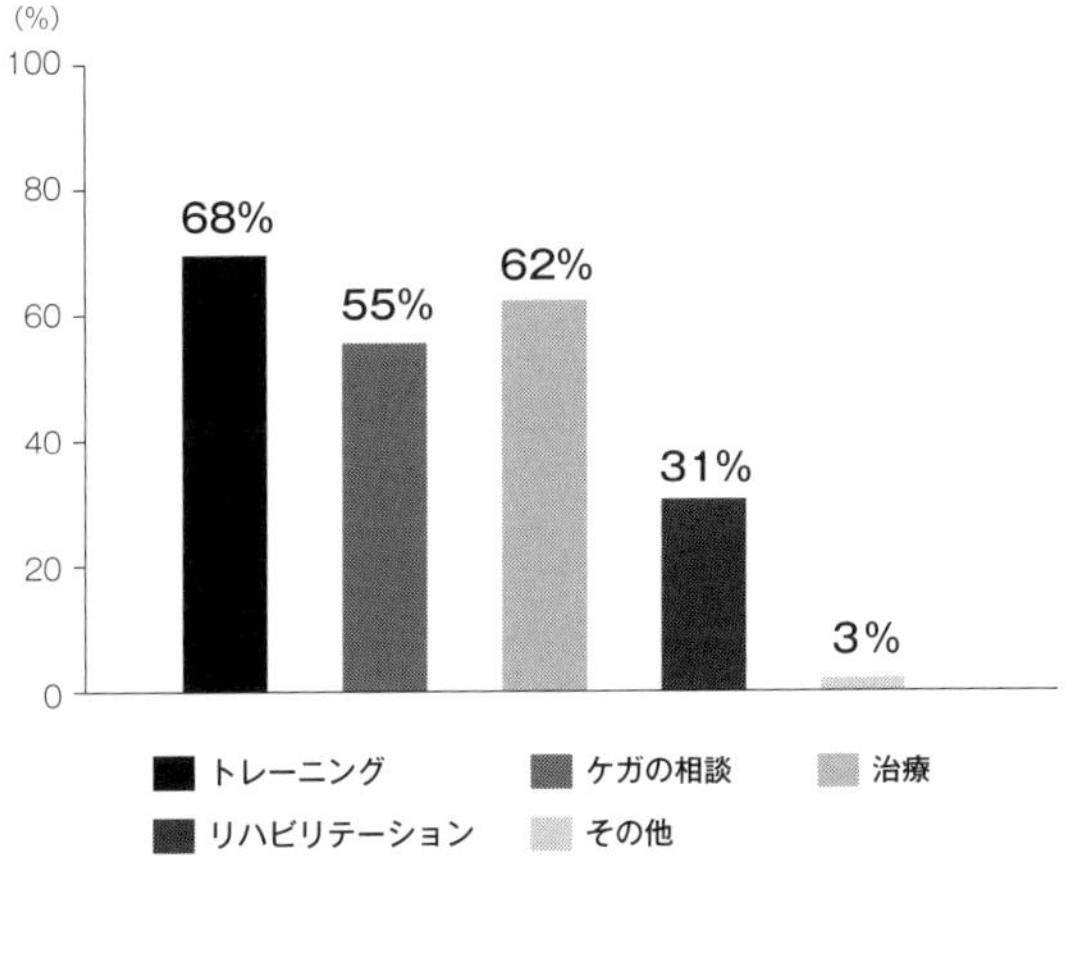

と考えます。選手やチームが目指すものを理解し、監督やコーチたちがなかなか手を回せない部分に手を差し伸べ、選手をあるべき姿へと導いていく。そうやってチームと共存していけるのが、真のトレーナーといえるのではないでしょうか。

真のトレーナーとは、選手やチームが目指すものを理解し、監督やコーチたちがなかなか手を回せない部分に手を差し伸べ、選手をあるべき姿へと導いていける人。

知的ベースボールプレーヤーへの道

「コンディショニング」という言葉が広く用いられるようになってきた中で、「コンディショニングって何ですか?」と聞かれて、正解をきちんと答えられる人はあまり多くはありません。

本書の序章でも触れましたが、コンディショニングとは「ある目的を達成するために必要とされる、あらゆる要素をよりベストな状態に調整すること」です。「コンディショニング」は「condition」に「ing」が付いた言葉であり、その「コンディション」とは「成功させるための条件」という意味です。したがって、「コンディショニング」とは、「成功させるための条件を調整すること」になるのです。

コンディショニングを科学するということは、「良い・悪い」「合う・合わない」といった主観的な思いだけではなく、条件を統一した中で実験や調査を行い、検証された知見にもとづいてトレーニングや調整をしていくということです。経験や勘も選手を指導するための大切な要素ではありますが、科学的に立証されたコンディショニングを実施することで、選手各々のコンディショニングは整えられていくのです。

例えば、図1にあるように「打球を遠くに飛ばしたい」という目的があったとします。では、何をすればその目的を達成できるかというと、その手段はひとつではなく複数ある場合があります。何をすればいいのか悩んだ末に、あるコンディショニング方法を実践するには、そこに根拠があったほうが自信を持って実践できます。さまざまな取り組みがある中ですべて必要だと考えて取り組むのか、あるいは優先順位を付けてひとつずつピックアップしながら取り組むのか、その方法を選択する判断材料になるのが科学的知見であり、根拠を持ったコンディショニングとなります。

また、よりよいコンディショニングを実施していくためには、さまざまな条件に配慮することも重要です。

**図１　科学的根拠をもとに目的に応じて
どんなコンディショニング方法を用いるか**

例：打球を遠くに飛ばしたい・
力強い打球を打ちたい

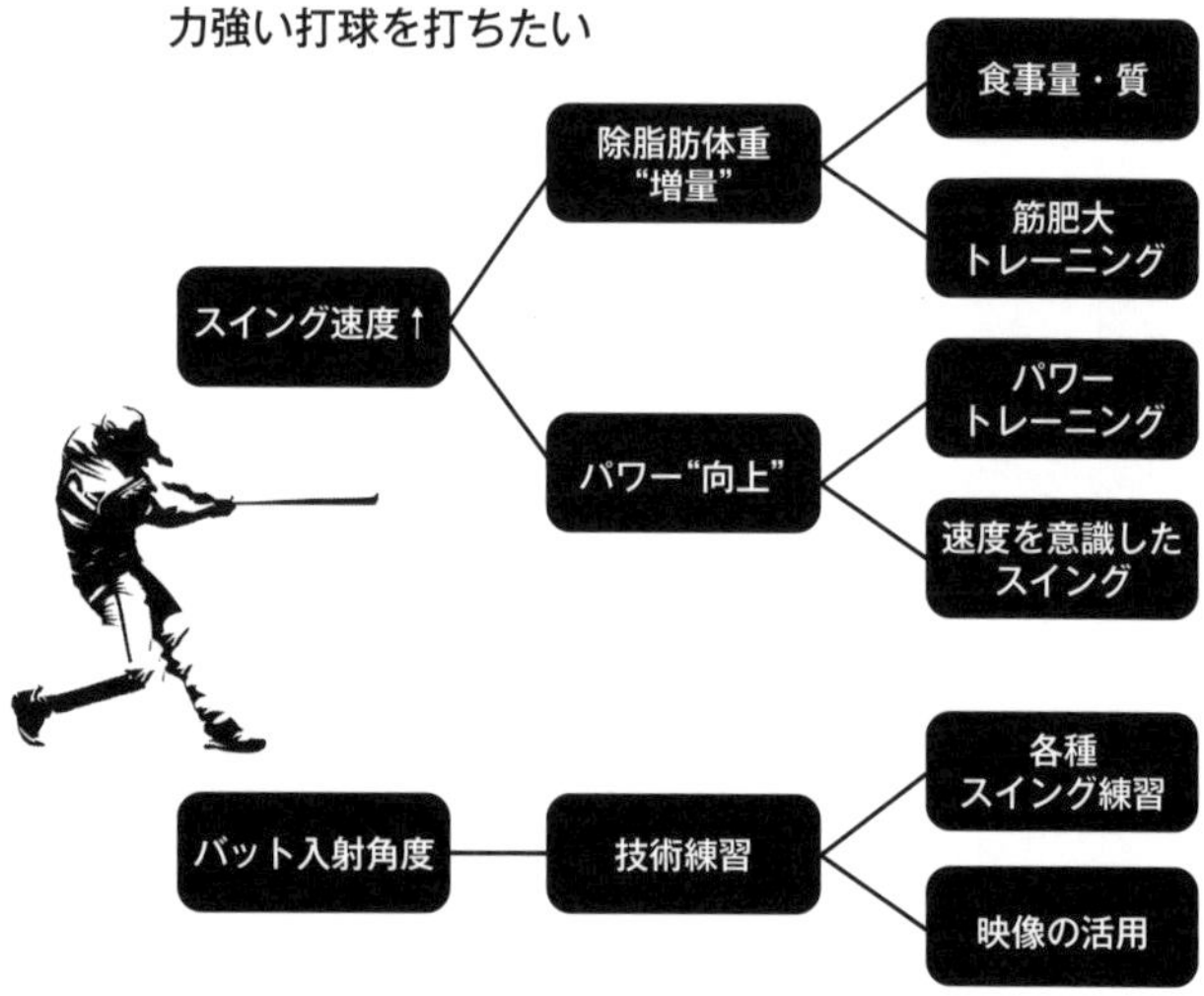

「やりたいこと」と「できること」を一致させた上で、コンディショニングを実施していくことを心がけなければなりません。

　コンディショニングを実施するための環境が用意されていなかったり、あるいはそのための前提条件がクリアされていなかったりすれば、その正しい効果を得ることは難しくなります。そこで、コンディショニングを実施する上で、配慮すべきことを図2に示してみました。これらを配慮してコンディショニングすることができれば、より満足度の高い効果を得られるようになるはずです。

　こういったプロセスを理解した上で、コンディショニングに取り組ん

図2　コンディショニング実施時に配慮すべきこと

現場で選手指導をする際に必要な科学的知見

目的に見合った
コンディショニング指導する際のヒント

1. **誰をターゲットとしたものなのか（Who）**
   （高校球児、中学生、投手・野手　など）
2. **どの場面を想定したものなのか（When）**
   （オフ・プレシーズン・シーズン期、試合前・中・後　など）
3. **どの環境条件を想定したものか（Where）**
   （ホーム、アウェイ、地面の質　など）
4. **何を狙いとした内容なのか（What）**
   （強化・調整、パワー・筋肥大　など）
5. **その手法をどのように活用するのか（How）**
   （数ある方法から何を選択するのか　など）

でいくのが、これからの時代にふさわしいことだと思います。

最後に、図3に「知的ベースボールプレーヤーへの道」と題して、コンディショニング科学に関する情報を「理解できる」場合と「受けつけない」場合とに分けて、どのような結果にいたるのかを表してみました。「理解できる」人は、それだけアプローチの幅が増えていきます。要するにそれは、自分にそのコンディショニング方法がマッチしているのか、していないのかを見極められるようになることを意味します。知的ベースボールプレーヤーは目的に応じて、よりよいコンディショニング方法を選択できる選手のことなのです。

図3　知的ベースボールプレーヤーへの道

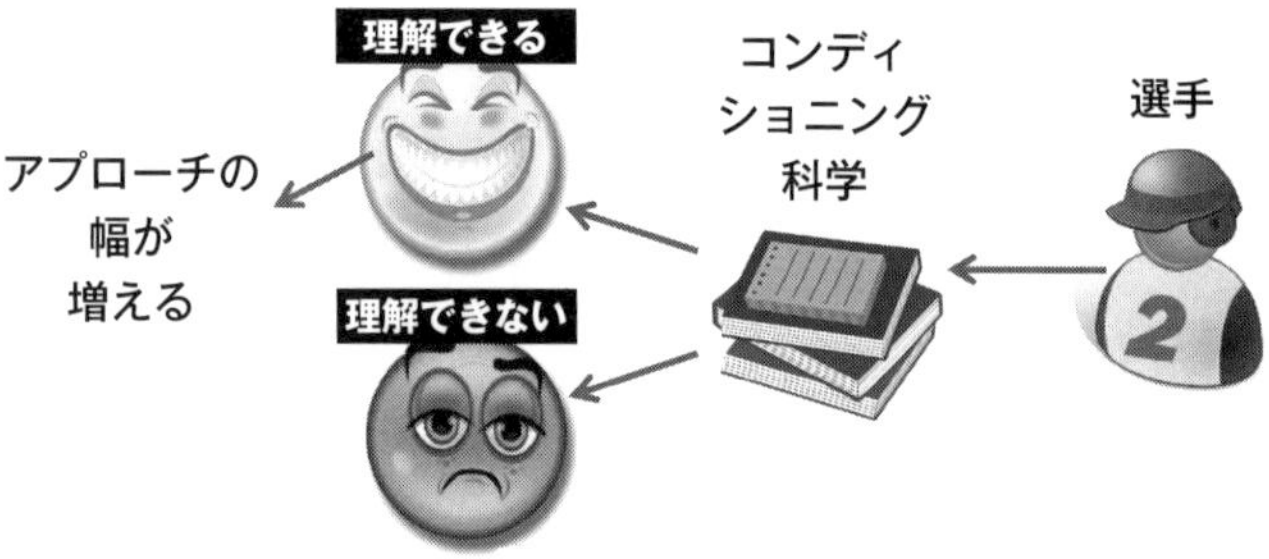

「理解できる」情報の“使い方がわかる人”が使うと

➡ 目的に応じてよりよいコンディショニング手法を選択することができる

「受けつけない」情報を“使いこなせない人”が使うと

➡ 目的に応じてよりよいコンディショニング手法を選択することができない

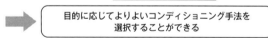

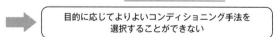

経験や勘だけではなく、
科学的に立証されたコンディショニングを実施することで、
選手のコンディションは整えられていく。
目指すべきは、そういった科学的なコンディショニングのできる
知的ベースボールプレーヤーである。

おわりに

本書では私が専門とするコンディショニング科学やアスレティックトレーニングの理論、研究結果などをもとに、体のコンディショニング、パワーや技術の向上、さらには「折れない心」といったメンタルについての話まで、令和の時代にふさわしい最新の情報をご紹介してきました。

近年、私が現場でのアスレティックトレーナー活動と研究を続けていく中で、「これからより情報が溢れてくる時代では、より根拠を持ったコンディショニングが必要なのではないか」と考えるようになりました。その根拠になるのが「科学的知見」になります。

私自身、高校まで野球を続けていた経験から、これまでのコンディショニング科学の研究も、その多くが野球をテーマにしたものでした。

私が常々感じていた野球のコンディショニングに関する疑問、さらには現場（少年野球からプロ野球にわたるすべて）で実際に選手たちから聞いた疑問、意見などを参考に、私は現場活動と研究を続け、その成果を日本の野球界に携わる方々に伝え続けてきました。

すると、徐々に現場の方々から「こういった現場の人間が〝なるほど〟と思えるコンディショニング理論やトレーニング理論を多くの指導者、選手にも伝えたほうがいい」と声をかけていただくようになり、ベースボールマガジン社から発行されている『ベースボール・クリニック』誌面の中で連載をすることになりました。その連載は２０１４～２０１９年にかけて続きましたが、その原稿を再度まとめ直したものが本書となります。

大学時代から数えると、私がコンディショニング科学に携わるようになって20年以上が経ちます。本書は、私のその20年におよぶアスレティックトレーナー兼研究者としての人生を集約したものです。

これからの時代は、スポーツ界全体が科学的情報をもとに、コンディショニングやトレーニングをより多角的に捉えていく必要があります。野球界もその流れに乗り、科学的な裏づけを持ってウォーミングアップ、リカバリー、トレーニングなどのコンディショニングをより進めていくようになることでしょう。

本書が、そういった現代の野球に携わる方々の活動をサポートする一冊となることが、著者として、そしてコンディショニング科学を研究する専門家としての願いです。

２０２０年７月

ＮＰＯ法人コンディショニング科学研究所　笠原政志（体育学博士）

引用・参考文献

・笠原政志、谷川哲也：野球-競技種目特性からみたリハビリテーションとリコンディショニング、山本利春編、東京、文光堂：117-133、2014
・山本利春、高橋健一：現場に役立つコンディショニングの科学（4）体脂肪の蓄積がパフォーマンスに与える影響――模擬脂肪装着実験による結果から――、Sportsmedicine14（1）：44-46、2001
・笠原政志、山本利春ら：大学野球選手のバットスイングスピードに影響を及ぼす因子、Strength & Conditioning journal19（6）：14-18、2012
・中村和幸訳ベースボールの物理学、東京、紀伊國屋書店：86-148、1996
・中山悌一、プロ野球選手の体力①-筋力（握力、背筋力、腹筋力）、トレーニングジャーナル30（10）：46-49、2008
・笠原政志、山本利春ら：バットスイングスピードの再現性と打撃成績との関係、第2回日本トレーニング指導学会大会抄録集、東京、2013
・寺町巧平、山本利春、石毛勇介：盗塁のスタート動作とパフォーマンスとの関連に関する研究、国際武道大学修士論文、2008
・勝亦陽一：成長期野球選手における投球障害と身体発育因子の関係、トレーニング科学30（4）：213-220、2019

・勝亦陽一：野球選手における投球スピードと年齢との関係、スポーツ科学研究５：２２４‐２３４、２００８
・島田一志、阿江通良、藤井範久ほか：野球のピッチング動作における力学的エネルギーの流れ、バイオメカニクス研究８：12‐16、２００４
・川村卓、島田一志、平野裕一ほか：時速１５０km／hを投げる投手の特徴について、バイオメカニクス研究16（1）：25‐31、２０１２
・吉福康郎：投げる――物体にパワーを注入する、Jap J Sports Sci 1：85‐90、１９８２
・神事努、笠原政志ら：野球における一流選手の球質、国際武道大学研究紀要30：１３０‐１３２、２０１４
・笠原政志、山本利春：野球選手のパフォーマンス評価の新たな視点の検討、第1回日本トレーニング指導学会大会抄録集、大阪、２０１２
・永井将史、山本利春、笠原政志：筋温がパフォーマンスに及ぼす影響、臨床スポーツ医学36（6）：６２０‐６２５、２０１９
・笠原政志、山本利春：ウォーミングアップに関する実践研究、臨床スポーツ医学36（6）：６１２‐６１８、２０１９
・下薗聖真、山本利春、笠原政志：ウォーミングアップにおけるSpeed Rehearsalの有無が運動パフォーマンスに及ぼす影響、臨床スポーツ医学36（6）：６３２‐６３６、２０１９
・有田秀穂：脳からストレスをスッキリ消す事典、ＰＨＰ研究所：２０１２
・山本利春、鶴田法人、笠原政志ら：遠征・移動時の長時間座位同一姿勢の際のコンディショニング、千葉スポーツ医学研究会雑誌７：９‐12、２０１０

・太田千尋、山本利春：コンディショニングの測定評価実施例――ラグビーにおけるＧＰＳ（Global Positioning System）の活用例――、JATI EXPRESS, 29：８－９、２０１２
・笠原政志：練習前のストレッチは逆効果?　野球選手が知っておくべき３つの方法、BASEBALL GEEKS（2019.9.12）https://www.baseballgeeks.jp/training/
・山本利春、笠原政志：トレーニングの適応範囲-柔軟性トレーニング：５８３－５８９、２０１４
・笠原政志、川原貴、奥脇透ほか：投球障害を有する選手に対する指椎間距離測定の有用性、日本整形外科スポーツ医学会誌19：38－42、２０１０
・笠原政志：柔軟性-上肢-、臨床スポーツ医学臨時増刊号28：１０８－１１３、２０１１
・笠原政志、山本利春：スポーツ現場における戦略的リカバリー、トレーニング科学28：１６７－１７４、２０１７
・Okamoto-Mizuno K, Tsuzuki K, Ohshiro Y et al：Effects of a lectric blanket on sleep stages and body temperature in young men, Ergonomics48（７）：749-759, 2005.
・Costill DL, Miller JM：Nutrition for endurance sport: carbohydrate and fluid balance, Int J Sports Med 1: 2-14, 1980.
・Mah C, Mah K, Kezirian EJ et al : The effects of sleep extension on the athletic performance of collegiate basketball players, Paper presented at SLEEP 2008, 22nd Anuual meeting of the Associated Professional Sleep Societeies, Baltimore, Maryland, USA, June 9–12, 2007.
・Milewski, MD, Skaggs, D L et al：Chronic Lack of Sleep is Associated With Increased Sports Injuries in Adolescent Athletes, Journal of Pediatric Orthopaedics. 2014.

・岡村浩嗣：からだづくりとたんぱく質、エッセンシャルスポーツ栄養学、市村出版、東京：96－103、2020
・有賀誠司：プログラム作成のための基礎知識、競技スポーツのためのウエイトトレーニング、東京、体育とスポーツ出版：59－74、2002
・長谷川裕監訳レジスタンストレーニングのプログラムデザイン、BookHouseHD、東京：17－61、2007
・金久博昭、宮下充正：アイソキネティック・トレーニング――トレーニング速度とトレーニング効果――、Jpn J Sports Sci 1：147－151、1982
・山本利春：力の立ち上がりの評価、測定と評価、BookHouseHD、東京：106－110、2001
・遠藤誠治、山本利春、笠原政志：腱板トレーニングの普及実態と効果に関する研究、第9回肩の運動機能研究会抄録集、東京：104、2012
・水村（久埜）真由美総監修テーピング&ピーキング、BookHounse HD、東京：3－87、2017
・笠原政志：投球後のアイシングは必要？　野球選手に効果的なケアの方法、BASEBALL GEEKS (2019.10.23) https://www.baseballgeeks.jp/training/
・小林好信、橋本佐由理：高校野球選手の自己イメージやレジリエンスが心理的競技能力とスポーツ競技特性不安に与える影響、日本保健医療行動科学会雑誌32（2）：53－61、2017
・石毛みどり、無藤隆：中学生における精神的健康とレジリエンスおよびソーシャル・サポートとの関連、教育心理学研究53：356－367、2005
・西山侑汰、山本利春、笠原政志ら：高校運動部活動におけるトレーナー介入の現状――全国大会出場の有無の視点から――、千葉スポーツ医学研究会雑誌15：45－50、2018

野球を科学する
最先端のコンディショニング論

2020年8月10日　初版第一刷発行
2020年9月25日　初版第二刷発行

著　　者／笠原政志

発 行 人／後藤明信
発 行 所／株式会社竹書房
〒102-0072
東京都千代田区飯田橋2-7-3
☎03-3264-1576（代表）
☎03-3234-6208（編集）
URL　http://www.takeshobo.co.jp

印 刷 所／共同印刷株式会社

カバー・本文デザイン／轡田昭彦＋坪井朋子
カバー写真／©SOURCENEXT CORPORATION/amanaimages
図版作成／小出耕市
編集・構成／萩原晴一郎

編 集 人／鈴木 誠

Printed in Japan 2020

乱丁・落丁の場合は当社までお問い合わせください。
定価はカバーに表示してあります。

ISBN978-4-8019-2371-3